CUMBRES DEL ARTE

Archivos de arte antiguo y moderno

Colección dirigida por
Pietro C. Marani

Traducción
Gloria Cué

"A mi madre",
en recuerdo de sus enseñanzas·
S. Bandera Bistoletti

Título original: *Giotto*

Los Berrocales del Jarama
Apdo. 400-Torrejón de Ardoz
Teléfs.: 656 56 11 - 656 49 11
Fax: 656 49 95
Madrid - España
ISBN: 84-460-0137-3

Sandrina Bandera Bistoletti

GIOTTO

Catálogo completo de pinturas

-akal-
EDICIONES

ÍNDICE

Referencias fotográficas

Marcello Bertoni, Florencia; Archivo fotográfico Sagrado Convento de Asís; National Gallery, Londres; Le Lettere, Florencia; Foto Scala, Antella; Isabel Stewart Gardner Museum, Boston; Alte Pinakotek, Munich; Musée de Estrasburgo; Metropolitan Museum, Boston; Alte Pinakotek, Munich; Musée de Estrasburgo; Metropolitan Museum of Art, New York; National Gallery, Washington; Fototeca Berenson; Settignano; Musée du Louvre, París.

INTRODUCCIÓN

De las escasas noticias biográficas documentadas sobre la vida de Giotto, surge, entre otras cosas, la figura de un agudo hombre de negocios que, al calor del floreciente momento económico de la Italia central de los siglos XIII y XIV, supo plantear un moderno método para organizar y administrar su trabajo. Esta actitud, analizada por los historiadores (Le Goff, 1974) como expresión de la nueva sociedad burguesa y comercial de las ciudades italianas, aparece también en un poema que, probablemente con razón, se atribuye al propio Giotto:

"Molti son que' che lodan, povertate
e ta' dicon che fa stato perfetto
s'egli è approvato e eletto,
quello osservendo, nulla cosa avendo;
a cio' inducon certa autoritate,
che l'osservar sarebbe troppo stretto.
E pigiando quel detto,
duro estremo mi par, s'io ben comprendo,
e però nol commendo,
che rade volte è estremo senza vizio;
e a ben far difizio
si vuole sì provveder dal fondamento
che per crollar di vento
o d'altra cosa così ben si regga
che non convegna poi si ricoregga." *

Estos primeros versos de la "Canción" de Giotto publicados por Milanesi en su Comentario a la *Vida* de Vasari, dicen, en pocas palabras, que es necesario basar la estructura de la sociedad en la riqueza económica para evitar los errores que puede provocar la pobreza.

Así, los que primero se sorprendieron de la gran valía de Giotto, no sólo como artista, sino como empresario y creador de su fortuna, fueron precisamente sus contemporáneos.

Que la leyenda de Giotto se extendiera con tanta rapidez se debe al hecho de que recorrió su itinerario artístico a un ritmo totalmente inhabitual, demostrando una excepcional capacidad de innovación, y también al hecho de que las características nuevas y modernas de su trabajo sorprenden por su originalidad. Por otra parte, no hay duda de que las obras de Giotto fueron innovadoras,

* "Muchos son los que alaban la pobreza / diciendo que es un estado perfecto / cuando ésta es algo voluntario y elegido, / cuando aquel que no tiene nada / es respetado y estimado / porque ha decidido vivir así. / Insistiendo en el tema, / me parece difícil, si no me equivoco / y por eso no hago comentarios, / que alquien que llegue a un extremo, / a un límite, pueda hacerlo sin vicio; / y por bien parecer, suele suceder / que aquel que quiere corregirse / lo hace en muchas ocasiones / impulsado por cualquier soplo de viento."

tanto por la estructura de la organización de su trabajo como por el extremado refinamiento de sus resultados estéticos, convirtiendo en anticuados los esquemas de sus predecesores (Castelnuovo, 1983).

En el V cuento de la Sexta Jornada del *Decamerón*, Boccacio narra una anécdota que habla de la fealdad de sus protagonistas, uno de los cuales, "Maese Forese de Rabatta le llamaban, de cara plana y recomida... sabía tanto de leyes que muchos hombres de valor lo consideraban un arca de conocimientos civiles. Y el otro, de nombre Giotto, tuvo un ingenio tan excelente que ninguna cosa de la naturaleza, madre de todas las cosas... él no reprodujera con su estilete y con la pluma o el pincel tan parecida que incluso parecía ser la misma... Mas aunque su arte fuera grandísimo, no era, ni como persona ni por su aspecto, en nada más bello que maese Forese. Pero volviendo al cuento, digo que Maese Forese y Giotto tenían sus posesiones en Ugello; y habiendo ido Maese Forese a ver las suyas... se encontró con el susodicho Giotto, el cual, habiendo ido a ver las suyas también, volvía a Florencia... y como a veces ocurre en verano les sorprendió un súbito aguacero; y ellos, lo más rápido que pudieron, se refugiaron en casa de un labrador amigo de ambos. Al poco tiempo, no pareciendo que siguiera cayendo agua y queriendo ambos llegar de día a Florencia, pidieron prestadas al labrador dos viejas capas raídas por los años, que mejores no había, y empezaron a caminar. Al poco, y sintiéndose mojados y empapados por las salpicaduras de los pasos de las caballerías... ellos, que venían callados desde hacía tiempo, empezaron a razonar. Y Maese Forese, cabalgando y escuchando a Giotto, que era muy buen fabulador, empezó a pensar sesudamente sobre él, hasta que echó a reír y dijo: "Giotto, ¿crees que si nos encontráramos con un forastero que nunca te hubiera visto pensaría que eres el mejor pintor del mundo?" A lo que Giotto presto respondió: "¿Creéis vos, Maese, que si a vos os mirara pensaría que sabéis el abc?"

Esta narración nos interesa al menos por tres aspectos. Ante todo, recoge el aspecto físico de Giotto y confirma su proverbial fealdad, también recordada por Petrarca, y al mismo tiempo su notoriedad pública. Asimismo, el cuento de Boccacio, que debía basarse en anécdotas conocidas en Florencia, presenta a Giotto como un hombre vivaz y agudo, lo suficientemente culto para mantener una larga conversación con un "arca" de ciencia y de doctrina civil como Forese (la instrucción de Giotto queda bien documentada en la lectura iconográfica de la capilla Scrovegni: Ladys, 1986). Pero el cuento evidencia además la diferencia social que existe entre ambos, pues Forese representa las artes liberales y Giotto las mecánicas. En efecto, constatamos que Giotto hablaba a Maese Forese de usted mientras que éste le tutea (Boskovits, 1982).

Otras noticias de la época de Giotto nos proporcionan interesantes informaciones. Una de ellas procede de la *Compilatio cronológica* de Riccobaldo Ferrarese (R.I.S., 1926, y Gnudi, 1957), redactada o, mejor dicho, interrumpida en 1312. Tras exponer cronológicamente hechos de orden civil y religiosos de 1306, el historiador ferrarés nos recuerda: "Zotus pictor eximus agnoscitur; qualis in arte fuerit testantur opera facta per eum in Ecclesia Minorum Assisi, Arimini, Paduae, ac per ea, quae pinxit Palatio Comitis Paduae, et in Ecclesia Arenae Paduae."

Por tanto, ya sus contemporáneos tenían muy claro las vinculaciones que tanto por vía de los encargos como de su trabajo existían entre Giotto y los Franciscanos. Esa era en efecto la orden religiosa más poderosa de la época, perfectamente integrada en el contexto eclesiástico institucional (Hiccoli, 1964), de gran y creciente solidez económica, en fuerte expansión, y fuerza innovadora de una ideología que seguía desarrollando a pesar del control continuo de las autoridades. Así lo confirman las diferentes interpretaciones de la pobreza hechas por Giotto y su taller al principio de las *Historias de San Francisco* en la Iglesia superior de Asís y luego, veinte años después, en las *Alegorías franciscanas* de las bóvedas del crucero de la Basílica Inferior de dicha iglesia, en las que San Francisco aparece pespunteado de oro en posición icónica.

Otra fuente escrita cuando Giotto aún vivía, el llamado *Comentario Optimo de la Divina Comedia* del florentino Andrea Lanza, enumera, junto a las ciudades recordadas por Riccobaldo, otros tres lugares a los que Giotto fue llamado a trabajar: Roma, Nápoles y Aviñón. Y el cronista florentino Giovanni Villani recuerda que en 1334 "el Comune encargó la obra santa (es decir, la de la catedral de Florencia) a nuestro conciudadano, el maestro Giotto, el más grande pintor de su tiempo, el que mejor reproducía del natural las figuras y los actos, y le fue entregado el salario por parte del Comune... El cual Giotto, a su vuelta a Milán, pues nuestro Comune lo había mandado para servir al señor de Milán, dejó esta vida el día... enero de 1336" (que corresponde al 1337 de nuestro calendario).

Giotto en efecto no trabajó únicamente para la orden franciscana, sino también para los papas en Roma y en Aviñón, para los Anjou en Nápoles y para los Visconti en Milán, recibiendo encargos especiales, en cuanto asesor de obras públicas, diríamos hoy, por parte del gobierno de Florencia en una época en la que su ciudad se planteó la urgente necesidad de reconstruir sus estructuras, tras unas inundaciones que, según las crónicas, tuvieron lugar a finales de 1333, un fenómeno natural que aún hoy sigue amenazando a la ciudad.

Cabe preguntarse si gracias a su gran fama —evidentemente apoyada en su sentido casi empresarial de la organización— Giotto no fue un promotor de la lenta aproximación de las artes figurativas a las liberales, un fenómeno que se produciría en Florencia cien años después. Por otro lado, los calificativos de "protho-pictor" y de "protho-magister" que los Angevinos le otorgaron durante su estancia en Nápoles en torno a 1330, parecen testimoniar un reconocimiento que resiste la comparación con las más sofisticadas clasificaciones eruditas y clásicas.

También podemos tratar de comprender cómo veían sus contemporáneos las obras de Giotto. Existen pocas noticias pero todas ellas coinciden en subrayar su capacidad de representar lo natural. Por ejemplo, la *Crónica* de Villani es un testimonio antiguo que podemos confrontar con otras citas. De todos modos se entiende que se trata de un "topos", un lugar común en la historiografía artística de la antigüedad, pero la insistencia en esa capacidad de Giotto hace pensar que, sin duda, se trataba del aspecto más novedoso de su arte.

En la misma narración que antes citábamos Boccacio expresa esta opinión: "tuvo un ingenio tan excelente que no hubo cosa de la naturaleza, madre de todas las cosas y en constante movimiento, que él con su estilete, con el pincel o la pluma no supiera pintar, tan parecida a la misma que no ya similar, sino la misma en efecto pareciera, pues muchas veces en las cosas que él hace el sentido visual de los hombres se equivoca, y así creen éstos que lo que está pintado es verdadero, y por ello y por haber dado a luz ese arte, que durante siglos había estado sepultado por los errores de algunos que pintaban más para deleitar los ojos de los ignorantes que para complacer el intelecto de los sabios, se le puede considerar merecidamente una de las luces de la gloria florentina...".

Esta genialidad para engañar al espectador, con sus dotes ilusionistas, será más tarde confirmada por Vasari (1568). Él es quien cuenta la anécdota, de antiguo origen, de la mosca pintada por Giotto en un cuadro mientras trabajaba en el taller del maestro Cimabue, quien no se dio cuenta de que era ficción.

Este redescubrimiento de la naturaleza como fuente de temas e inspiradora del estudio y de la medición del espacio —fenómeno paralelo al de la literatura, la filosofía y la religión— convierten a Giotto en el precursor del renacimiento de la pintura italiana tras el largo intervalo de la Edad Media. Y eso no sólo lo creía Vasari. En efecto, el éxito de Giotto entre los críticos comienza con el famoso pasaje de Dante del XI canto del *Purgatorio*, escrito, al parecer, hacia 1310. Dante y Virgilio encuentran allí entre los soberbios al conocido miniaturista Oderisi de Guglio, quien les da su opinión sobre lo inseguras que resultan la fortuna y la fama:

"Oh vana goria de l'umane posee¡
com' poco in su la cima dura,
se non è giunta de l'etati grosse¡
Credette Cimabue ne la pittura
tener lo campo, e ora ha Giotto il grido,
sì che la fama di colui è sicura"
(*Purg.* XI, 91-92-93-94).

Aunque en estos versos no se haga una valoración explícita de la obra pictórica de Giotto respecto a la de Cimabue, está claro que en aquellos tiempos la fama de Giotto era ya muy grande, y que también era el símbolo de la capacidad de renovación del hombre moderno respecto a la Edad Media.

Con una sutil y curiosa interpretación crítica, Antonio Caleca (1978) sugiere que ese pasaje de Dante demuestra que entre Cimabue y Giotto no existía la continuidad del alumno sino que había entre ellos una clara ruptura. Sin embargo, Bellosi (1985) considera que Giotto y Cimabue están ambos presentes en el retablo del prebostazgo de Castel Fiorentino. En 1370 Petrarca deja en su testamento a Francesco Carrara una Madonna de Giotto que le había sido enviada desde Florencia: "Operis Iotti pictoris egregii... cuius pulcritudinem ignorantes non intelligent magistri autem arti stupent" (obra del egregio pintor Giotto... cuya belleza no es entendida por los ignorantes, pero que asombra a los maestros del arte) (Hatch Wilkins, 1964).

La insistencia de Petrarca en el hermetismo de las obras de Giotto respecto a sus contemporáneos, puede también ser entendida como signo del cambio de los gustos (Boskovits, 1982). Así parece confirmarlo el comentario al *Purgatorio* de Dante que hace Benedetto Rimbaldi de Imola en 1376, en el que se habla de los "graves errores" de algunos expertos respecto del arte de Giotto, aunque sin darnos los nombres de dichos expertos (Boskovits, 1982).

---

* "¡Oh vanagloria de la grandeza humana! / Cuán poco dura tu verdor sobre la cumbre. / Creyó Cimabue reinar / en el campo de la pintura / y ahora es Giotto el que tiene la fama / de modo que la de aquél se ha oscurecido."

Pero el éxito de Giotto pronto encuentra expresiones tradicionales. A fines del siglo XIV en Padua, el docto Pier Paolo Vergerio se apoya en el paralelo ejemplificador de la pintura para definir como criterio fundamental de la escritura el de la imitación de los modelos, aconsejando que se siga el método de los pintores "De nuestra época... que únicamente siguen el ejemplo de Giotto" (Boskovits, 1982). En esos mismos años en su *Tratado* técnico de la pintura, Cennino Cennini escribe la conocida frase de que Giotto "tradujo el arte de pintar del griego al latín, y lo llevó hasta lo moderno; e hizo el arte más completo que nadie había hecho". Y este pasaje, que expresa el distanciamiento de Giotto respecto del arte bizantino, fijo, repetitivo y alejado de la observación de la naturaleza, es áun más interesante si tenemos en cuenta que el tratado de Cennini era un conjunto de nociones técnicas, y no estilísticas, para los pintores.

Lo mucho que Cennino Cennini apreciaba a Giotto también se refería a los aspectos técnicos aportados por su taller, que habían permitido infinitas y precisas posibilidades de representar e imitar la realidad. Cennini, que también era pintor (Boskovits, 1975), presumía de ser discípulo indirecto del maestro, puesto que era alumno de Agnolo Daddi, hijo de Taddeo, el más fiel discípulo florentino de Giotto, y por ello dio Cennini a conocer los secretos de la difícil técnica de pintar los frescos por jornadas. Se trataba de ese método de trabajo que, permitiendo efectos sorprendentes y garantizando una increíble duración, distingue los frescos del taller de Giotto de los de Cimabue en la Basílica Superior de Asís (Tintori-Meiss, 1962).

Tanto Massacio como Leonardo, Miguel Ángel o Vasari quedaron fascinados por la capacidad de dibujar y de observar la realidad de Giotto. Pero en la época del Barroco (y coincidiendo con un menor interés por los primitivos) cayó la admiración por él hasta el extremo de que los frescos Peruzzi y Bardi quedaron ocultos bajo capas de yeso o tras ciertos altares colocados encima.

Con el nacimiento del historicismo y el consiguiente interés por los valores antiguos, originarios y autóctonos, paralelo al redescubrimiento de los primitivos, el nombre de Giotto de nuevo reaparece entre los más importantes ejemplos del pasado. Della Valle, historiador senés y uno de los precursores de la nueva cultura pre-romántica, escribe en 1785 una alabanza de Giotto comparándolo con otro maestro del XVI: "Y más me gustan los cuellos torcidos que Giotto y Simone (Martini) dieron a sus figuras que la afectación que dio a las suyas el Parmigianino" (*Cartas Senesas sobre las Bellas Artes*). Su éxito entre los Románticos se repite con expresiones similares y algunos estereotipos que, en un momento de exaltación de los valores de la tradición nacional, adquieren nueva fuerza, atribuyéndose a Giotto la paternidad de la pintura italiana.

Con el fundamental texto de Thode de 1885, que entre otras cosas le reconoce la autoría de las *Historias de Isaac* y de todos los frescos del cuarto tramo de la nave (en lo que fue seguido por Pietro Toesca) culmina el antiguo planteamiento de la literatura artística respecto a Giotto y se inicia el actual método de valoración crítica y filológica del mismo. No es casual que precisamente la nueva metodología surgiera en la literatura alemana. En el origen de ello hay un pasaje de Hegel de 1829 (en las *Lecciones sobre la estética*) que, increíblemente alejado del Idealismo, expresa juicios casi de filólogo, y con tanta libertad de expresión que puede compararse a los más modernos, desencantados y profundos ensayos sobre Giotto, como los de Bellosi y Boskovits: "Giotto cambió la manera de preparar los colores que hasta entonces se seguía, y cambió el concepto y directrices de la representación pictórica. Se atuvo al presente y a la realidad y confrontó las figuras y los efectos por él escogidos con la vida que se agitaba en torno suyo. Junto a ello se produjo la feliz coyuntura de que en los tiempos de Giotto no sólo las costumbres se hicieron más libres y la vida más alegre, sino que se inició el culto a los nuevos santos. Por ello en el contenido mismo de su pintura estuvo tan implícita la naturaleza de las figuras corpóreas, apareciendo tan definidas las características, acciones, pasiones, situaciones, actitudes y movimientos. Sin embargo, esta tendencia hizo perder, en términos relativos, la grandiosa y sagrada austeridad que alcanzó su máximo nivel en el arte precedente. Lo mundano adquirió presencia y se extendió; y, siguiendo el espíritu de su época, también Giotto, junto a lo patético, incluyó lo burlesco".

Es necesario definir, aunque sea brevemente, el ambiente en el que Giotto se formó. En primer lugar estuvo Cimabue. La primera noticia que de él tenemos es en Roma, en 1272, cuando, junto a otras ilustres personalidades de la Corte del Papa, aparece en un acto como testigo. Sin embargo, poco sabemos del ambiente artístico romano de aquellos años. Es probable que Cimabue se quedara largo tiempo en esa ciudad, madurando el decisivo enriquecimiento de su lenguaje que se advierte cuando se pasa de su juvenil *Crucifijo* de Arezzo, que presenta componentes bizantinos junto a una insistente búsqueda de un plasticismo que ha de leerse en clave romántica, al *Crucifijo* de la Santa Croce.Por otra parte, su actividad es muy difícil de reconstruir, puesto que han desaparecido prácticamente las catorce obras que le atribuye Vasari.

La *Madonna* de Santa Trinita de los Uffizi, de la novena década del siglo XIII, expresa la fuerza de los descubrimientos espaciales que logró Cimabue, tras conocer el arte romano. El trono en el centro de la composición es el protagonista, estableciendo una unidad de medida en profundidad a la que se someten todas las figuras representadas en esta *Majestad*.

Las grandes cualidades que Cimabue demuestra en el amplio conjunto de figuraciones pintadas en la Basílica Superior de Asís, aunque prácticamente inapreciables por su deterioro, muestran, sin embargo, rasgos de origen romano, sobre todo en el motivo de las repisillas en perspectiva puestas encima de las escenas y en los frisos decorativos de origen clásico, directamente relacionados con el clima de *revival* y culto de lo antiguo, que imperaba en la capital del papado hacia 1280 (Todini, 1985-86). Su lenguaje expresivo se concreta en la búsqueda de formas suavemente torneadas, superando claramente la sintaxis bizantinizante. Las grandes cualidades cromáticas de sus pinturas de Asís, aunque sólo ocasionalmente observables, se unen a un dibujo incisivo en sus contornos que da una gran sensación de consistencia.

Tras las primeras intuiciones plásticas y espaciales de Cimabue y su interpretación occidental del "modo griego", en las *Historias del Viejo y del Nuevo Testamento* de los registros altos de la nave de la iglesia, se aprecia la gradual maduración de una nueva concepción de la forma basada en una más concreta definición de la figura humana, en cuanto cuerpo dotado de espesor y de volumen, y de su relación con el ambiente que la rodea —que tras las cultas meditaciones arcaizantes de Jacopo Torriti culmina en las pinturas del Maestro del Prendimiento, un pintor de gran fuerza cuyo trabajo es precedente indiscutible del estilo de las *Historias de Isaac* y de buena parte de los frescos del último tramo—. En ésta los apuntes de clasicismo procedentes de antiguas fuentes, cuya recuperación había impulsado fuertemente el propio Cimabue y con cuyo apoyo había empezado a trabajar el desconocido maestro, se conjugan con una inédita sensibilidad plástica, que no desconoce los ejemplos de Arnolfo y de los pisanos, dentro de una versión ya moderna que surge del encuentro entre el lenguaje de Cimabue y la tradición pictórica romana (Todini, 1985-86).

El tan debatido problema de la formación de Giotto y de sus relaciones con los maestros romanos, incluido Cavallini, nace precisamente de la distinta valoración de los elementos que forman este nudo cultural, cuyo posterior desarrollo se reflejará en las distintas etapas de los trabajos de Asís. Tras la participación inicial, bruscamente interrumpida, de pintores próximos a Cimabue en la bóveda y en los intradoses con bustos de Santos, en los registros altos de la nave, las historias de dos de los tramos son realizadas por un grupo de pintores romanos dirigidos por Jacopo Torriti; y al trabajo de ellos también se deben las *Escenas de la Creación* y las figuras del *Pantocrator* y del *Bautista* del segundo crucero (Todini, 1985-86), identificables por su solemnidad controlada.

La fuerza de la escuela romana llegó a su punto más alto con Pietro Cavallini, autor del mosaico de las *Historias de la Virgen* de Santa María en Trastevere. En ellas los personajes asumen una antigua solemnidad, incluso en los aspectos externos, hasta el extremo de que visten ropas antiguas.

Pero la fuerza de la cultura clásica en la búsqueda de un orden compositivo, de una solemne dignidad de la que ha de dotarse a las figuras, de claras proporciones y solidez física y de una refinada dulzura de representación, ya había sido expresada por el Gran Nicola Pisano. En su púlpito del Baptisterio de Pisa de 1259 la *Virgen de la Adoración de los Magos* está casi representada como una diosa, según los modelos griegos y romanos de la Magna Grecia.

En este clima aparece finalmente otro artista que será fundamental en la formación clásica de Giotto: Arnolfo de Cambio. Este alumno florentino de Nicola Pisano trabajó en torno a la mitad de la década de los Setenta en Roma, y en la siguiente década en Orvieto. Aquí realizó la tumba del cardenal De Braye, obra que por la corporeidad solemne y majestuosa de la figura de la Virgen será fundamental para el joven Giotto.

El desarrollo del arte de Giotto en una dirección gótica, paralelamente a los hallazgos de Giovanni Pisano, tal y como se demuestra en la capilla de los Scrovegni o en la de la Magdalena de Asís, o en la Peruzzi de Florencia o en el políptico Stefaneschi de los Museos Vaticanos, se produce paralelamente con su interés por la cultura y por las artes figurativas francesas, un gusto que impregnó sus encargos más importantes.

Por otra parte, Asís fue uno de los nódulos cruciales del gótico italiano. Pensemos al respecto en sus grandes vidrieras, sólo posibles con base en las soluciones constructivas de la nueva arquitectura. En efecto, la primera decoración de la Iglesia superior de Asís estuvo formada por vidrieras (también Giotto hizo dibujos para ellas, Boskovits, 1984), y asimismo los primeros pintores que en ella trabajaron eran nórdicos, representantes por ello de la más refinada cultura gótica figurativa.

El extendido gusto por la producción gótica se advierte claramente leyendo los inventarios de la época. Por ejemplo, el de Bonifacio VIII de 1295, recordado por Castelnuovo (1983), en el que se menciona un tabernáculo de oro dorado con la efigie de la Virgen coronado por un vértice puntiagudo, de acuerdo con un repertorio figurativo que el historiador justamente define como moderno. Por lo demás es muy posible que Giotto conociera de cerca el arte nórdico, si es cierta la información de su viaje a Aviñón, que Vasari sitúa entre 1305 y 1315, es decir, en la época en que su taller presentaba una clara orientación gótica.

Mas la gran fama de Giotto se derivó sobre todo del trabajo que realizó en Asís. La protección que los papas dieron a la iglesia de San Francisco aseguró un amplio eco a cuanto en ella fuera realizado. A esta contingencia histórica se debe su fama, que se extendió como una mancha de aceite entre los Scrovegni, los Anjou y los Visconti.

Así como Giotto fue intérprete de las nuevas iconografías vinculadas a las ideologías que debatían los Franciscanos, y hay que recordar al respecto su figuración de la *Gloria Celestial*, que aquí se cita en la ficha del fragmento de Budapest, procedente de la zona del ábside de la Iglesia superior de Asís, también produjo e inventó nuevas iconografías de orden civil y mundano. Así en Padua, en el Palazzo della Ragione, un cronista local, Giovanni de Nono, recuerda en torno a 1320: "Duodecim coelestia signa et septem pianetae cum suis propietatibus in hac cohopertura fulgebant a Zoto summo pictore murifice elaborata, et alia sidera cum speculis et aliae figurationes similiter fulgebant inferius" (Boskovits, 1982). También en Milán recuerdan las crónicas una alegoría sobre el éxito y la fama, representada por una serie de héroes que con sus proezas desafían al tiempo (Gilbert, 1977; Bandera Bistoletti, 1986), al igual que en Nápoles (Bologna, 1967; De Castris, 1985-86) y en los frescos del Bargello de Florencia, donde el artista intervino al menos en la composición.

Por lo demás, todo el resto de la obra de Giotto, de carácter religioso, nos revela a medida que se investiga sobre ella gran cantidad de contenidos y de símbolos de tipo civil y político, como se desprende de las modernas interpretaciones de la capilla de los Scrovegni y de las bóvedas de crucero de la Iglesia inferior de Asís.

CATÁLOGO DE LAS OBRAS

1.
Historias bíblicas

Frescos
Asís, Basílica Superior de San Francisco

La primera piedra de la iglesia de San Francisco de Asís se colocó en 1228, dos años después de la muerte del santo, fundador de la Orden.
En conexión con la sepultura de San Francisco, la amplia arquitectura queda estructurada en tres niveles:
– La *cripta*, construida para acoger el cuerpo del santo, amurallada para evitar posibles robos sacrílegos y reabierta en el siglo XVIII.
– La *iglesia inferior*, dilatada, en cruz latina, muy baja, apropiada para las funciones religiosas de los franciscanos.
– La *iglesia superior*, grandiosa aula gótica destinada a acoger grandes masas de peregrinos y a convertirse en la sede de las solemnes celebraciones.
En la construcción del gran complejo arquitectónico participaron probablemente arquitectos franceses o ingleses. A ellos se deben algunas características típicas del estilo gótico de más allá de los Alpes, como el rosetón en la fachada, los amplios ventanales con vidrieras de colores, las bóvedas de crucería de arcos agudos apoyadas en grupos de columnas, la amplia estructura de la planta en cruz y la división horizontal en dos edificios superpuestos (P. Rocchi, 1982). Sin embargo, a la hora de proyectar el edificio no faltaron influencias locales, como el aspecto macizo de la Iglesia superior que contrasta con su altura, la torre del campanario, estilísticamente clasificable dentro del estilo románico lombardo, y la sensación general de solidez que transmite la Iglesia inferior, subrayada por los bajos arcos de todo punto y por las bóvedas de cañón del transepto.
Iglesia madre de la orden franciscana, este gran edificio era también capilla papal, como lo indica el trono que hay en el centro de la zona del ábside. Eso explica su diferencia con otras iglesias franciscanas, en las que estaban prohibidas la riqueza de imágenes y las grandiosas decoraciones, por respeto al criterio de pobreza, rigurosamente defendido por los capítulos de la Orden.
Excepto por carecer de una bóveda en tijera, la iglesia de Asís, con su amplia nave única, tan apropiada para la predicación, coincide con la tipología arquitectónica característica de las órdenes mendicantes.
Los frescos más antiguos, que se conservan en la Iglesia inferior, son obra de un anónimo denominado "Maestro de San Francisco" y corresponden a 1253, año de la primera consagración de la Basílica.
Una bula del papa Inocencio IV de 1253 permitía a los monjes utilizar durante 25 años parte de las limosnas ofrecidas a la iglesia para la construcción y decoración de la misma. Clemente IV prolongó la validez de esa autorización durante otros tres años, permitiendo que continuaran los trabajos de embellecimiento hasta 1281.
Es probable que al menos los frescos del transepto y del presbiterio estuvieran concluidos dentro de este período cronológico. Por el contrario, Bellosi (1985, p. 149 y sigs.) considera que toda la decoración de la Iglesia superior de Asís, a excepción de la parte correspondiente al Maestro Oltramontano, se remite al período de Nicolás IV, que va de 1288 a 1292.

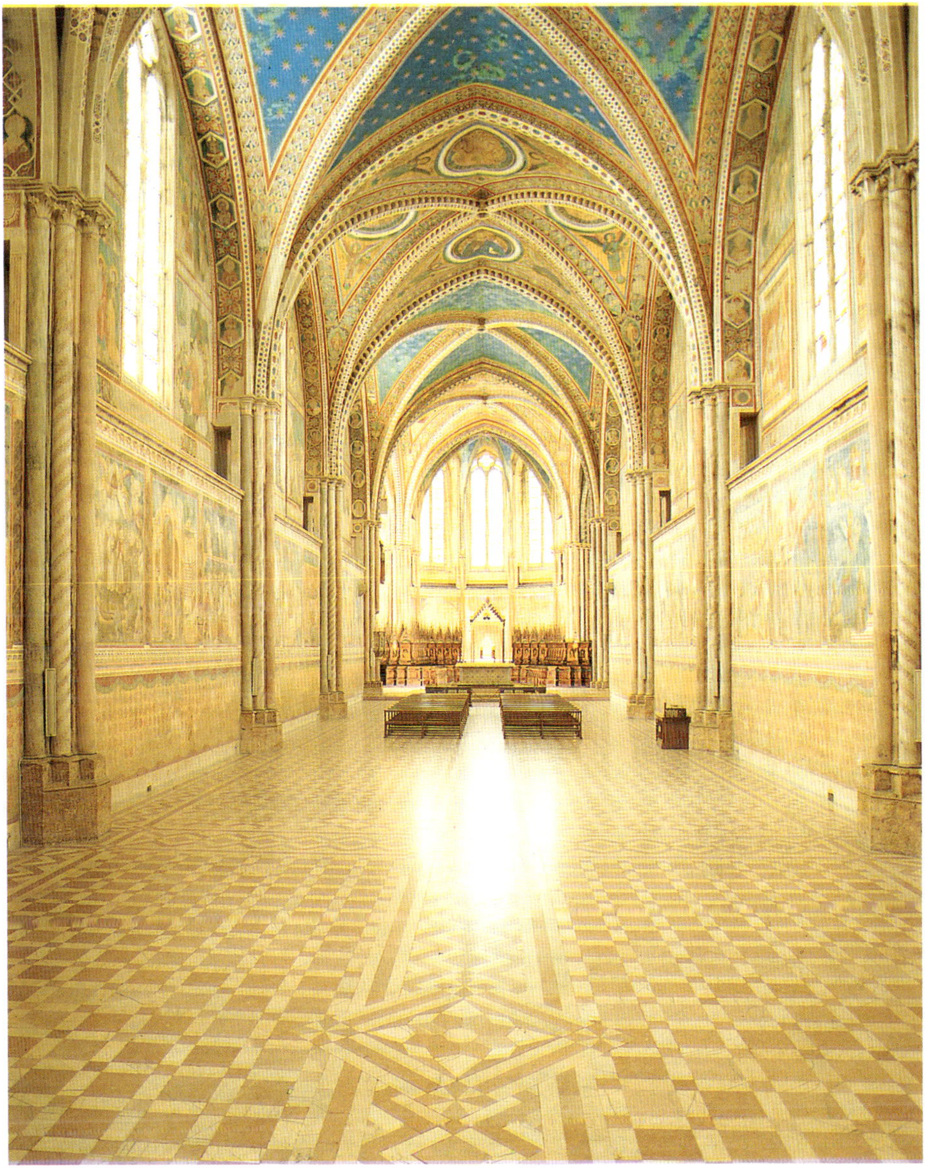

Basílica superior de San Francisco.

Corresponden al romano Jacopo Torriti y a otro artista inglés o francés las partes más altas del transepto derecho. A Cimabue y sus colaboradores les corresponde la decoración del presbiterio, de la bóveda y del brazo izquierdo hasta el cuarto tramo, así como la decoración ornamental de la bóveda de la propia Iglesia superior. En cambio, los frescos de las paredes de la Basílica inferior corresponden a otros artistas y fueron realizados unos años después, como si se hubiera producido una interrupción imprevista, cuya causa sólo puede definirse como hipótesis. La coincidencia entre las argumentaciones estilísticas y la situación histórica favorable del papado de Nicolás III, Gian Gaetano Orsini, notable personalidad comparable en su mecenazgo a los grandes papas del Renacimiento, parece indicar que los frescos del presbiterio y del transepto de la Iglesia superior corresponden a los tres años de pontificado de Nicolás III, de 1277 a 1280.
La reanudación de los trabajos se produjo en 1288 con la elección de Nicolás IV, Girolamo d'Ascoli, General de la Orden en tiempos de Nicolás III, del que quiso retomar el nombre. Este primer papa franciscano renovó el permiso de poder usufructuar las limosnas por tiempo indefinido, reanudando en 1288 los trabajos de decoración de la Iglesia superior. Aunque realizadas en momentos distintos, las historias bíblicas del registro superior conectan con las historias de San Francisco del registro inferior, con una relación temática de naturaleza teológica que preveía a partir de entonces la ejecución de todos los frescos de la nave.
A partir del transepto y siguiendo hacia la fachada se puede analizar brevemente el nexo temático que, en cada tramo del arco, va conectando las historias bíblicas con las escenas franciscanas de la parte de abajo, tomadas de la "Legenda Maior" de San Buenaventura, aunque pintadas por distintos maestros probablemente no contemporáneos (Beltin, 1977; Boskovits, 1982-83).

I tramo izquierdo
Historias del Antiguo Testamento: *Creación del mundo; Construcción del Arca; Creación de Adán; Entrada de Noé y de sus hijos en el Arca*. Historias franciscanas: *San Francisco honrado por un hombre; La ofrenda del manto; La visión del palacio lleno de armas*.
El tema de este primer tramo, desarrollado por la conexión de los dos registros, subraya el inicio de la misión del santo y propone a San Francisco como nuevo salvador.

II tramo izquierdo
Historias del Antiguo Testamento: *Creación de Eva; Sacrificio de Isaac; Pecado original; Abraham honrando a los tres arcángeles que le anuncian el nacimiento de Isaac*.
Historias franciscanas: *Visión del crucifijo de San Damián; La renuncia a los bienes; El sueño de Inocencio III*.
El tema desarrolla la relación entre Abraham y Francisco en el sentido de evidenciar el fin del pecado y de la promesa de salvación con la obediencia a las órdenes divinas.

III tramo izquierdo
Historias del Antiguo Testamento: *Expulsión del Paraíso; Bendición a Jacob; Rechazo de Esaú* (uno de los cuatro recuadros se ha perdido).

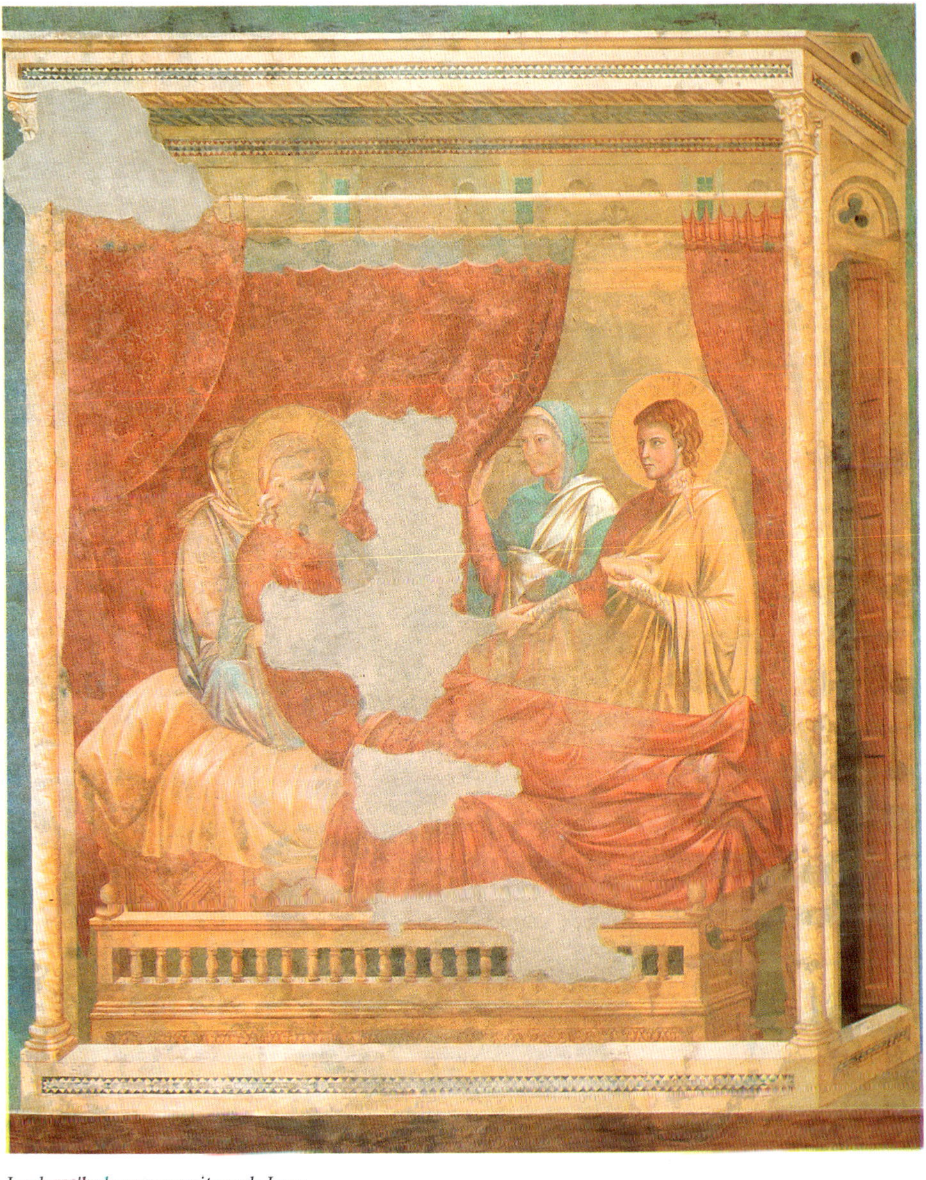

Jacob recibe la primogenitura de Isaac.

Historias franciscanas: *Confirmación de la regla por Honorio III; Visión del carro de fuego; Visión de los tronos.*
La conexión entre la *Bendición de Isaac a Jacob y la Confirmación de la regla de los franciscanos por Honorio III* es evidente. Menos clara es la conexión entre las demás escenas, que tal vez se refiera a la oposición del Papa y del padre general de la Orden a los espirituales.

IV tramo izquierdo
Historias del Antiguo Testamento: *Sacrificio de Caín y Abel; José arrojado al pozo; Asesinato de Abel; José se da a conocer a sus hermanos.*
Historias franciscanas: *Expulsión de los diablos de Arezzo; La prueba del fuego; Éxtasis de San Francisco; El nacimiento de Greccio.*
Se configura aquí una relación temática entre el sacrificio del Viejo Testamento y el de Francisco, y una conexión entre el encuentro del joven José y sus hermanos y el del Niño Jesús y Francisco.

Fachada interior
Historias del Nuevo Testamento: *Pentecostés y Ascensión de Jesús.*
Historias franciscanas: *Milagro del sediento; El sermón a los pájaros.*
Al igual que el agua reconforta al sediento, el Espíritu Santo calma la sed espiritual del alma, y así como la Ascensión es una manifestación de gloria y amor, el sermón de San Francisco a los pájaros también lo fue para la creación.

I tramo derecho
Historias del Nuevo Testamento: *Bautismo de Cristo; El Niño Jesús predicando en el Templo; Duelo ante Cristo Muerto; Resurrección.*
Historias franciscanas: *Muerte del caballero de Celano; Sermón ante Honorio III; Aparición de Francisco al Capítulo de Arlés, donde predicaba San Antonio; San Francisco recibe los Estigmas.*
Hay una clara relación temática entre el Sermón del Niño Jesús y el de Francisco, hombre inculto, ante el Papa. Una estrecha analogía se establece además entre la Pasión de Cristo y la de Francisco.

II tramo derecho
Historias del Nuevo Testamento: *Huida a Egipto; Presentación en el Templo; Camino del Calvario; Crucifixión.*
Historias franciscanas: *Muerte de San Francisco; Aparición a fray Agustín y al obispo de Asís; Verificación de los estigmas.*
El programa evidencia una relación entre la Pasión de Cristo anticipada por los episodios de su infancia y la de Francisco, que a su vez pone las bases para el nacimiento de la Orden.

III tramo derecho
Historias del Nuevo Testamento: *Natividad; Adoración de los Magos; Cristo ante Pilatos; Traición de Judas.*
Historias franciscanas: *Llanto de las Clarisas; Canonización de San Francisco; Aparición a Gregorio IX.*
Hay una estrecha relación temática entre la naturaleza divina de Cristo y la santidad de Francisco.

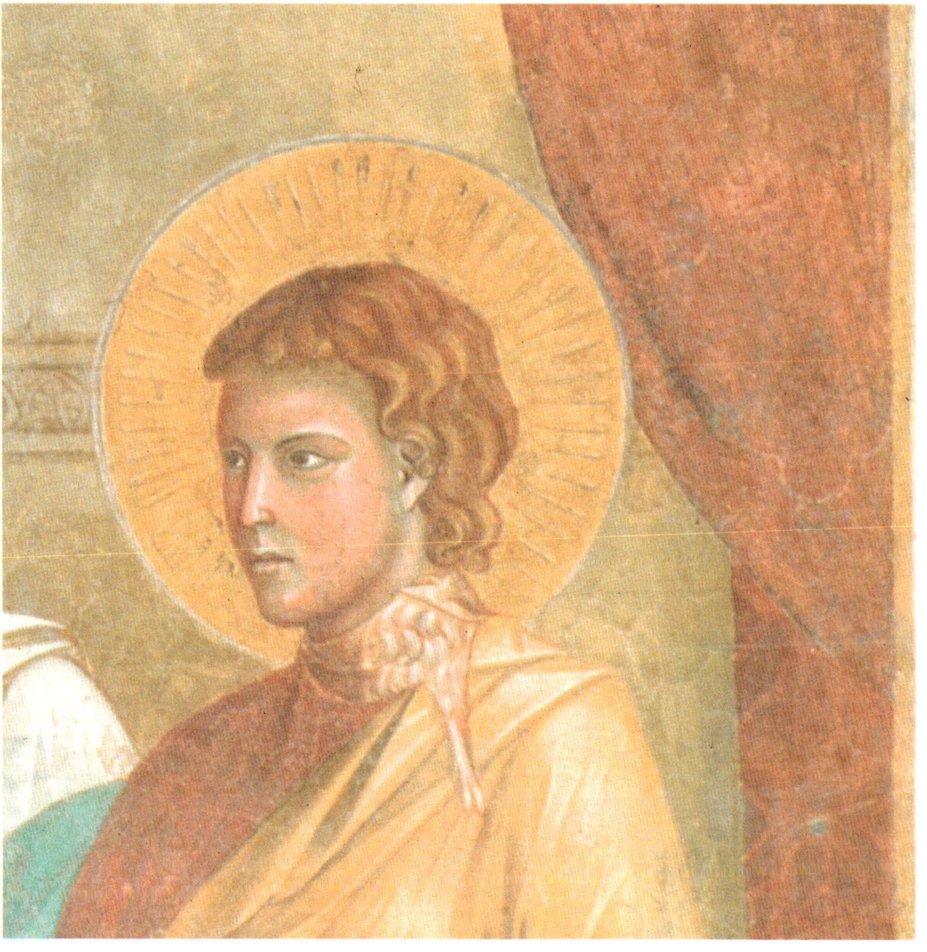

Jacob recibe la primogenitura de Isaac (detalle).

IV tramo derecho
Historias del Nuevo Testamento: *Visitación; Anunciación; Bodas de Caná; Resurrección de Lázaro.*
Historias franciscanas: *Curación del hombre de Lérida; Confesión de la resucitada; Liberación del hereje.*
La conexión temática entre la etapa inicial de Jesús y la final de Francisco no está muy clara. En todo caso sí hay un paralelismo entre los milagros de Jesús y los de Francisco.
Como se ha dicho antes los trabajos de decoración de la parte superior de la iglesia, iniciados en 1277, fueron bruscamente interrumpidos hacia 1280, probablemente por la muerte de Nicolás III y por falta de fondos. Se reanudaron con la elección de Nicolás IV, primer papa franciscano (Murray, 1953; Ragghianti, 1969; Bellosi, 1985), dirigidos por Jacopo Torriti y por otros artistas anónimos que, cuando Giotto entró en el equipo de Torriti, se avinieron a colaborar con él (Bellosi, 1985, p. 154). De hecho Torriti, autor de la mayoría de los recuadros del registro superior de los primeros dos tramos hacia el ábside, se retiró al incorporarse Giotto, que aportaba innovaciones radicales.
Los frescos se desarrollan a dos niveles en el registro que está sobre el recorrido: a la derecha, partiendo de la entrada, las Historias del Antiguo Testamento; a la izquierda, las del Nuevo. Cada tramo presenta cuatro episodios dispuestos en dos franjas de casi 3 metros cada una. Las últimas dos Historias del Nuevo Testamento, *Pentecostés y Ascensión*, están en la contrafachada a los lados del rosetón, en un solo registro alto (cada recuadro mide cerca de 5 × 4 m). Los frescos atribuidos a Giotto son los del tercer y cuarto tramo viniendo del presbiterio.
Según el esquema publicado por Previtali (1967, pp. 290-91), corresponden a Giotto los siguientes frescos: A) *Sacrificio de Caín y Abel* (desaparecido); B) *Asesinato de Abel* (fragmentario); C) *Jacob recibe la primogenitura* (con lagunas); D) *Rechazo de Esaú* (con lagunas); E) *José vendido por sus hermanos;* F) *La copa de Beniamino* (con lagunas), sobre el muro derecho de la entrada.
a) *Jesús entre los doctores* (con lagunas); *Bautismo de Cristo* (con lagunas) y *Duelo ante el Cristo muerto* (con lagunas); f) *Las Marías en el sepulcro* (con lagunas), sobre el muro a la derecha de la entrada.
g) *Ascensión;* h) *Pentecostés* (cuya atribución a Giotto ha sido, sin embargo, puesta en duda por Gnudi, 1959, pp. 235-37; Salvini, 1962, pp. 44-50; Boskovits, 1971, p. 41); *San Pedro y San Pablo* arriba, casi sobre el rosetón, en la pared de la fachada interior.
La opinión de Thode (1885) y de Zimmermann (1899), seguidos por Toesca (1904) que veía en las *Historias de Isaac* la primera intervención de Giotto en Asís, la apoyan muchos autores (Cecchi, Longhi, Gnudi, Salvini, Boskovits, Previtali, Bellosi) y ha sido también acogida por quienes, como Milard Meiss (1960), rechazan la atribución a Giotto de las *Historias de San Francisco.*
De los análisis técnicos realizados por Meiss y por Tintori (1962) se deduce que las *Historias de Isaac* suponen en la Basílica superior no sólo un corte estilístico, sino también técnico. Hasta aquí, es decir, desde el transepto a la nave, los frescos fueron realizados con el sistema de "pontate" (es decir, pintando el enlucido extendido por toda la superficie de la pared), mientras

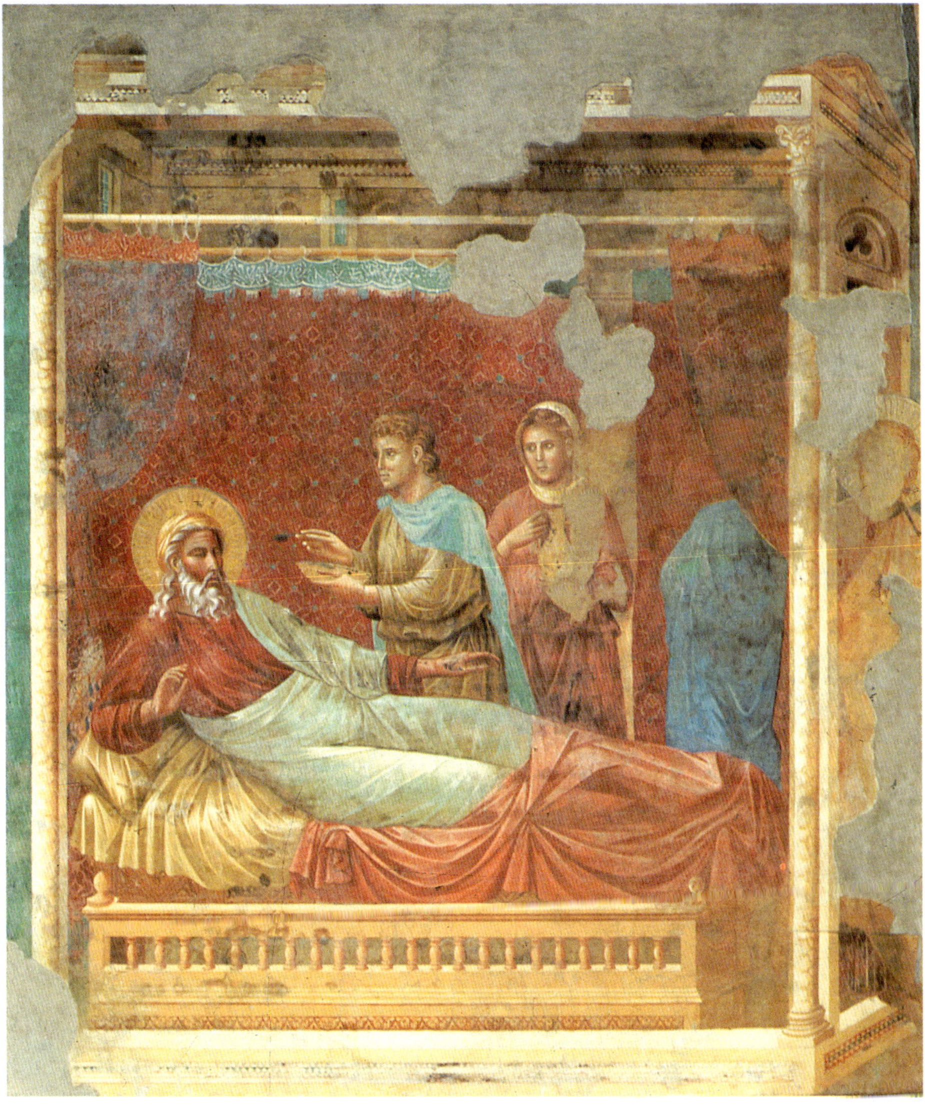

Rechazo de Esaú por Isaac.

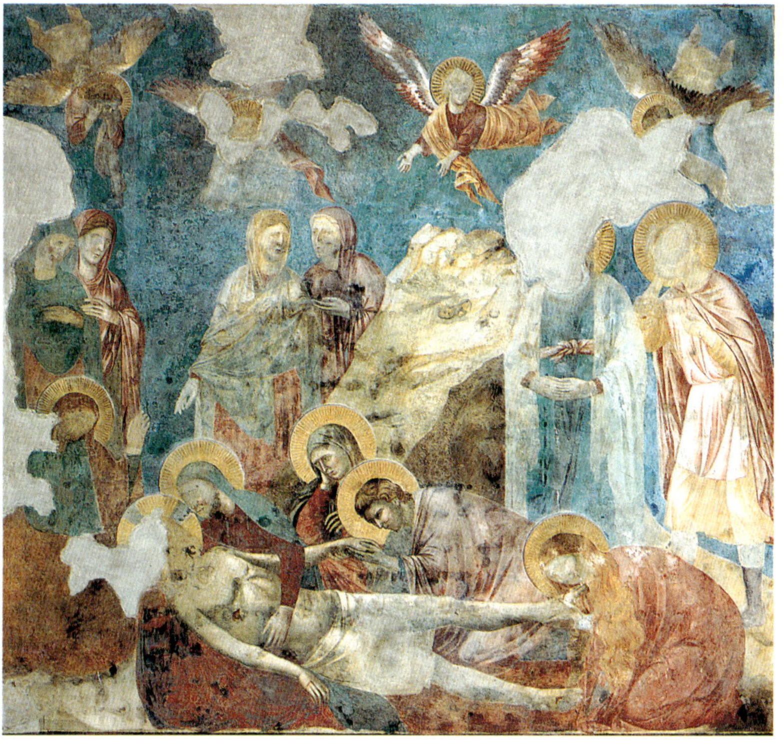

Duelo ante Cristo muerto.

que desde las *Historias de Isaac* a las *Historias de San Francisco* la técnica empleada fue la de las "giornate" (enluciendo una parte cada día). Recientemente, Bellosi (1985, p. 69 y sig.) ha señalado que las dos *Historias de Isaac* (C y D) presentan todos los elementos de los siguientes frescos, desde la *Bóveda de los Doctores* hasta las últimas *Historias de San Francisco.* En efecto, se marca el inicio de una nueva concepción de la pintura como recuperación de una realidad en tres dimensiones en la que el espacio y el volumen de las cosas vuelven a adquirir su terrenal potencialidad. Ambas composiciones resultan racionales y nítidas por esa calibrada inserción de la regularísima caja arquitectónica dentro de la cornisa pintada al fresco. Ya en estas escenas aparece el ideal humano de Giotto, heroico e inspirado en una belleza clásica "de nuevo descubierta" (Boskovits). La simplificación casi geométrica de las figuras denota una aproximación a modelos escultóricos, correctamente atribuidos a Arnolfo de Cambio (Cecchi, Gnudi). Aquí se desarrolla la embrionaria tendencia estilística que surgió en el ambiente romano y de Cimabue, y que sólo continuaría en los frescos de Cavallini en Santa Cecilia del Trastevere, ciertamente posteriores (Todini, p. 330).

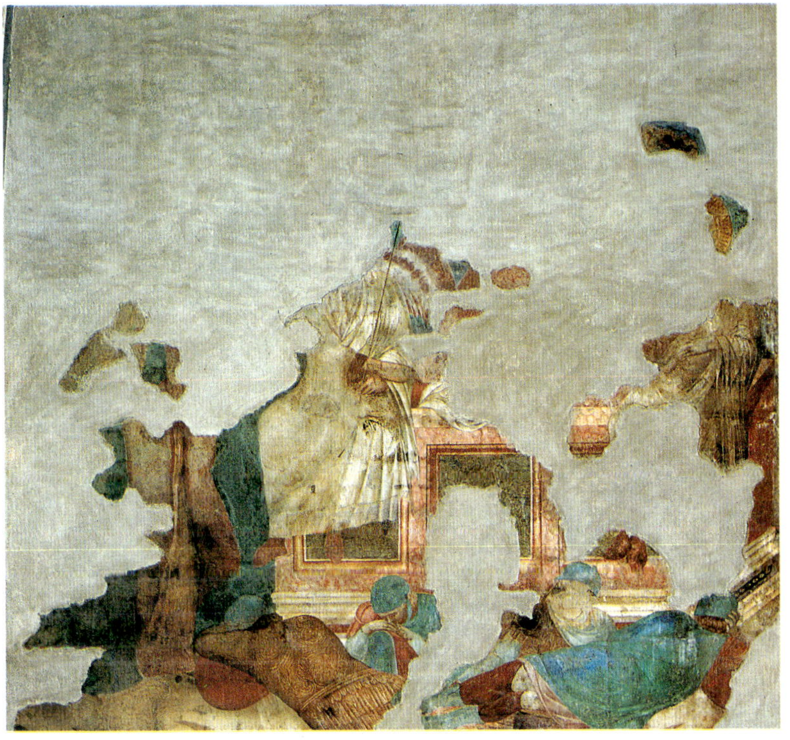

Resurrección de Cristo.

2.
Bóveda de los Doctores (bóveda e intradós del cuarto tramo)

Asís, Basílica Superior de San Francisco

El nombre de la bóveda se debe al asunto representado en sus cuatro plementos donde, según una iconografía ya difundida en Italia por el Maestro de Agnani, aparecen los cuatro Doctores de la Iglesia sentados en un tabernáculo. Las arquitecturas de los tronos y de las distintas estructuras son complejas en su articulación y decoradas al estilo de Cosma. Los cuatro Doctores, Ambrosio, Jerónimo, Agustín y Gregorio Magno, son fácilmente identificables por las inscripciones visibles en el ápice de cada plemento. Forman parte del mismo grupo estilístico las figuras de los intradoses, unas de cuerpo entero y acopladas dentro de bíforas divididas por columnas helicoidales en la clave del arco de entrada, y otras femeninas de medio cuerpo encuadradas por motivos cuadrilobulados en los dos intradoses laterales (el cuarto carece de motivos figurados). La atribución a Cimabue que planteó Vasari fue ya puesta en duda en 1791 por Della Valle. Hermanin, A. Venturi, Sirén y Van Marle defendieron la atribución a pintores del ambiente romano, como Rusuti, Torriti y Cavallini. La atribución a Giotto (es decir, al Maestro de Isaac) fue defendida por Schnasse en 1876, seguido por Thode, por Zimmerman y por Toesca, y recientemente ha sido confirmada por Previtali, Baccheschi, Boskovits y Bellosi. Concretamente Previtali ve la mano de Giotto en un momento que va de las *Historias de Isaac* a las siguientes *Historias del Viejo y del Nuevo Testamento,* según el orden lógico de la trayectoria del trabajo. Bellosi parece confirmar esa posición y subraya, como hizo Previtali pero con ulteriores argumentos, la total independencia del ciclo de la Bula de Bonifacio VIII de 1298, con la que se instituiría el culto de los Doctores, dato histórico utilizado por Brandi para negar la atribución a Giotto (1983, p. 14). Pero el culto a los Doctores es mucho más antiguo y ya aparece en iconografías de principios de siglo XIII. Boskovits adivina la mano del Maestro de Isaac, al que reconoce en el joven Giotto, junto a la de otros artistas que se apartaron de Torriti para acercarse a Giotto, el "Maestro del Prendimiento" y el "Maestro del Pentecostés" (identificados como los autores de las escenas homónimas del ciclo del Nuevo Testamento). Concretamente Boskovits (1983) subraya la separación cualitativa en el sentido de que se acentúa la simplificación y se "intensifica extraordinariamente la emotividad" en la pared abovedada de San Agustín (ver el detalle de la derecha en la figura de arriba).
Por lo que se refiere a los intradoses, Previtali (1967, pp. 43-44) los atribuye decididamente a Memmo de Filipuccio, pintor y miniaturista senés, que realizará los frescos de la Sala de Audiencias en el Palacio del Podestá de San Gimignano en 1932.
Bellosi (1985, pp. 75-77) subraya la riqueza de las decoraciones al estilo de Cosma de los tronos y cátedras representados en la bóveda, y propone relacionarlas directamente con los enseres litúrgicos que aparecen en la Basílica de Asís, de los que Hueck ha dado cuenta (1984).

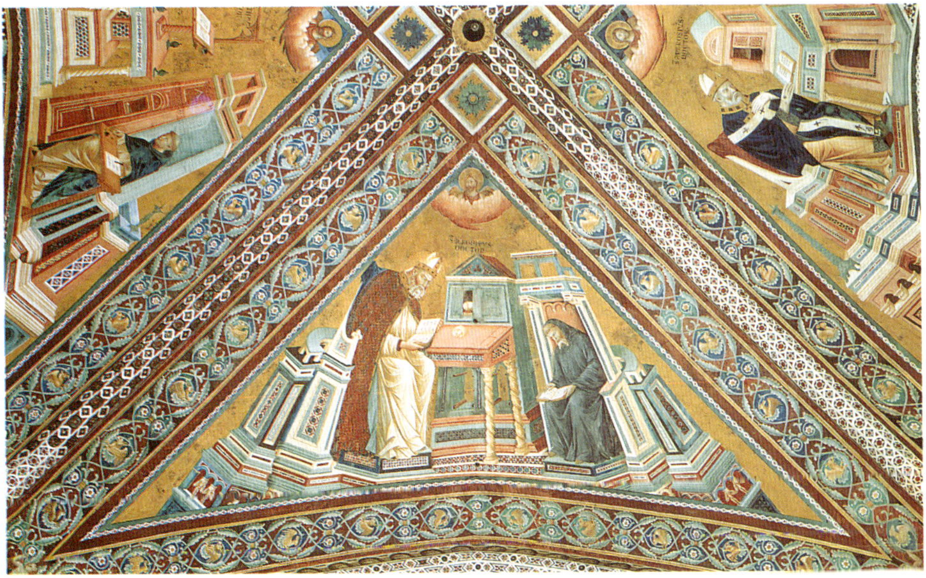

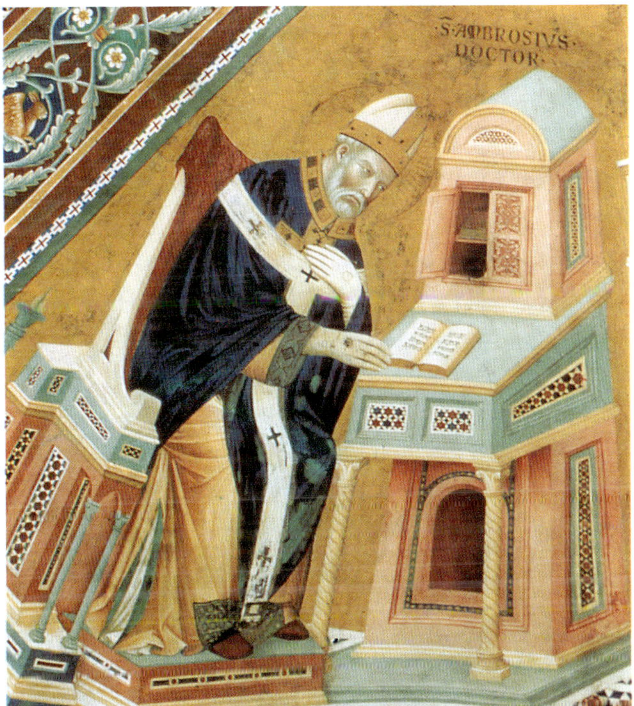

Bóveda con San Jerónimo, *Bóveda con San Ambrosio* (detalle).

3.
Historias franciscanas

Asís, Basílica Superior de San Francisco

El ciclo pictórico, basado en la *Leyenda* de San Buenaventura de Bagnoregio, escrita entre 1260 y 1263, fue concebido desde el principio como la parte más importante de la decoración de la Iglesia superior y conclusión necesaria de su ambicioso programa iconográfico. Tuvo sin duda valor normativo como ilustración oficial de la vida y milagros del santo (Todini, 1985-86, pp. 330-331, y, sobre todo, Siren, 1917, vol. I, p. 17).
El ciclo pictórico está constituido por 28 episodios encuadrados en cornisas subdivididas en grupos de tres por cada tramo salvo en el primero, donde son de cuatro; en la fachada interior hay otros dos episodios a los lados de la puerta de entrada. La secuencia narrativa responde al orden cronológico de ejecución: partiendo del transepto, y de espaldas al altar, a la izquierda hasta la fachada interior, para continuar luego por el lado opuesto hasta el propio altar. La excepción de este orden de sucesión es el primer episodio, como se verá, que probablemente se pintó cuando el ciclo ya estaba completo, siendo apartado por motivos estilísticos del catálogo de Giotto.
Ninguna prueba documental apoya la atribución a Giotto. La fuente más antigua sobre la presencia del maestro en Asís es la de Riccobaldo Ferrarese, que en 1312 recuerda una "opera facta per eum in Ecclesia Minorum Assisi", sin especificar la obra (Gnudi, 1975). Ya en el siglo XV afirmó Ghiberti, y esto se ha verificado, que Giotto "pintó en la iglesia de Asciesi en la orden de los frailes menores casi toda la parte de abajo" (es decir, debajo del recorrido). Repite la atribución Vasari, que en la segunda edición de las *Vidas* cita claramente la "Leyenda de San Francisco". Posteriormente la atribución fue aceptada hasta llegar a la intervención de Witte (1821), seguida por Ruhmor (1827) y retomada con un agudo análisis por Offner (1939), White (1956), Meiss (1960) y Smart (1960), que rechazaron el nombre de Giotto. Esta corriente de escuela anglosajona, analizada recientemente por Bellosi (1985) bajo el término de "separatista", señala la gran diferencia estilística entre estos frescos y los del ciclo paduano, documentados como obra de Giotto, subrayando sobre todo las diferencias en la plasmación del espacio y los volúmenes. En cambio, los autores italianos (desde Salvini, 1962, a Bellosi, 1985) plantean la compatibilidad entre ambos ciclos.
La fecha del ciclo franciscano de la Iglesia superior de Asís se suele apoyar en un pasaje de Vasari según el cual el encargo fue decidido por Giovanni de Murro, padre general de la Orden de 1296 a 1305. A esta tesis tradicional se oponen Murray (1953) y Bellosi, quienes atribuyen el ciclo al período del papa Nicolás IV (1288-1292) y su terminación a 1292, en base a elementos de estilo, moda, iconografía y religión. Hay que añadir las probables citas de la "Leyenda Franciscana" que aparecen en los frescos de la Sala dei Notai del Palazzo dei Priori en Perugia, anteriores a 1297. Ese dato, que Bellosi ha confirmado en varias ocasiones de 1980 a 1985 con argumentos fascinantes y con un extraordinario interés por la novedad del acercamiento a la materia de Giotto, aún no ha sido plenamente aceptado. Todini afirma que las citas del

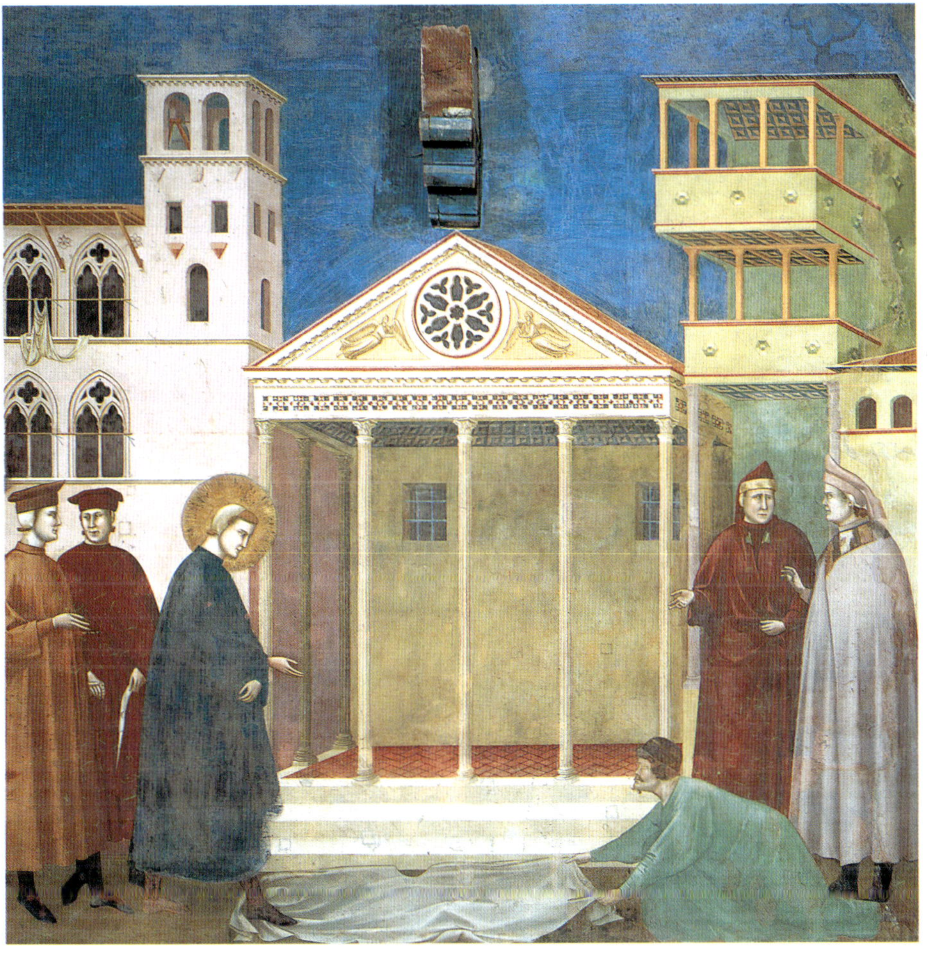

San Francisco honrado por un hombre.

ciclo de Perugia se refieren sólo a las primeras escenas franciscanas, realizadas entre 1296 y 97 (Todini, 1985-86, p. 328). Boskovits (1983, pp. 206-208) en base a las aportaciones de Bellosi, Nessi (1982) y Scarpellini (1982) no ve motivos válidos para rechazar la credibilidad del dato que publica Vasari y que casi contemporáneamente también recoge Ridolfi (1596, p. 185), fuente "aparentemente independiente de Vasari". En las dos recientes publicaciones sobre la cuestión de Asís de Nessi y Scarpellini, ambas de 1982, se discute naturalmente la fecha del ciclo franciscano: mientras Nessi parece aceptar (p. 150) la tesis de Bellosi, Scarpellini (p. 450), más cautelosamente, propone ampliar el plazo de tiempo correspondiente a la ejecución de los frescos, de 1290 a 1304. Las filtraciones de humedad han perjudicado el estado de conservación de estos frescos (las partes que faltan pueden reconstruirse en base a copias antiguas). Son conocidas las restauraciones realizadas por Carlo Fea en 1798 cuando los frescos habían llegado a ser invisibles, sobre todo en la pared izquierda. Fea (1820) recuerda el "polvo y el nitroso óxido calcáreo", causa de la desaparición de los retoques en seco. Recientemente ha hecho un trabajo de conservación Tintori que, junto a Meillard Meiss, ha publicado un interesante estudio sobre la secuencia de las "giornate" (1962). En conjunto éstas llegan a 272, equivalentes al trabajo de dos o tres años. La presencia de correcciones advertida por una reciente investigación técnica (Todini, 1985-86, p. 331), no imputables a razones estéticas, suponen importantes variaciones iconográficas en recuadros cargadas de implicaciones políticas y teológicas (como la *Confirmación de la regla* o el *Éxtasis de San Francisco*) y justifican la hipótesis de que el ciclo fuera sometido al control constante de las personas que lo encargaron. El ciclo franciscano de la Iglesia superior de Asís expresa la maduración del proceso de creación de un nuevo estilo pictórico en base a esas premisas, que ya se habían asentado en Italia Central hacia 1230-1240. Se trata de la recuperación de la figura humana en su plasticidad y del descubrimiento del mundo de las formas en su objetividad en una síntesis que es parte misma de la realidad visible.

Se analizan aquí las distintas escenas según el orden de la secuencia narrativa que corresponde (con excepción del primer recuadro) al orden cronológico, recogiendo la traducción de la didascalia latina tomada de la *Leyenda Mayor* de San Buenaventura, como explicación de cada escena:

San Francisco venerado por un hombre: "Un hombre sencillo de Asís extiende su ropa en el suelo ante el Beato Francisco rindiendo honores a su paso. Afirma, probablemente por inspiración divina, que Francisco va a hacer grandes cosas, y que todos deben venerarle". El análisis técnico ha demostrado que la escena se pintó después de la siguiente. Tal vez en un primer momento no se pensó en pintar al fresco esta zona de la pared, ocupada por el arquitrabe del iconostasio, o bien por algún motivo se quiso cambiar el tema de una pintura ya realizada (Colletti, Gnudi). Se ha pensado en la intervención del maestro de Santa Cecilia, pintor anónimo toscano, autor de un retablo de altar con la misma santa y la historia de su vida, que figura en los Uffizi. En cuanto a la discusión sobre la atribución de este recuadro al Maestro de Santa Cecilia, véase cuanto dice Bellosi (1985, pp. 94-95, 102, n. 94) que parece inclinarse por atribuirla a Giotto en base a "una sensible dulcificación de la materia pictórica", similar a la de los frescos de Padua.

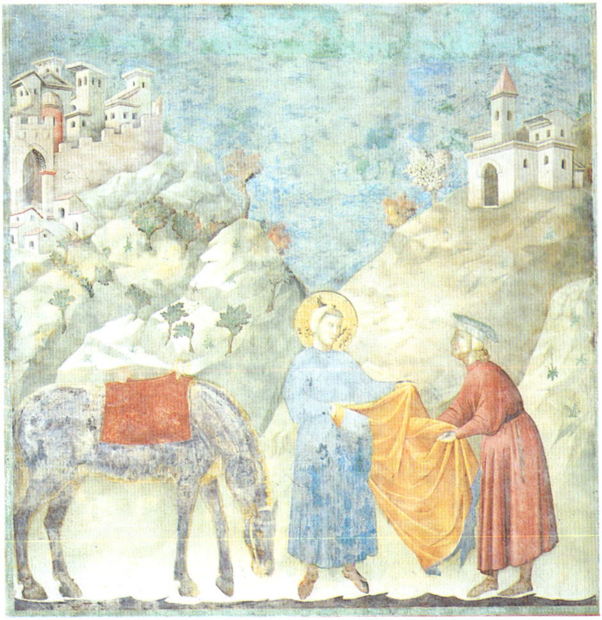

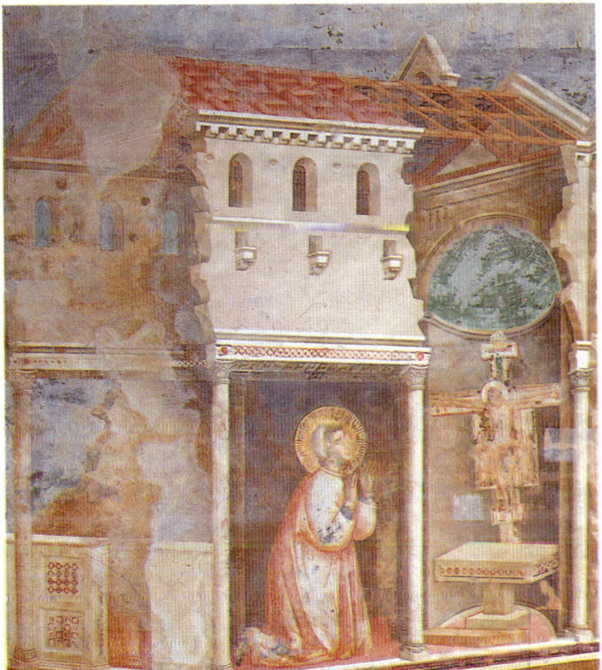

La ofrenda del manto; Visión del crucifijo de San Damián.

En todo caso, la fecha de los frescos no puede ser posterior a 1305, porque la Torre del Pueblo de Asís, terminada ese año, aparece inacabada.

La ofrenda del manto se refiere al momento en que San Francisco se encontró con un noble caballero, pero pobre y mal vestido, se quitó el manto, conmovido por su pobreza, y lo vistió.
La autoría del Maestro de la Leyenda de San Francisco, es decir, del Maestro de Isaac, o sea, de Giotto, es unánimemente aceptada. La ciudad que aparece al fondo en la parte alta ha sido identificada con Asís. Al igual que en el recuadro anterior, se aprecia que han caído muchos retoques en seco. Se confirma que éste es el primer recuadro.

El sueño del Palacio lleno de armas: "La noche siguiente, mientras dormía, vio en sueños un gran y espléndido palacio con muchas armas que llevaban inscrita la señal de la cruz, y al preguntar de quién eran, una voz divina le contestó que eran para él y sus caballeros."
El palacio soñado está reproducido con gran veracidad y subjetivismo. Aparecen elementos similares a los de las *Historias de Isaac* como la estructura simple y racional de la casa del santo, semejante a un escenario teatral. Salvini señala intervenciones del taller. Muestra condiciones de conservación discretas, aunque ha desaparecido el difuminado en oro sobre el manto de Cristo.

Visión del crucifijo de San Damián: "Mientras rezaba ante la imagen de Cristo crucificado, le llega una voz desde la cruz que le repite tres veces: Francisco, ve a reparar mi casa que, como ves, está en ruinas." El edificio representa la destruida iglesia de San Damián, y la cruz aquí pintada por Giotto reproduce la que realmente habló a Francisco, que hoy se conserva en Santa Clara de Asís. Representando con precisión esa cruz, que se remonta a finales del siglo XII, Giotto insiste en la veracidad histórica del suceso. Previtali (1976, p. 50) afirma la intervención de colaboradores. Gioseffi subraya que el planteamiento en escorzo del ábside detrás de la cruz es anticipación de la espacialidad paduana.

La renuncia a los bienes: "Cuando devolvió todo a su padre, se despojó de la ropa y, al renunciar a los bienes paternos, dijo: 'ya podré decir realmente Padre Nuestro que estás en los cielos, porque Pietro Bernardone me ha repudiado'."
En las pinturas que aparecen en segundo plano se advierte un descenso de la calidad, debido a la posible intervención de ayudantes dirigidos por el maestro (Gnudi, Bellosi). Es de notar el carácter heroico del santo, pintado de acuerdo con los cánones de belleza de la escultura clásica.

El sueño de Inocencio III: "Como el Papa vio que la Basílica lateranense estaba a punto de derrumbarse, un pobrecillo, o sea, San Francisco, la sujetó con los hombros para que no se cayera."
En las versiones más antiguas de este tema se reproducía al santo sosteniendo el edificio sobre su espalda. Bellosi (1985, p. 27) considera esta innovación

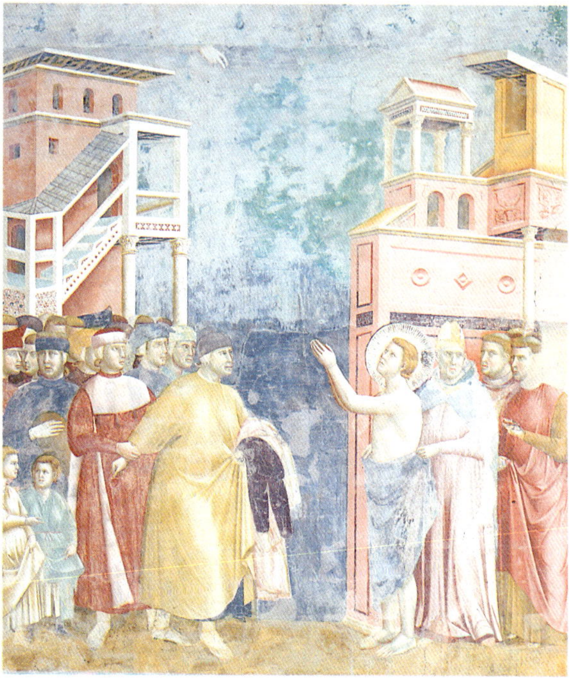

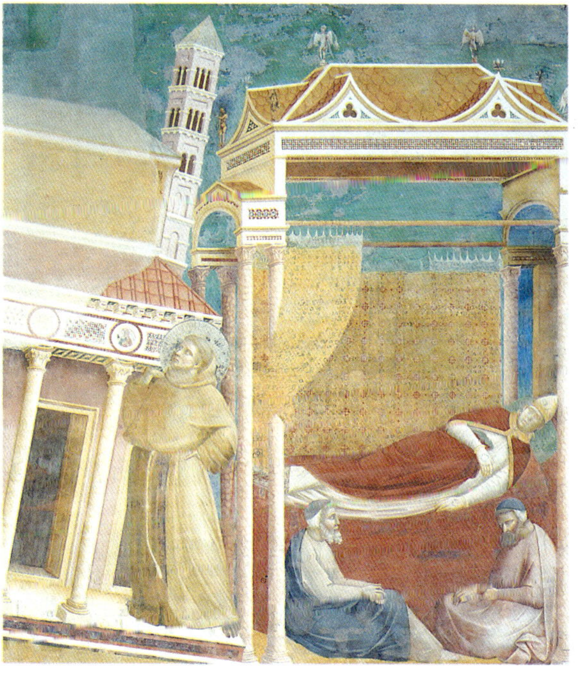

La renuncia a los bienes; El sueño de Inocencio III.

iconográfica del hombro como una forma de dar a la figura de San Francisco más dignidad y nobleza, en línea con la política "conventual" de Inocencio IV, que fue para este investigador —como antes se ha dicho— quien encargó la decoración pictórica de la Iglesia superior de Asís.

Confirmación de la regla: "El Papa aprobó la regla, otorgó la facultad de predicar la penitencia, e hizo la tonsura a los frailes que acompañaban al santo para que predicaran la palabra divina."
La espectacular solución prospéctica ha sido señalada por Gioseffi por su perfección, que casi anticipa los principios perspectivos del renacimiento.

Visión del carro de fuego: "San Francisco rezaba en un cuartucho y sus frailes, unos rezando y otros durmiendo, descansaban en otro, lejos de él, fuera de la ciudad, y vieron a San Francisco en un espléndido carro de fuego, hacia la medianoche, girar sobre la villa mientras todo resplandecía de luz. Los que estaban despiertos quedaron estupefactos, y los que dormían despertaron aterrorizados."
Se ha señalado una inspiración clásica, probablemente vinculada a un antiguo bajorrelieve, de la carroza.

Visión de los tronos: "Un fraile que cayó en éxtasis vio en el cielo muchísimos sitiales, y entre ellos destacaba uno muy lujoso, todo adornado de piedras preciosas y reluciente de fulgor; y oyó una voz que le dijo 'este trono pertenece a uno de los ángeles rebeldes, y ahora queda reservado para el humilde Francisco'."
En esa escena, al igual que en las siguientes de la misma pared, se advierte la presencia de un colaborador: un artista claro e incisivo, preocupado sobre todo por reproducir detalladamente los elementos decorativos, pero carente de la grandiosidad del Maestro, a quien corresponde la concepción y diseño de la obra.

Expulsión de los diablos de Arezzo: "Cuando el Beato Francisco vio sobre la ciudad de Arezzo los demonios exultantes, dijo a su compañero: 've ante la puerta de la ciudad, y en nombre de Dios expulsa a los demonios'; entonces éste, obedeciendo, empezó a gritar; los demonios huyeron, e inmediatamente volvió la paz."
Se ha confirmado que la ciudad representada es Arezzo. Por otro lado, parece razonable presumir la intervención de ayudas, ya que las dimensiones de las figuras que salen de la ciudad son mucho menores que las de los franciscanos.

La prueba del fuego: "El Beato Francisco, para testimoniar su fe en Cristo, quiso echarse a una hoguera junto con los sacerdotes del sultán de Babilonia. Pero ninguno de ellos quiso entrar con él, huyendo ante su presencia."
Han señalado algunos autores, y sobre todo recientemente Bellosi, el alto nivel de las decoraciones al estilo de Cosma. Su análisis prueba para algunos (Gnudi, Boskovits) la presencia de otra mano; Previtali (1967, pp. 44-50) sospecha la presencia del senés Memmo de Filipuccio.

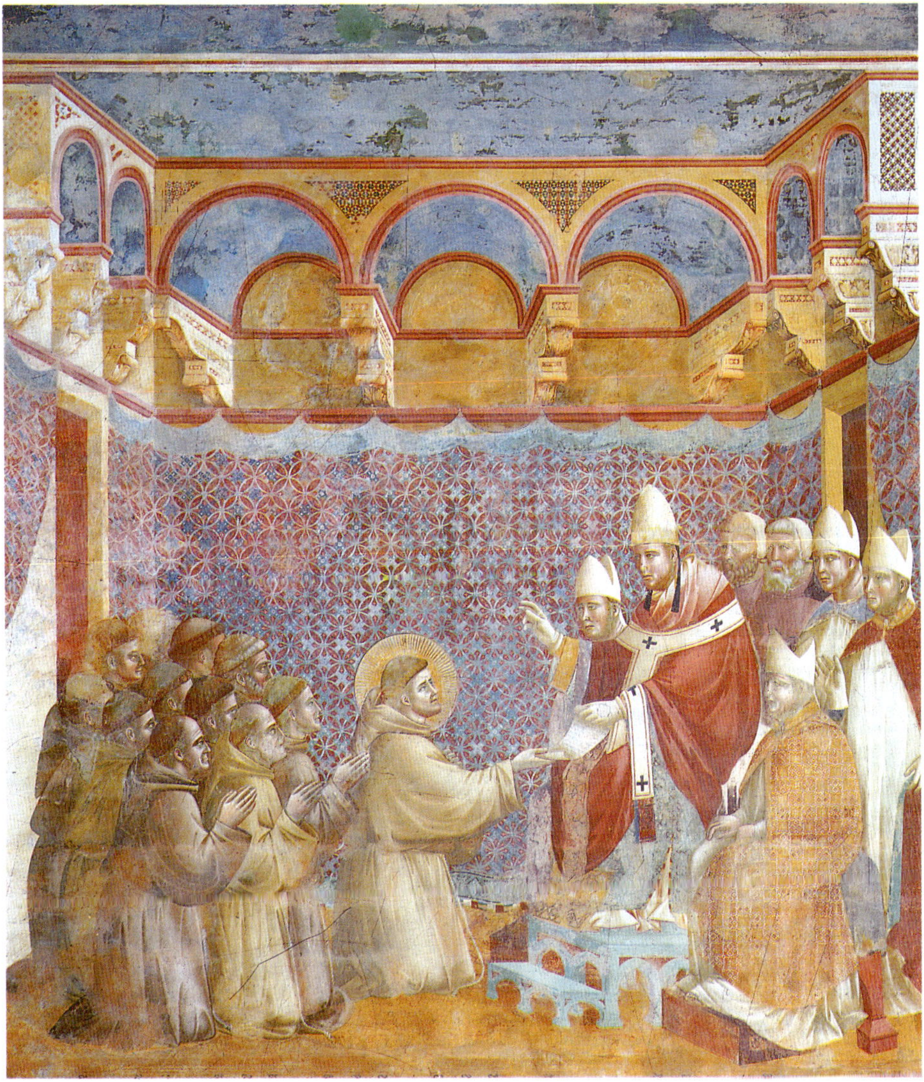

Confirmación de la regla.

Éxtasis de San Francisco: "Mientras San Francisco estaba orando con fervor, vieron los frailes cómo todo su cuerpo se elevaba del suelo, con los brazos abiertos levantados, y le envolvía una deslumbrante nubecilla." Se atribuye la composición general de la escena a Giotto, pero la realización, sobre todo de las figuras, a otros ayudantes (Coletti, Gnudi, Salvini).

El nacimiento de Greccio: "El Beato Francisco, en memoria del Nacimiento de Cristo, ordenó que se representara el nacimiento, y que se llevara heno, un buey y un asno, predicando la venida de un rey pobre. Mientras Francisco sujetaba en la mano la efigie, un caballero vio al Niño Jesús en su lugar."
La escena, muy compleja en su composición, fue probablemente diseñada por Giotto; sin embargo parece que fue realizada por el pintor más arcaico, autor de las anteriores historias (Boskovits). El episodio está ambientado en la iglesia del castillo de Greccio, y el cimborrio de la derecha deriva claramente de Arnolfo. El hecho milagroso está situado en el presbiterio de la iglesia que, como era normal antes de la reforma de Trento, de mediados del XVI, estaba separado de la nave por el iconostasio, que no podían sobrepasar las mujeres. La profundidad de la escena queda subrayada por el atril, el púlpito y, sobre todo, el crucifijo, que se asoma hacia la nave vista desde detrás en escorzo. Antes de la restauración de 1789 era uno de los recuadros más deteriorados e ilegibles; las aportaciones de Tintori-Meiss (1962) han verificado la presencia de colores falseados respecto al original.

Milagro del sediento: "San Francisco sube al monte de Averna acompañado por un campesino que en un determinado momento se queja de estar sediento; entonces San Francisco hace brotar agua clara de una roca." El paisaje rocoso, ya señalado por Offner (1929, II, p. 108), indica una sensibilidad naturalista más arcaica respecto de la futura evolución de Giotto; la concepción se atribuye unánimemente a Giotto, y la ejecución a los ayudantes (Gnudi, Salvini, Gioseffi).
Al llegar a este punto hay una Virgen con el Niño entre dos ángeles enmarcados en círculos en la fachada interior: hay que señalar el naturalismo del Niño, que se dirige a su madre en una actitud nueva respecto a la tradicional y rigurosa iconografía bizantina, que representaba a Jesús siempre de frente (Boskovits).

El sermón a los pájaros: "Camino de Bevagna, el Beato Francisco predicó a los pájaros, y éstos, exultantes, extendían los cuellos, abrían los picos, y le picoteaban la túnica; y, mientras, lo veían los compañeros que le esperaban en el camino."
Se trata de uno de los más famosos recuadros, tanto por su valor intrínseco como por el tema tratado, que debe responder a un preciso programa iconográfico establecido por los que encargaron el trabajo.

Muerte del caballero de Celano: "San Francisco recordó la salvación del alma a un caballero de Celano que le era devoto y le había invitado a comer. Tras confesarse y arreglar sus asuntos, éste exhaló el alma, durmiendo el sueño del Señor, mientras los demás se disponían a la comida."

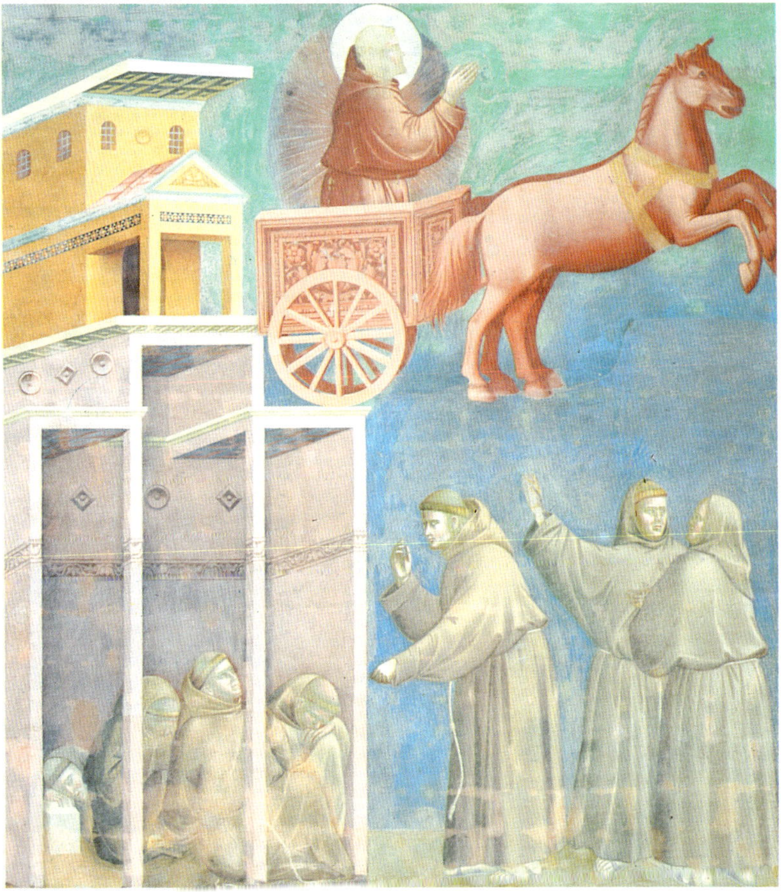

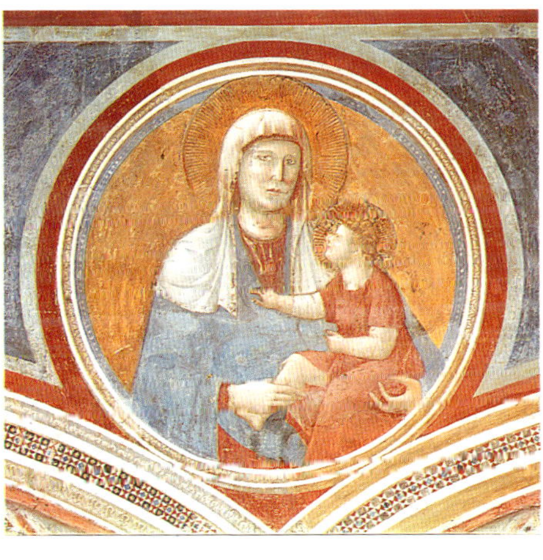

Visión del carro de fuego;
La Virgen con el Niño,
en la fachada interior.

Gnudi adivina en la pared izquierda, de la que éste es el primer recuadro, tanto en las proporciones ligeras de las figuras como en la definición del claroscuro a través del trazo continuo del pincel, la presencia de un estilo goticista atribuible a un ayudante de gran nivel. Todini plantea la hipótesis de que, al llegar a este punto del ciclo, se produjera una vuelta al trabajo tras un tiempo de interrupción.

Sermón ante Honorio I: "San Francisco predicó tan devotamente y con tanta eficacia que demostró claramente su sabiduría."
Bellosi ha señalado el filón iconográfico del gesto de San Francisco, que aparece en otras obras de la primera parte del XIV relacionado con el arte de la oratoria, consideración que define un interés por la cultura gótica.

Aparición ante el Capítulo de Arlés: "Cuando San Antonio (de Padua) predicaba al Capítulo de Arlés sobre el signo de la Cruz, San Francisco, corporalmente ausente, apareció, y extendiendo las manos bendijo a los frailes, como pudo ver el fraile Monaldo; la alegría de los frailes fue inmensa."
La estupenda concepción espacial, señalada sobre todo por Gnudi, se atribuye unánimemente a Giotto, y la ejecución de la mayoría de las figuras a ayudantes. Bellosi (1985, pp. 93-94) ve en la de San Antonio (que la mayoría de los autores consideran obra de Giotto) una anticipación de la capilla Bardi.

Los Estigmas: "Mientras el Beato Francisco rezaba en la ladera del monte Averna, vio a Cristo bajo el aspecto de un serafín crucificado que le imprimía en las manos, en los pies y en el costado derecho los estigmas de la Cruz de nuestro Señor Jesucristo."
J. White (1956) ha comprobado que esta escena la tuvo presente Giuliano de Rimini en el políptico de Boston, firmado y fechado en 1307.

Muerte de San Francisco: "En el momento en que murió el Beato Francisco, un fraile vio cómo su alma subía al cielo en forma de estrella resplandeciente."
Salvini advierte que a partir de este fresco la intervención de Giotto es cada vez menos frecuente, mientras que Gnudi opina que este recuadro marca una verdadera ruptura.

Aparición a fray Agustín y al obispo de Asís: "Fray Agustín... enfermo y a punto de morir, y habiendo perdido el habla hacía tiempo gritó: 'Espérame Padre, voy contigo' y siguió al santo padre. Y el obispo que estaba sobre el monte de San Miguel Arcángel, vio al Beato Francisco que le decía 'Subo al cielo', y así fue encontrado."
La ejecución de la pintura es considerada absolutamente obra de ayudantes. Bellosi destaca la realización de los detalles de las decoraciones arquitectónicas.

Verificación de los Estigmas: "Mientras el Beato Francisco yacía muerto en la Porziuncola, maese Jerónimo, célebre doctor y literato, trataba de tocar los clavos, las manos, los pies y el costado del Santo, hurgando con sus propias manos."

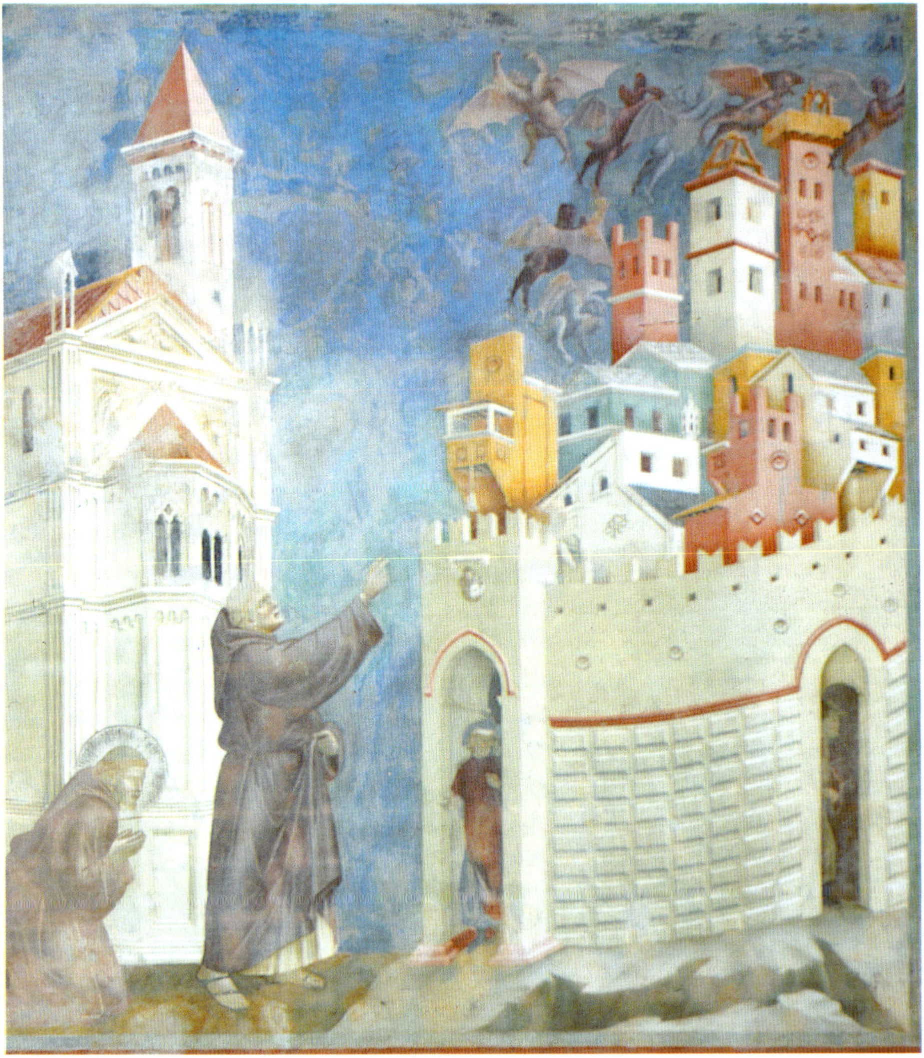

Expulsión de los diablos de Arezzo.

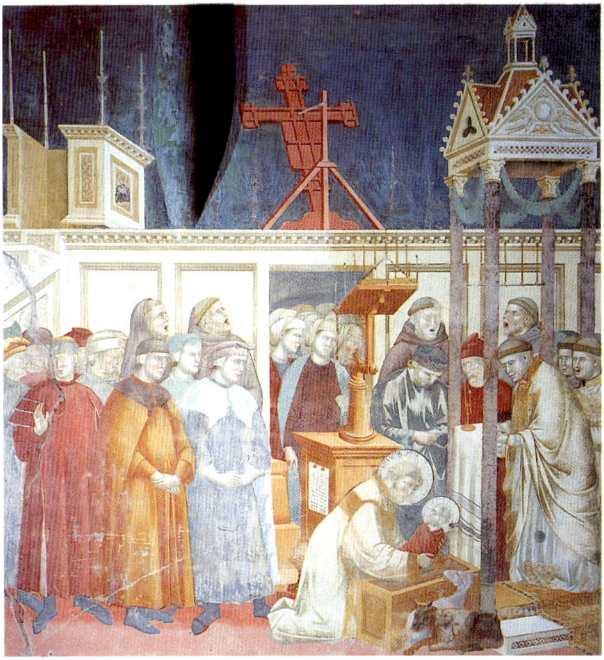

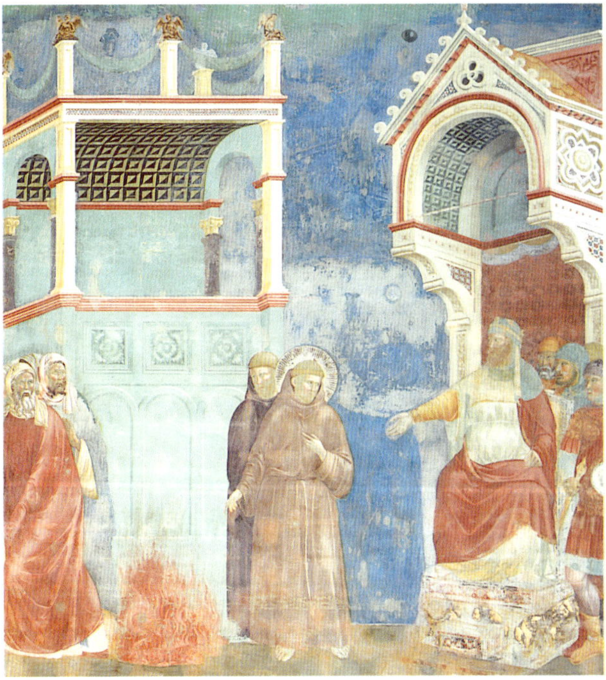

El nacimiento de Greccio;
La prueba del fuego.
Milagro del sediento. ➤

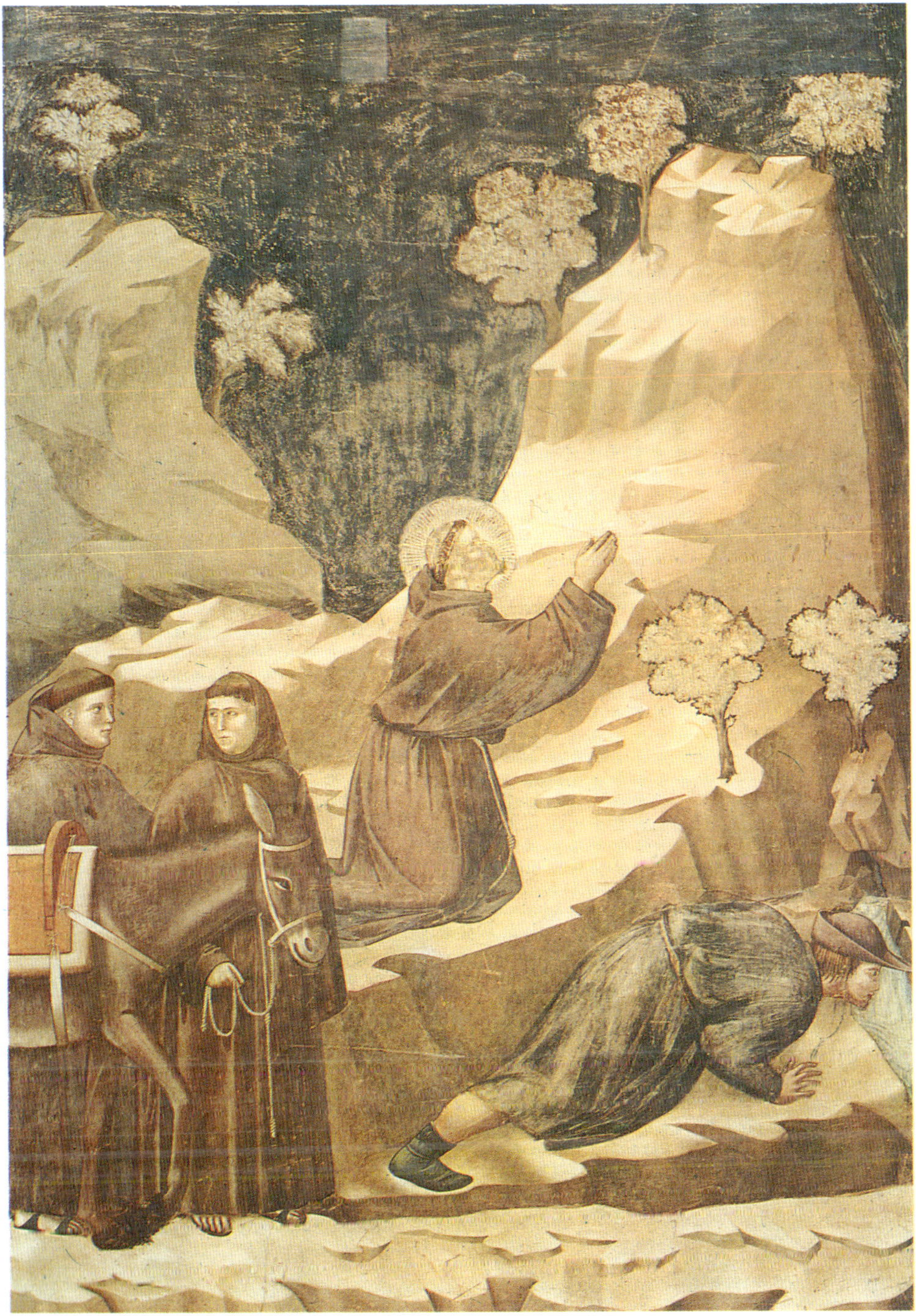

La escena, estudiada detenidamente por Boskovits (1982, p. 61) se desarrolla en el interior de una iglesia, donde la solución espacial se resuelve igual que en *El nacimiento de Greccio*, aunque sin alcanzar esa excepcional perspectiva, debido a la intervención de ayudantes.

Llanto de las Clarisas: "La multitud se congregó, trasladando a la ciudad de Asís, con ramas de árboles y muchos cirios encendidos, el santo cuerpo ataviado con gemas celestiales, llevándolo a ver a Santa Clara y las otras vírgenes santas."
Aquí se adivina la presencia de varios ayudantes, entre ellos el Maestro de Santa Cecilia. En el edificio eclesiástico aparecen analogías con la catedral de Orvieto (Coletti) y con el proyecto de Arnolfo para Santa María del Fiore (Gioseffi).

La canonización: "Cuando el Papa vino a Asís en persona y analizó detenidamente los milagros escuchando el testimonio de sus frailes, canonizó a San Francisco y le inscribió en la tabla de los Santos."
El recuadro, muy deteriorado, ha sido considerado como obra no autógrafa; sin embargo, Boskovits adivina en ella la concepción del maestro.

Aparición a Gregorio IX: "Dudando el papa Gregorio de la herida en el costado de San Francisco, éste se le apareció en sueños y le dijo: 'Dame un frasco vacío', y, al dárselo, vio cómo lo llenaba con la sangre del costado."
En este recuadro domina la intervención del Maestro de Santa Cecilia. Gioseffi señala cómo aquí aparece por vez primera la presentación frontal asimétrica que se repetirá con frecuencia en las composiciones de Giotto en Padua y en Florencia.
Para los tres últimos recuadros se cita unánimemente el nombre del Maestro de Santa Cecilia: sin embargo, el carácter unitario de todo el ciclo indica la posibilidad de un proyecto único. Bellosi, defensor de esta tesis, ve en este punto de las Historias de San Francisco "el inicio de un cambio y la superación de la aspereza pétrea y metálica de los frescos de Asís".

Curación del hombre de Lérida: "San Francisco, deshaciendo con sus manos las vendas y sólo con tocar las heridas, sanó al instante a Giovanni di Ilerda, herido de muerte y deshauciado por los médicos, que le había invocado con devoción al ser herido."

Confesión de la resucitada: "San Francisco resucitó a esta muerta, quien tras haber confesado en presencia de unos clérigos y otras personas un pecado que no había confesado antes, cayó otra vez en el sueño del Señor, con lo que el diablo, confuso, salió huyendo."

Liberación del hereje: "San Francisco liberó a este prisionero, acusado de herejía y entregado al obispo de Tívoli por orden del Papa. Eso sucedió el día de la fiesta del propio Beato Francisco, cuando el prisionero había ayunado según el mandamiento de la Iglesia."

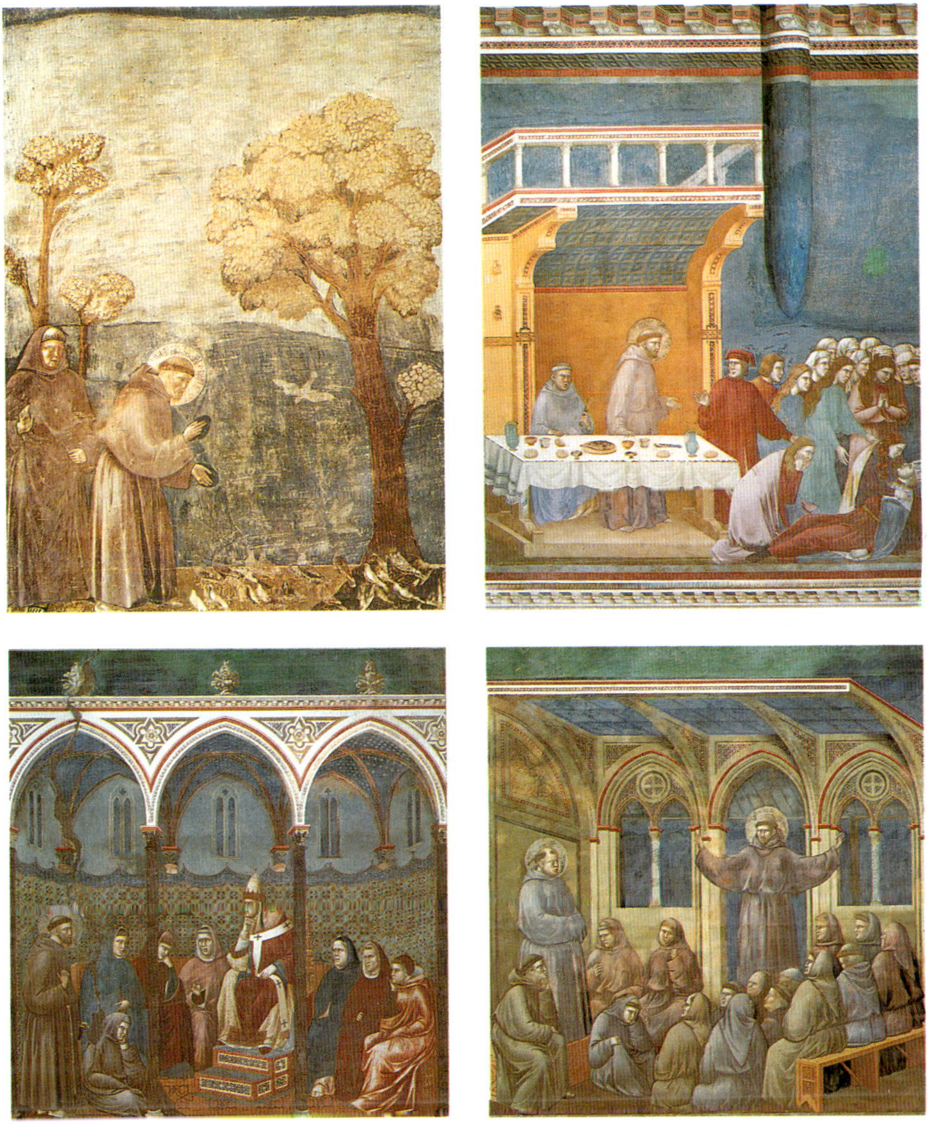

El sermón a los pájaros; Muerte del caballero de Celano; Sermón ante Honorio III; Aparición ante el Capítulo de Arlés.

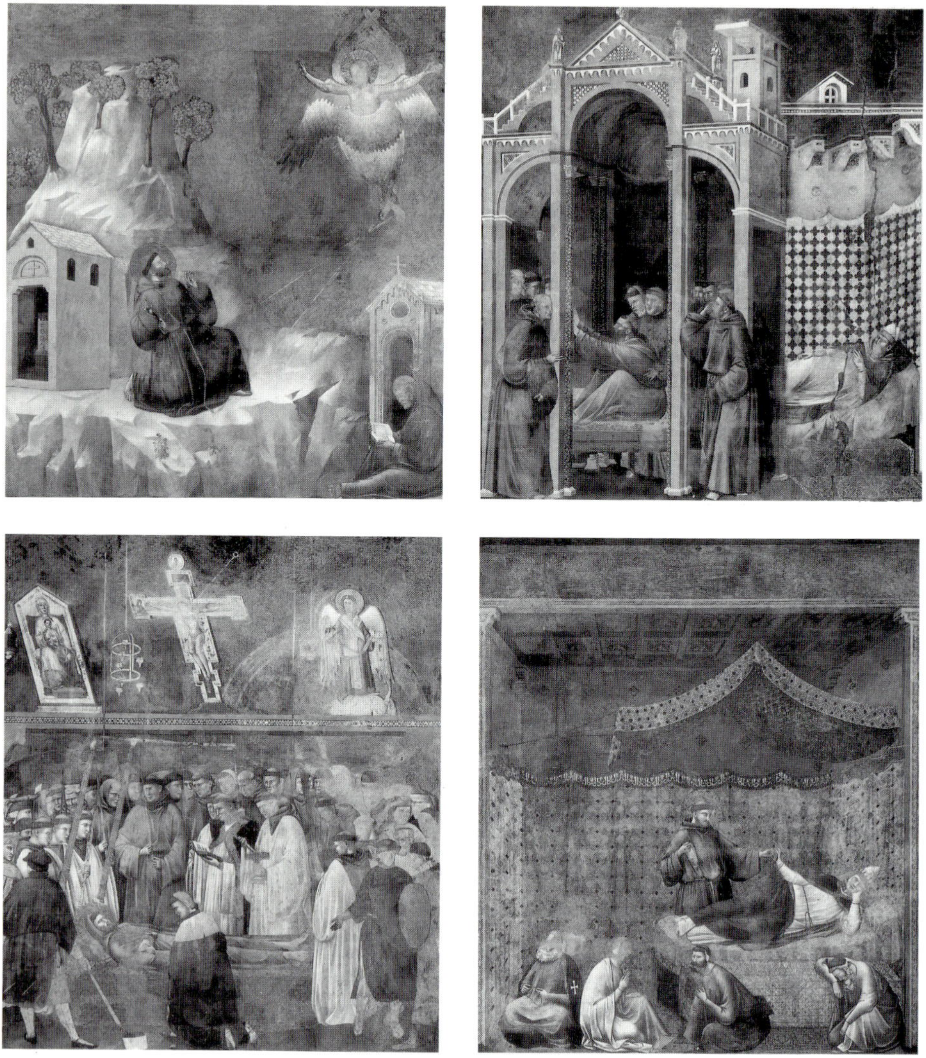

Los Estigmas; Aparición a fray Agustín y al obispo de Asís; Verificación de los Estigmas; Aparición a Gregorio IX.

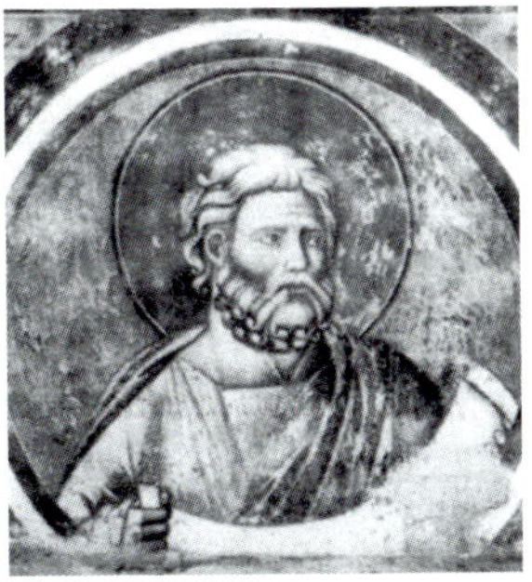 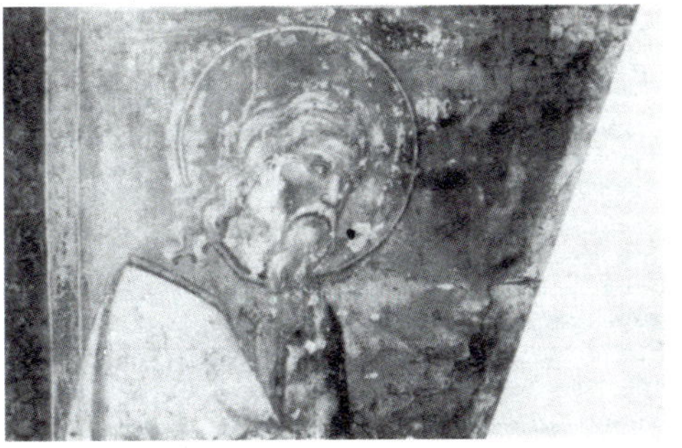

4.
Bustos de profetas y Cordero místico en clípeos; Eterno bendiciendo

Fragmentos de frescos
Roma, Santa María Maggiore

Se trata de los únicos restos, en la zona del transepto izquierdo, que constituyen probablemente la parte inicial de un ciclo que se quedó inacabado (Salvini, 1962). La mayoría de los autores que atribuyen a Giotto las *Historias de Isaac* de la Iglesia superior de San Francisco le atribuyen también este ciclo. Entre las aportaciones más significativas hay que recordar la de Toesca (1904, 1941), el primero que presentó este ciclo como obra de Giotto correspondiente a 1295. Posteriormente Salmi (1937), al confirmar la autoría de Giotto, planteó la hipótesis de que la decoración de la iglesia quedara interrumpida con la subida al trono pontificio de Bonifacio VIII, enemigo de los Colonna, que habían encargado los frescos, y con la consiguiente confiscación de sus bienes en 1297. Coletti atribuyó la obra al "Maestro de los clípeos", seguidor de Giotto. Más recientemente, Gnudi (1959) y Matthiae (1966) han negado la posible conexión con Giotto y su trabajo juvenil. Por su parte, Previtali considera estos fragmentos obra "colectiva del taller" correspondiente al período del pontificado de Nicolás IV, es decir, de 1288 a 1294.

5.

La Virgen con el Niño en el trono

Témpera sobre tabla, 180 × 90 cm (fragmentaria)
Florencia, Galería de los Uffizi

Citada por Ghiberti como obra de Giotto, la tabla, procedente de la iglesia florentina de San Giorgio alla Costa, está mutilada. En efecto, hacia 1705 fue recortada por ambos lados, donde debía haber reproducciones de figuras, también por arriba, a partir de la cúspide, y por abajo, desde la base del trono. La primera reconstrucción de la tabla se debe a Offner (1956), que ya la había atribuido en 1923 y 1927 al Maestro de Santa Cecilia. Oertel (1937) la atribuye a la etapa juvenil de Giotto. En el mismo sentido se manifestaron las autoras del Catálogo de la Exposición de Giotto (G. Sinibaldi-G. Brunetti, 1943), seguidas por Longhi (1948), Salvini (1952), Bauch (1953), Gnudi (1959) y Battisti (1960), hasta las más recientes aportaciones de Previtali y Bellosi (1967 y 1981). Ya en 1956 Offner rectificó cuanto había dicho en sentido contrario y atribuyó la obra al Maestro de la Cruz de Santa María Novella, es decir, a Giotto. La fecha fue fijada por Oertel en los primeros años del siglo XIV y anticipada por Gnudi a un período algo anterior a las *Historias de San Francisco* de la Iglesia superior de Asís y, por tanto, coincidente con la cronología que propone el autor de Bologna, es decir, 1296. Bellosi conecta la estructura del trono de la Virgen, tal y como debía ser originariamente, con las cátedras y tabernáculos de la *Bóveda de los Doctores*.
Boskovits (1982) señala los pliegues del vestido y el cabello de los ángeles que asoman tras el trono, casi como esculpidos en mármol, como coincidentes con la severa monumentalidad de las esculturas de Arnolfo di Cambio, de forma análoga a las *Historias de Isaac*.

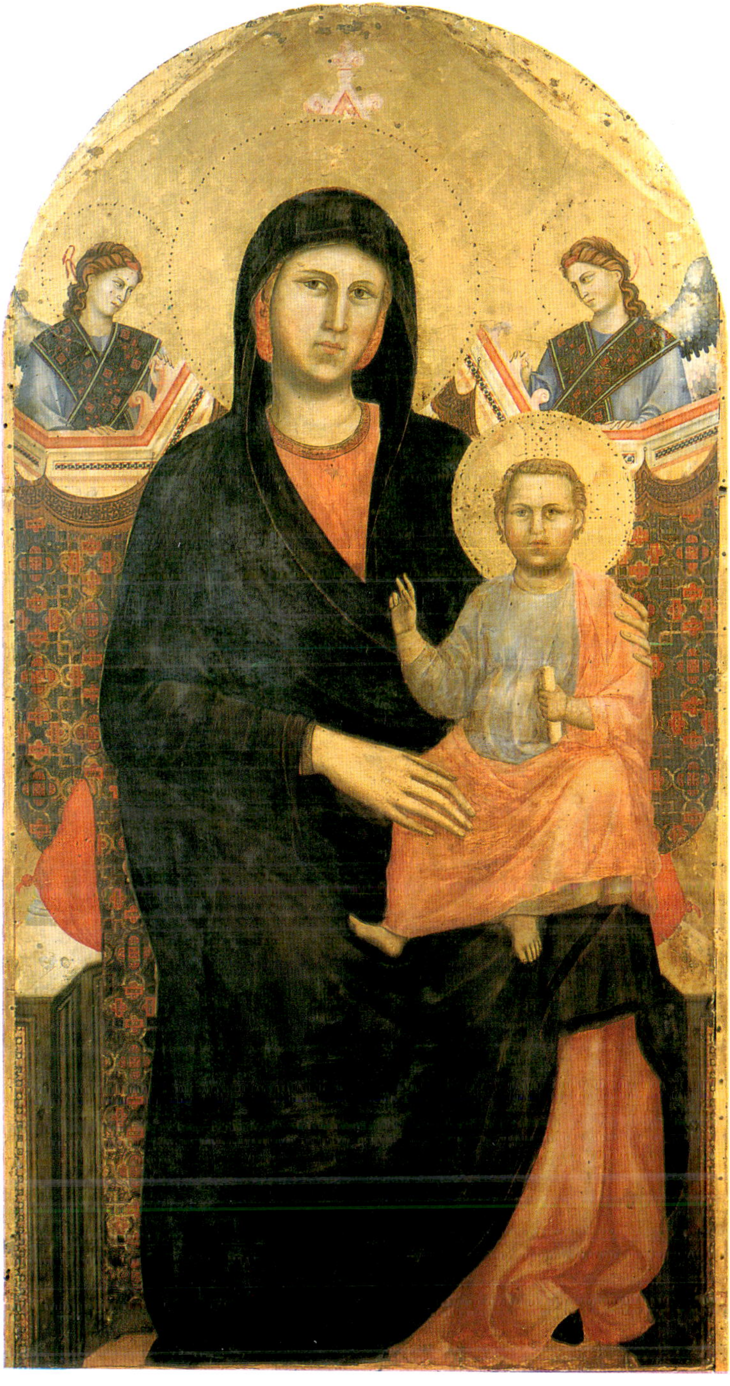

6.
Crucifijo

Témpera sobre tabla, 578 × 406 cm
Florencia, iglesia de Santa María Novella

Ghiberti cita una "cruz" de Giotto en Santa María Novella que pudiera ser ésta. Hay una disposición testamentaria de un tal Rinuccio del fu Puccio del Mugnaio de 1312, en el sentido de que se mantuviera encendida una lámpara en Santa María Novella ante el Crucifijo pintado por Giotto.
Con ocasión de la exposición de Giotto de 1937 la tabla, limpiada y restaurada, fue casi unánimemente atribuida a Giotto (Coletti, Salmi, Oertel, Toesca, Longhi). Fueron de distinta opinión los autores que no admitían la identificación de Giotto con el autor de la *Leyenda de San Francisco* de Asís (Offner, 1939; Meiss, 1960). A ellos se sumó Brandi (1939) rechazando, en base a una cita de Cavalcaselle (1875), la identificación de la cruz. Posteriormente, en 1956 y 1983, el mismo autor se inclina por atribuir la obra a Giotto, aunque mantiene su escepticismo en cuanto a la identificación del documento de 1312 con la cruz. El mismo autor descubre una relación con la cruz pintada en la *Verificación de los estigmas* de la "Leyenda franciscana" de Asís. La fecha que propone la crítica favorable a la atribución a Giotto oscila dentro del último decenio del siglo XIII: para Longhi, Gnudi y Battisti, hacia el 90; para Previtali, en torno a 1290-95; para Salvini, hacia 1295-96, y para Toesca, poco después.
El cuerpo de Cristo, que cuelga pesadamente de la cruz, armoniza perfectamente con las *Historias de Isaac* de Asís y debe ser interpretado como recuperación del clasicismo antiguo. Por otra parte, las dos tablillas con la Virgen dolorosa y San Juan muestran idéntica forma de representar los rasgos de los rostros: tabique nasal achatado, mejilla definida por un ligero hundimiento según un modelo antiguo (Bellosi).
La importancia de la obra en su novedad iconográfica, índice de una voluntad de renovación respecto de las cruces alargadas de tipología bizantina, debió constituir un importantísimo modelo para los contemporáneos, como lo indica el ejemplo de la cruz del autor de Lucca Deodato Orlandi, maestro menor y autor de algunas cruces fechadas, que está en el Convento de las Clarisas de San Miniato al Tedesco, y cuya fecha es de 1301. Esta cruz parece seguir en efecto la tipología de la cruz de Santa María Novella, diferenciándose de la obra anterior del propio Deodato, inspirada en la tradicional tipología de Cimabue.

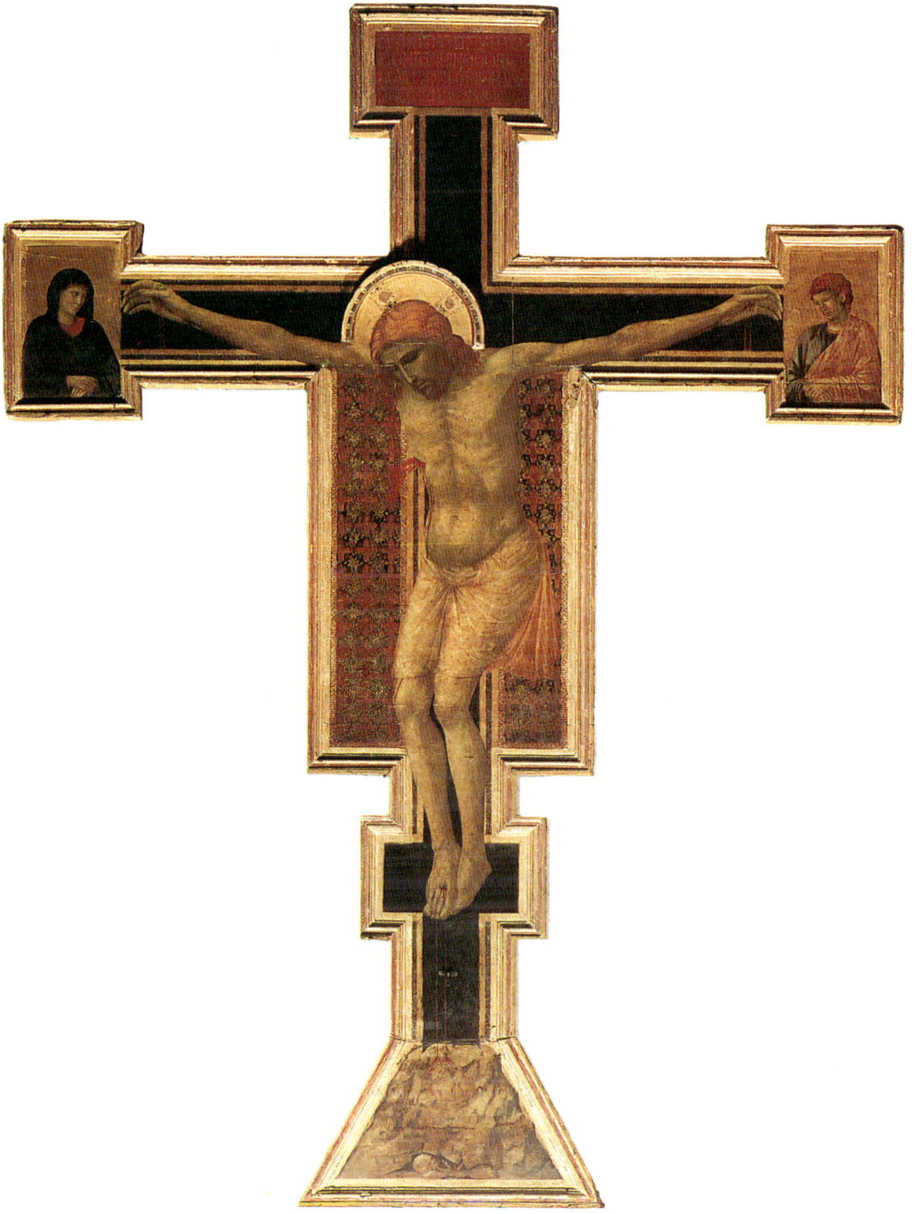

7.
Madonna

Témpera sobre tabla, 81,5 × 41 cm (fragmentaria)
Borgo San Lorenzo, Pieve

Procedente de un nicho del altar mayor del Oratorio de la Compañía de San Omobono (frente a la iglesia de San Lorenzo en Borgo San Lorenzo) y dado a conocer por O. Casazza y P. Franchi en 1985, el estupendo fragmento fue publicado ese mismo año por Bellosi como obra de Giotto, en una nota amplia y de gran interés. Hasta 1986 no hubo una ficha técnica de la obra, realizándose con ocasión de una exposición de restauraciones de la Soprintendenza de Florencia a cargo de Santi.

Originariamente, la obra debía representar una *Virgen con el Niño* similar a la de la tabla de San Giorgio alla Costa, y posteriormente debió ser recortada, mutilada y repintada para transformarla en la imagen devocional de una santa. En cuanto se empezaron los trabajos de limpieza, en la Fortezza da Basso de Florencia, la atribución a Giotto fue unánime entre los autores florentinos: Paolucci, Previtali, Badini, Santi, Boskovits...

A pesar del mal estado de conservación, algunas partes pueden verse bien, como los pliegues, realizados con extremo refinamiento cromático y con un borde dorado, de estilo Duccio, que apenas se entrevé. Bellosi relaciona esta obra con la escena del *Rechazo de Esaú* y con la Madonna de la fachada interior de la Basílica superior de Asís, y se inclina por tanto por una fecha a comienzos de la última década del XIII.

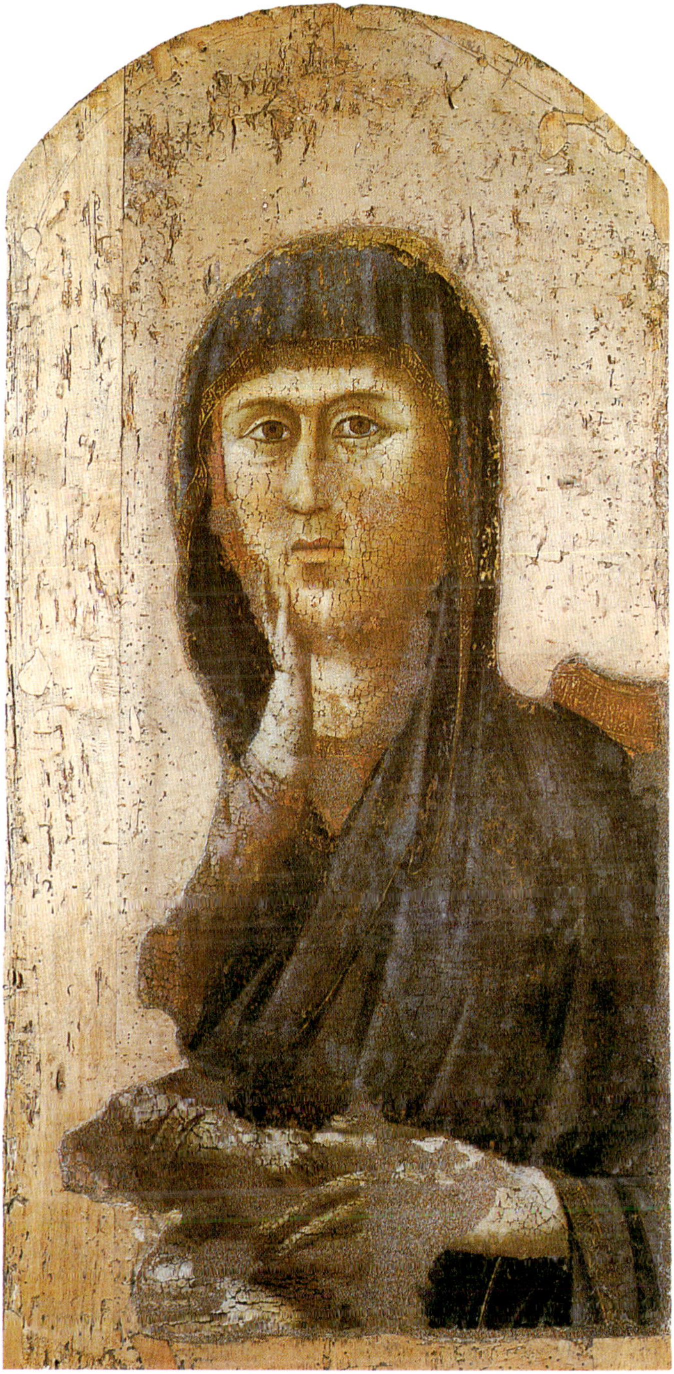

8.
La Nave

Mosaico perdido
Roma, antes en la antigua Basílica de San Pedro

Ángel

Mosaico, 65 cm diám.
Bovile Ernica (Frosinone), Iglesia de San Pietro Ismano

Ángel

Mosaico, 65 cm diám.
Roma, Museo Petriano

La obra, originariamente colocada en el cuatripórtico de la antigua Basílica de San Pedro, está ahora en el atrio del actual San Pedro, totalmente renovado a través de sucesivas restauraciones. La atribución más antigua se remonta a la necrológica del cardenal Stefaneschi de 1343 y a la fuente de Ghiberti. Otra fuente del siglo XVII (Casalius, 1644, y Badinucci, 1681) remite la fecha de la obra al período del pontificado de Bonifacio VIII, y más concretamente a 1298. Boskovits (1982) acepta el dato de dicha fuente, aunque haya sido contestada. Efectivamente, el carácter del facsímil que se hizo en el XVII a partir del mosaico, cuando aún se conservaba en buen estado, recuerda el estilo del joven Giotto. La simbología expresada por la representación de Cristo, que hace amainar al viento y salva la nave de los apóstoles, expresión de la Iglesia, se adecua bien al carácter de Bonifacio VIII, eminente jurista y hombre de planes políticos ambiciosos. El fresco suele fecharse hacia 1310-1313, relacionándolo con el cardenal Stefaneschi en base a una inscripción colocada bajo el mosaico que lleva algunos versos en latín del propio cardenal. Sin embargo, los dos ángeles que quedan, parte de una serie de figuras de medio cuerpo que rodeaban la composición del mosaico original, reconstruible en base a un grabado de Alessandro Specchi, y que ahora están en San Pietro Ispano di Boville Ernica y en San Pedro de Roma, revelan un ideal formal muy arcaico y un planteamiento clásico solemne, argumentos en favor de fecha más antigua. Toesca, Battisti (1960) y Volpe (1963) consideran que el mosaico se realizó hacia el año 1300, antes que la capilla Scrovegni: Paeseler (1941), Gnudi (1959) y Salvini (1962) se inclinan al contrario por la fecha de 1310. Previtali (1967) trata de conciliar las dos hipótesis, planteando la posibilidad de que Giotto realizara en una primera etapa la obra al fresco con ocasión del Jubileo (Navidad 1299), y que unos años después la realizara en mosaico. Venturoli (1969) relaciona el fresco con la noticia de la posible presencia de Giotto en Roma en 1313. Recientemente Bellosi (1985) parece dar a entender entre líneas que acepta la fecha más antigua de 1300.
La obra permaneció en el lugar de origen hasta 1610, cuando fue destruida el ala oriental del cuadripórtico. Paulo V, para salvarla, la dividió en tres partes y la quitó de la pared. El mosaico fue posteriormente recompuesto y

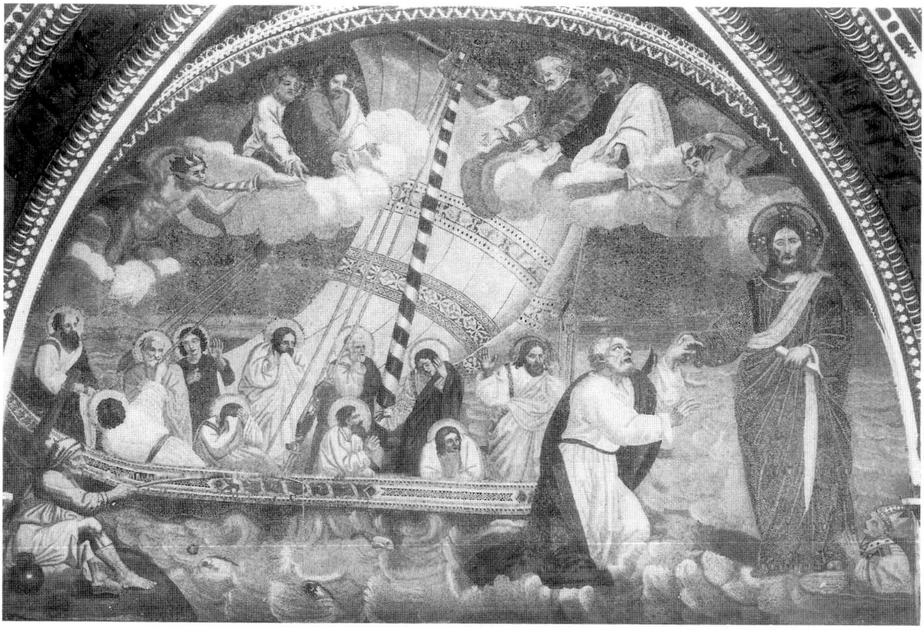

La Nave.

restaurado por Marcello Provenzale, y en 1619 fue colocado en el cuatripórtico, frente a la entrada del Palacio Papal, en posición demasiado expuesta a la intemperie. Urbano VIII hizo realizar una copia de la obra en 1628 y ordenó su traslado a la fachada interior de San Pedro. Colocado demasiado alto en 1648, de nuevo se trasladó a la fachada del cuadripórtico del Palacio Papal. El hecho de que se produjeran daños ulteriores indujo a un nuevo traslado a la actual ubicación. Originariamente cuadrado, el mosaico aparece hoy en forma de luneto carente de marco y de inscripción. Las copias de Pisanello y de Parri Spinelli, pero sobre todo el dibujo de 1628, remiten a las primeras obras de Giotto y permiten fijar una fecha no demasiado alejada de las "Historias de San Francisco". El mosaico de las Grutas Vaticanas ha sido recientemente restaurado con toques de pincel (Kneel, 1986).

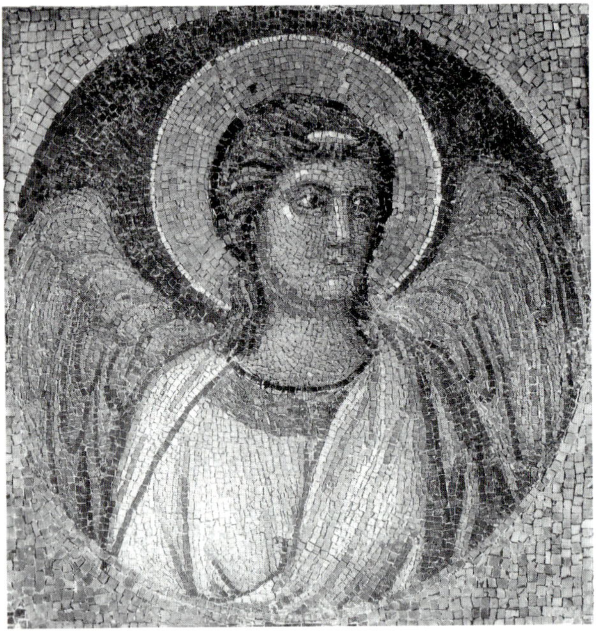

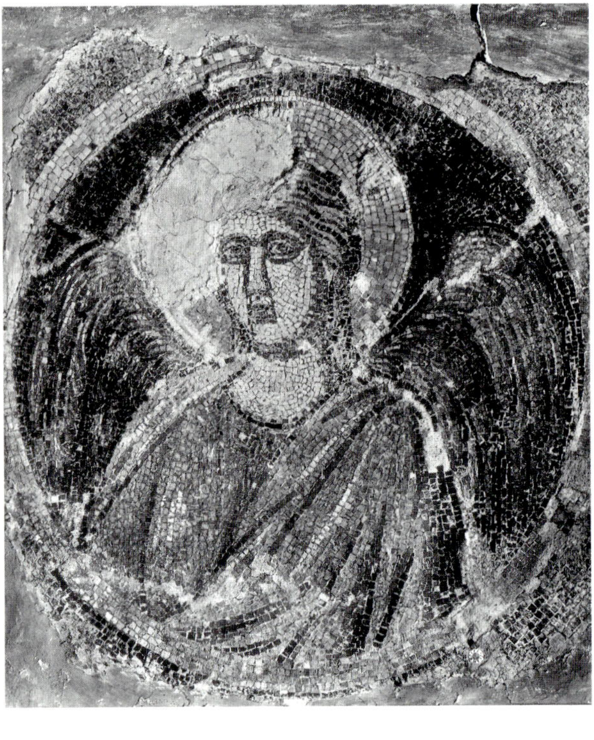

Ángel, Boville Ernica;
Ángel, Roma.

9.
Majestad Cívica

Fresco separado, 350 × 160 cm
Asís, Pinacoteca Municipal

El fresco procede de la Sala mayor del antiguo Palazzo Comunale, adornado con intensa decoración pictórica. Arrancado de mala manera, fue depositado en su sede actual, y restaurado poco antes de 1980. Todini (1980 y 1985-86) lo atribuye al taller de Giotto. Sin embargo, las partes originarias son escasas, mientras es aún legible la monumental grandiosidad de la arquitectura que Todini relaciona con la *Madonna* de San Giorgio alla Costa de Florencia, adivinando además un acercamiento al momento más gótico de la Capilla de San Nicolás de la Basílica inferior de Asís, cuya fecha es de 1305, cuando se copió en un fresco que hay en Sant' Arcangelo sull'Isola Maggiore de Trasimeno.

10.
Historias de San Nicolás

Frescos
Asís, Basílica inferior de San Francisco, capilla de San Nicolás

Sobre el intradós del arco: *San Nicolás echa varitas de oro a las muchachas pobres, San Nicolás perdona al cónsul, San Nicolás salva a tres inocentes de la decapitación, San Nicolás se aparece a Constantino* (recuadro perdido).
En la pared derecha: *San Nicolás resucita a un muchacho estrangulado por un demonio, San Nicolás libera a Adeodato, San Nicolás devuelve un muchacho ahogado a su familia.*
En la pared izquierda: *El Santo golpeado por un judío* (dos escenas destruidas).
En la pared de entrada: *El Redentor entre San Francisco y San Nicolás presentando a Napoleone, a Gian Gaetano Orsini y a otros seis obispos, San Juan Bautista, Magdalena penitente.*
Sobre el altar mayor: *La Virgen con el Niño entre San Nicolás y San Francisco.*
En la franja inferior: *Figuras de Apóstoles.*
En la clave del arco de entrada: *San Antonio, San Francisco, San Rufino, San Nicolás, San Adrián, San Jorge, San Sabino, San Victorino, Santa Inés, Santa (no identificada), Santa Clara y Santa Catalina.*
La Basílica inferior de San Francisco tenía originariamente una sola nave. Entre fines del XIII y principios del XIV abrieron capillas laterales que, al estar conectadas entre sí, formaban dos naves pequeñas junto a la principal. Dos de ellas, situadas al final de los dos brazos del transepto, fueron construidas por orden de Napoleone Orsini, que en el año 1300 era legado apostólico en la Umbría. Fue en esta ocasión cuando mandó realizar los frescos en la capilla adyacente al transepto derecho (Hueck, 1983; Bonsanti, 1983). Se debe a Maginnis (1975) y a una aportación de Hueck (1983) haber descubierto que

las figuras de los dos Orsini son un añadido poco posterior a la ejecución inicial, como si se hubiera pensado mejor.
En la capilla se encuentra la tumba de Gian Gaetano Orsini, hermano menor del cardenal, muerto en 1292-94 pero colocado en el monumento fúnebre definitivo unos años más tarde, probablemente después de 1296, puesto que su sepulcro presupone el conocimiento de la capilla fúnebre que Bonifacio VIII se hizo construir en la Basílica Vaticana y que fue consagrada en 1296 (Hueck, 1983). Sobre el monumento de mármol en lugar de una tabla de altar hay un tríptico pintado al fresco sobre fondo de oro: ese ensayo ilusionista suponía una novedad iconográfica.
Un término cronológico preciso lo proporcionan las citas de algunas figuras que aparecen en el frontal de Giuliano de Rimini de 1307, que está en el Gardner Museum de Boston, procedente de Urbania, y el dato de que en la capilla se oficiaba en 1306.
Boskovits (1982) también incluye en este ciclo la *Anunciación* que hay pintada en la pared exterior.
Previtali atribuye los frescos de la capilla a un mismo autor activo en tres momentos distintos, el "Maestro de la capilla de San Nicolás". Toesca (1951) ya había hecho notar sin embargo ciertas diferencias estilísticas llegando a la conclusión de que sería obra de distintos autores. Algunas figuras se caracterizan por una línea de contorno enérgica y particularmente expresiva, y otras, como la figura de San Pedro, están modeladas en cambio con un delicado claroscuro, revelando una particular complejidad en el modelado (Boskovits, 1971 y 1982). Si esta figura, atribuible al propio Giotto, se caracteriza por una pincelada densa y llena de difuminados, la primera, que llega a alcanzar efectos casi caricaturescos, debe ser obra seguramente de un ayudante, probablemente el que Previtali denomina "Maestro de San Nicolás". La tesis de Toesca, que sospecha la presencia de un tercer colaborador en el tríptico pintado al fresco, hay que revisarla en favor de la hipótesis de que hubiera una estrecha colaboración entre ambos. Bonsanti (1983) suscribe la tesis de Boskovits, no aceptada sin embargo por Bellosi (1974, p. 102), y sostiene la tesis ya planteada por Boskovits y por Neri Lusanna (1977) de que el Maestro de San Nicolás es el "Maestro expresionista de Santa Clara", es decir, el "Maestro del Crucifijo de Montefalco". Se debe a Neri Lusanna la identificación con Palmerino di Guido, maestro umbro citado como autónomo en 1307, y junto a Giotto en 1309. Boskovits (1971) defiende la intervención del "Maestro de San Nicolás" en otras obras del taller de Giotto, como algunas partes del políptico de la Abadía de Florencia (hoy en los Uffizi) y del políptico de Santa Reparata en Santa María del Fiore en Florencia y otros pasajes pictóricos de la capilla de la Magdalena en la Iglesia inferior de Asís (véanse las fichas correspondientes).

11.
Los estigmas de San Francisco

En el panel principal: *Los Estigmas de San Francisco,* y en la parte de abajo, como si se tratara de una predela, *Sueño de Inocencio III, Confirmación de la regla franciscana* y *San Francisco predicando a los pájaros*

Tabla firmada: "OPUS JOCTI FLORENTINI"
Témpera sobre tabla, 314 × 162 cm
París, Louvre

La obra procede de la iglesia de San Francisco de Pisa, donde la vio Vasari. De aquí pasó primero a la iglesia de San Nicolás y luego al Camposanto. Llegó por fin a París cuando el ejército napoleónico se apoderó de algunas obras de arte.
Tal vez en base a su mal estado de conservación muchos autores apenas han considerado la obra y, frente a ellos, Volpe (1963) ha acogido plenamente la atribución a Giotto que realiza Vasari, defendiendo la calidad de la obra que, para él, corresponde al 1300. La atribución de Volpe ha sido en general aceptada, aunque ampliada al taller.
Hueck (1983) ha señalado que esta obra, procedente de la iglesia de San Francisco de Pisa, demuestra que en el ámbito de la Orden franciscana se pidieron muchas copias del ciclo de las *Historias de San Francisco de Asís*, consideradas casi como canon iconográfico para las representaciones de la vida del Santo. De hecho, la obra calca fielmente, aunque con algún pequeño cambio, como el de la inclusión de la figura de San Pedro en el *Sueño de Inocencio III*, las cuatro escenas correspondientes de las paredes de la Basílica superior de Asís.
Hueck (1983) también señala en la escena principal la monumentalidad del protagonista, una novedad respecto al ciclo de Asís, que responde a un viaje a Roma que hizo Giotto. En las pequeñas escenas de la parte baja la investigadora constata una mayor dilatación del espacio respecto de los modelos correspondientes (tal como sucede en las últimas escenas de Asís), hasta el punto de que sugiere la intervención del Maestro de San Nicolás, del que ya hemos hablado a propósito de la capilla de San Nicolás de la Basílica Inferior de Asís.
Para Boskovits (1982) la obra sería posterior a la estancia de Giotto en Roma en los primeros años del siglo XIV.
Por su parte, Bellosi (1982) al confirmar que esta obra, así como las otras dos firmadas por Giotto (el políptico de la Pinacoteca de Bologna y la *Coronación Baroncelli* de la Santa Croce), es seguramente autógrafa, la considera la prueba más importante de la intervención de Giotto en las *Historias de San Francisco* en la Iglesia superior de Asís.

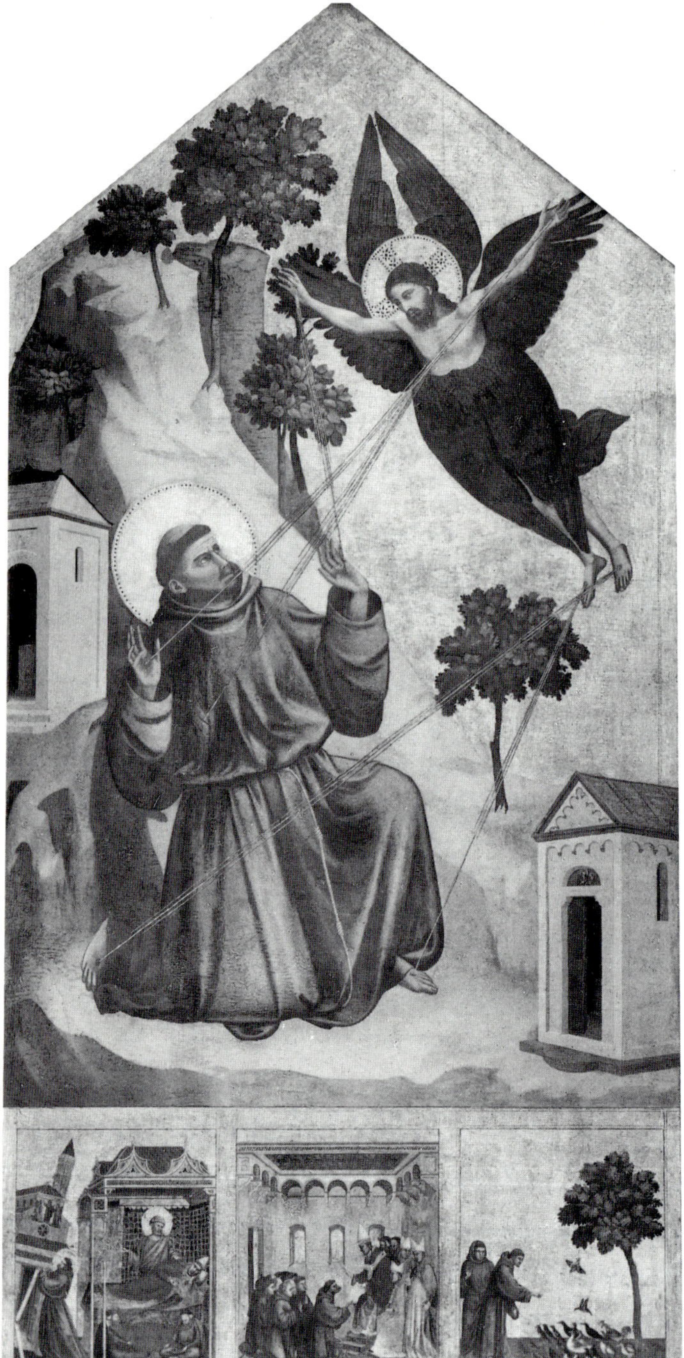

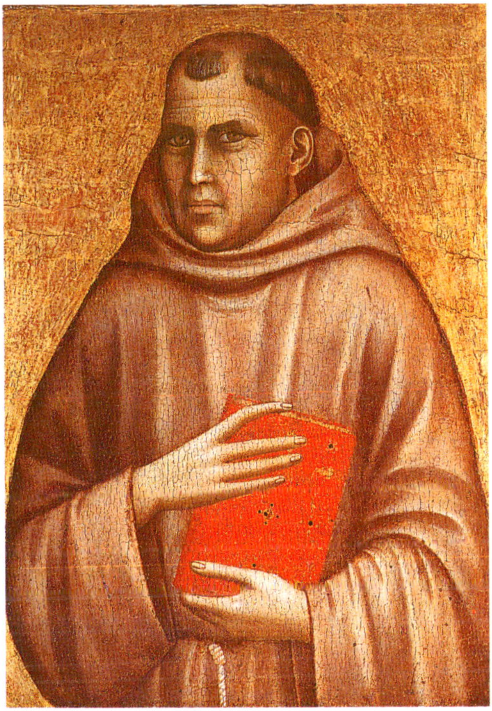

12.
San Antonio

Témpera sobre tabla
Settignano, Ponte a Mensola, Villa I Tatti, col. Berenson (Harvard University)

La atribución a Giotto se remonta a Mather (1925) y ha sido compartida por Berenson, Toesca, Cecchi y Gamba, y rechazada por Brandi. Gnudi (1959) y Salvini (1962) consideran la tabla una obra de taller de gran interés, relacionada con el ciclo de la *Leyenda de San Francisco* que para estos investigadores corresponde a mediados del último decenio del siglo XIII. Boskovits (1982) apoya la nueva interpretación iconográfica propuesta por Gasparotto (1967), el primero que identificó la figura reproducida con San Antonio, y no con un genérico fraile franciscano como se creía, planteando una procedencia idéntica a la de *Los estigmas* del Louvre, es decir, la iglesia de San Francisco de Pisa, en base a las similitudes estilísticas con esta última tabla. El paralelismo que propone Boskovits lleva a adjudicar a este panel una fecha muy próxima.
Ya Venturoli (1969) había situado la obra en torno al año 1300

13.
Crucifijo

Témpera sobre tabla, 430 × 303 cm
Rimini, Iglesia de San Francisco (Templo malatestiano)

Redentor bendiciendo

Témpera sobre tabla, 81 × 86 cm
Londres, colección privada (antes colección Jeckyll)

Citada exclusivamente por la guía de Tonini de 1864, la cruz ha llegado mutilada hasta nosotros. Zeri (1957) ha descubierto la moldura recortada con la cabeza del *Redentor* en una colección privada londinense. Si bien los autores se muestran de acuerdo en cuanto a la notable calidad de la obra, la atribución a Giotto sólo fue defendida por Longhi (1934). Posteriormente Gnudi (1959) descubrió en la moldura recuperada nuevos motivos para atribuir la obra a Giotto, siendo para él de 1317. Por su parte, Previtali, al confirmar la autoría de Giotto, atribuye la obra con convincentes argumentos a comienzos del XIV, es decir, antes de la decoración de la capilla Scrovegni de Padua, considerando la obra como prototipo de las cruces de Rimini (Giovanni da Rimini, Mercatello, iglesia de San Francisco).
La cruz del Templo malatestiano responde posiblemente a una estancia de Giotto en Rimini donde, en base a las noticias que aparecen en la *Crónica* contemporánea de Riccobaldo Ferrarese, confirmadas por Gnudi (1957), trabajó en la iglesia de San Francisco en un momento comprendido entre sus estancias en Asís y Padua, según la interpretación de los hechos expuestos en el citado pasaje en un orden cronológico propuesto por Gioseffi (1961) y aceptado por algunos autores (Salvini, 1971; Previtali, 1967; Boskovits, 1982; Bellosi, 1982 y 1985). Sin embargo, Volpe (1971), Venturoli (1969) y Todini (1980) proponen para la estancia en Rimini de Giotto y, por tanto, para este crucifijo, una fecha posterior a la decoración de la Capilla de los Scrovegni de Padua, es decir, 1307-1309. Mejor conservado que el *Crucifijo* de Santa María Novella, éste de Rimini es versión más noble, orientada hacia el estilo más maduro de Giotto e inspirado en los ideales de nobleza y clasicismo típicos de su evolución en los primeros años del siglo XIV. Realizada con un dulce y difuso modelado, ya evidente en las últimas historias de San Francisco, esta cruz se reflejó inmediatamente en la evolución de los pintores de Rimini, tanto en la ciudad como en los alrededores. Por su fuerte efecto plástico y por su definición fisonómica aún arcaica, el *Crucifijo* de Rimini se aproxima en cualquier caso a la cruz de Santa María Novella (Bellosi, 1985).

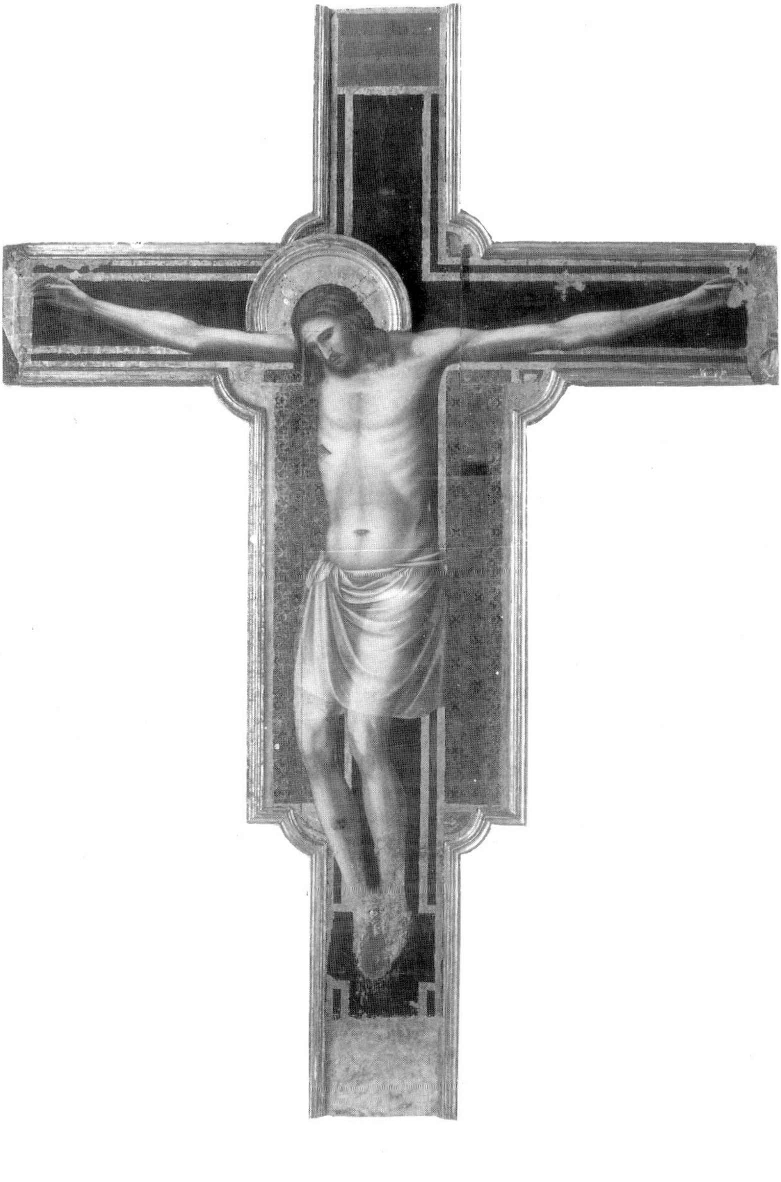

14.
Políptico de Badia

En el centro *La Virgen con el Niño* entre los *Santos Nicolás y Juan Evangelista* a la izquierda, y los *Santos Pedro y Benedicto* a la derecha

Témpera sobre tabla, 5 compartimentos, 91 × 340 cm
Florencia, Museo dell'Opera de Santa Croce (en depósito en la Galería de los Uffizi)

El políptico procede del altar mayor de la iglesia de la Badia florentina. Removido en 1568, fue llevado al convento (Procacci, 1962) y, en 1810, retirado tras las desamortizaciones napoleónicas. En 1815 fue entregado por error a la iglesia de la Santa Croce, donde se colocó primero en la Sacristía y luego en el Museo dell'Opera de la propia iglesia, al inaugurarse éste. Los paneles, que aún conservan las cornisas originarias con cúspides representando cabezas de ángeles enmarcadas en círculos, estaban unidos por un travesaño superior entre las cúspides representando cabezas de querubines realizadas por Jacopo d'Antonio en 1451. Durante la restauración de Tintori en 1957 (Baldini, 1958) se retiró ese travesaño. Considerada como obra de Giotto en la primera década del XIV, se le atribuía generalmente la fecha 1330 (véase al respecto Baccheschi, 1967). Tras la restauración ha salido a la luz la gran calidad de la pintura así como su gran espacialidad, preludio de la medida nobleza de Padua. Para Boskovits (1982) este políptico, realizado para los benedictinos de Florencia, demuestra que Giotto tuvo que pasar por su patria tras su estancia en Roma en el año 1300. Aquí el artista reelabora la estructura de la tabla de altar, formada por el acoplamiento de cinco paneles con Santos de medio cuerpo. Al igual que en el falso tríptico de la capilla de San Nicolás, y con más evidencia, Giotto concibe la cornisa como elemento arquitectónico, casi como una ventana a través de la cual vemos representados (Boskovits dice "asomados") a los Santos y la Virgen, con su monumental dignidad. Tanto Boskovits (1982) como Bellosi (1982 y 1985) insisten en la relación iconográfica y, sobre todo, estilística con la *Virgen con el Niño* pintada por Giotto en la fachada interior de la Iglesia superior de Asís y atribuyen al políptico la fecha de la capilla de San Nicolás, es decir, antes de realizarse la capilla de la Arena de Padua, según la fecha propuesta por ambos autores. Por su parte Hueck (1983) al recordar que el altar mayor de la Badia fue consagrado en 1310 (Procacci, 1962) por un arzobispo, sin retrasar la ceremonia en espera de un papa o un cardenal, parece inclinarse por una fecha próxima a 1310. Esa suposición, que implicaría una ejecución posterior a la capilla de la Arena de Padua, que las evidencias estilísticas hacen en todo caso imposible, induce a la autora a atribuir el políptico al maestro de San Nicolás. Según Boskovits (1971) este colaborador de Giotto podría haber participado en la ejecución de la figura de San Nicolás. Bonsanti (1983) propone la total responsabilidad de Giotto, y para Venturoli (1969) el políptico fue hecho con ocasión de la consagración de su altar y, por tanto, en 1310, es decir, después de estar en Padua.

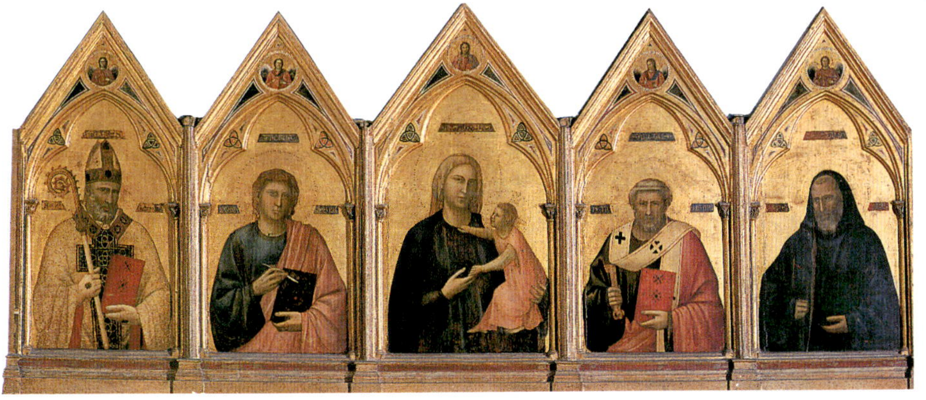

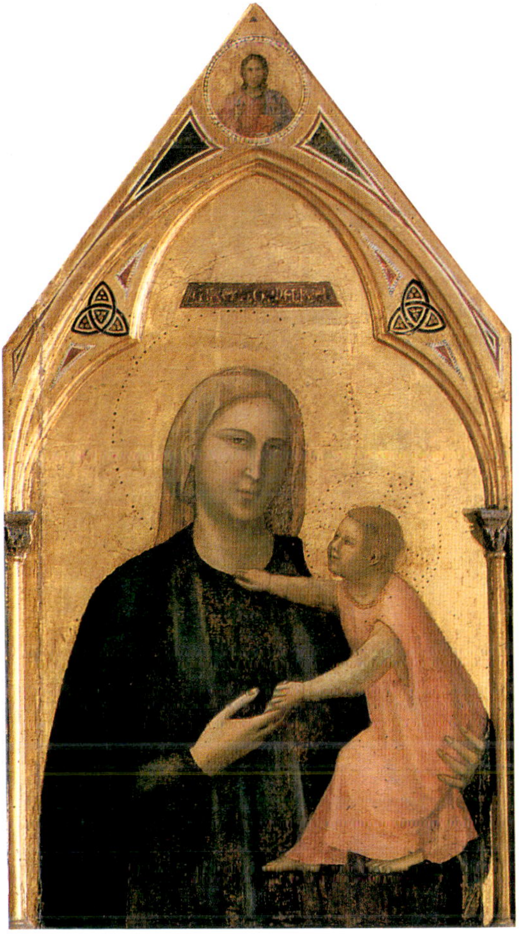

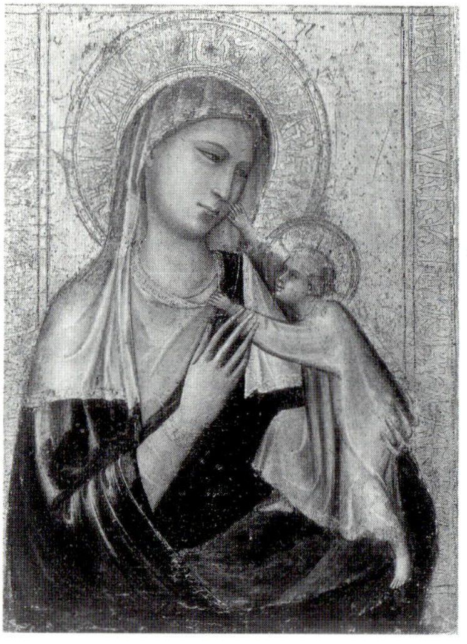

15.
La Virgen con el Niño

Témpera sobre tabla, 33 × 24 cm
Oxford, Ashmolean Museum

La pintura llegó a su sede actual en 1913 (regalo de J. R. Anderson). Tras varias atribuciones orientadas al ambiente gótico de Giotto de Stefano Fiorentino y Pacino di Bonaguida (véase la aportación de Baccheschi en este sentido), Volpe, en 1963, la incluyó entre las obras maestras de Giotto. Tal inclusión fue aceptada por Previtali (1967) y rechazada por Venturoli (1969) y Todini (1985-86). Este último autor relaciona la tabla con el Políptico de Badia, y se la asigna al Maestro de San Nicolás, afirmando la procedencia parisina del panel inglés. Las formas torneadas, el dibujo incisivo y elegante y el claroscuro difuminado indican la lógica evolución del taller de Giotto en un sentido gótico. Al atribuir el panel al propio Giotto, Boskovits (1982) supone una evolución en sentido gótico que se distingue en la forma alargada de los ojos y los dedos y en la representación de las distintas cualidades de los tejidos, que llega a crear un nuevo tipo de contacto con el espectador. Bonsanti (1983) ha confirmado plenamente la tesis de Volpe que Bologna (1969) había aceptado con reticencias, encontrando otras derivaciones, además de la del Maestro de Vicchio en Rimaggio, que propone Volpe, y la de Starnina, que propone Longhi (1965). La evolución gótica que expresa esta Madonnina lleva a atribuirle una fecha muy próxima a la de la ejecución de la capilla de la Arena, inmediatamente anterior o inmediatamente posterior.

16.
Historias de San Joaquín; Historias de Cristo; Juicio Universal; Alegorías

Frescos
Padua, Capilla de los Scrovegni

La capilla, también denominada de la Arena por estar situada en el lugar del anfiteatro romano, o de la Virgen de la Caridad o de la Anunciada, fue erigida para la devoción privada, lo cual, como se verá, pesó sobre la propia iconografía de los frescos, por encargo de uno de los notables de la ciudad: Enrico Scrovegni, hijo de Reginaldo, a quien Dante pone en el Infierno (XVII, 64) como usurero. Es posible deducir de la cita de Dante las grandes riquezas de la familia y, al mismo tiempo, la impopularidad que probablemente Enrico trató de contrarrestar construyendo esta capilla (Rough, 1980). La presencia de Giotto entre los Scrovegni, que estaban emparentados con las más importantes familias gibelinas de la Italia septentrional, como los Scala y los Este, precisamente en los años en que Dante, exiliado de Florencia, se refugió en Verona, hace suponer que su alejamiento de Roma y de Italia central, de tendencia claramente güelfa, también respondiera a motivaciones políticas (Rough, 1980; Boskovits, 1982).
La atribución de los frescos a Giotto está documentada por una tradición que se remonta a fuentes casi contemporáneas, como Francesco da Barberino (1310) y Riccobaldo Ferrarese (1312). La fecha del ciclo se deduce aproximadamente de los documentos (Tolomei, 1880). En febrero del 1300 Scrovegni adquiere el terreno del Anfiteatro con el fin de construirse un palacio (que ya no existe) con capilla anexa. El obispo Ottobono Razzi, muerto el 31 de marzo de 1302, autorizó la construcción de la capilla, dato del que se puede deducir que ese mismo año se colocó su primera piedra. El 31 de marzo de 1303, fiesta de la Anunciación, tuvo lugar la inauguración solemne. Puede que en esa fecha la capilla ya estuviera construida, pero aún no decorada (Boskovits, 1982). El 1 de marzo de 1304 el papa Benedicto XI otorgó una indulgencia a quienes visitaran la capilla. La ejecución de los frescos puede situarse entre 1303 y 1304, y en todo caso no es posterior al 9 de enero de 1305. En efecto, a esta fecha corresponde una protesta oficial de los Eremitas, cuyo convento limitaba con el terreno adquirido por los Scrovegni, que habían permitido la construcción de la capilla con ciertas condiciones que los Scrovegni no habían respetado. "Nec debebat —refiere el documento, hoy en el Archivo Municipal de Padua, que acusaba a los Scrovegni de haber construido un campanario con campanas (debe tratarse de un campanario anterior, luego destruido, puesto que el actual es posterior) ibi aedificare magnam ecclesiam, et alia multa quae ibi facta sunt potius ad pompam et ad vanam gloriam et quaestum quam ad Dei laudem gloriam et honorem..." (Ronchi, 1936). El enfrentamiento entre los Eremitas y Scrovegni explica el hecho de que la verdadera consagración no se produjera hasta el 16 de marzo de 1305 (Tolomei, 1880), es decir, casi un año después de la indulgencia del Papa. Actualmente el aspecto externo de la capilla no parece pomposo, pero puede que el proyecto original, que se atribuye a Giotto (Gioseffi, 1963) aunque no unánimemente (Bellinati, 1967), fuese diferente de su realización.

Así parece demostrarlo el pequeño modelo de capilla que sostiene en su mano Enrico Scrovegni en el cuadro del *Juicio Universal*, en cuya fachada interior aparece un transepto (interpretable como una grandiosa capilla lateral) que evidentemente no pasó del estado de proyecto.
El 25 de marzo de 1305, para solemnizar la consagración, se celebró una representación sagrada dedicada a la Anunciación: una procesión procedente de la catedral llegó a la capilla, en la que se representaba la escena de la Anunciación en un escenario. Corresponde a Schlegel (1959) haber notado el importante papel que la iconografía de la *Anunciación* tiene en la capilla, en la que figura sobre el arco de triunfo que, en la tradición cultural paduana, significaba la Puerta del Paraíso.
Sobre el mismo arco triunfal aparece pintada la figura del Eterno mientras ordena al arcángel dar el anuncio a María; la imagen, hoy deteriorada, está pintada por Giotto sobre una tabla encastrada en una abertura del muro, prevista probablemente para una ventana, como si Giotto hubiera tenido que pintar un edificio distinto al del proyecto y a su primera intención. La narración pintada en las paredes de la capilla se subdivide en recuadros. La subdivisión en distintas escenas, a la que el pintor se vio forzado por las dimensiones internas y los espacios obligados entre las ventanas de la pared derecha, dio lugar a unos recuadros mucho más pequeños que los de Asís (200 × 185 cm, contra 270 × 230 cm). Para poder poner en marcha un programa iconográfico tan amplio, Giotto toma como punto de referencia el espacio fijo comprendido entre dos ventanas, calculando insertar sobre él dos historias, una sobre otra. Con esta unidad de medida subdivide las paredes de la capilla recurriendo a una sola modificación: la de desfasar justamente las historias pintadas entre las ventanas respecto de las otras (Gioseffi, 1963; Prodiscimi, 1971). La decoración pictórica de las paredes se desarrolla en cuatro escenas superpuestas y, según un riguroso programa iconográfico, representa temas tomados de la *Leyenda Dorada* de Jacopo da Varazze:
1) *Historias de San Joaquín y de Santa Ana e Historias de la Virgen*, en el registro superior.
2) y 3) *Historias de Jesús*, en los dos registros centrales.
4) figuras alegóricas de *Vicios y Virtudes*, entre paneles que imitan mármol, en el registro inferior.
5) *Juicio universal*, en una única gran escena, en la pared de entrada.
La narración empieza en la zona superior de la pared derecha, cerca del arco de triunfo, con las seis historias de Joaquín, continuando luego sobre la pared contraria, a partir de la entrada, con las seis historias de la Virgen, hasta llegar a los dos recuadros de la *Anunciación*, a ambos lados del arco de triunfo, frente al cual está el *Eterno*, pintado sobre una tabla insertada en la pared, y terminando con la Visitación, que está bajo la figura de la Anunciada, en el lado derecho del arco de triunfo. Partiendo precisamente de este punto sobre la pared derecha, en el registro medio, se inician las primeras cinco historias de la vida de Jesús, desde la *Natividad* hasta la *Matanza de los Inocentes*. La narración continúa en la pared contraria, a partir de la entrada, con los seis siguientes episodios, desde *Jesús entre los doctores* hasta la *Expulsión de los mercaderes del templo* (el diferente número de compartimentos pintados en las dos paredes se debe a la existencia de ventanas únicamente en

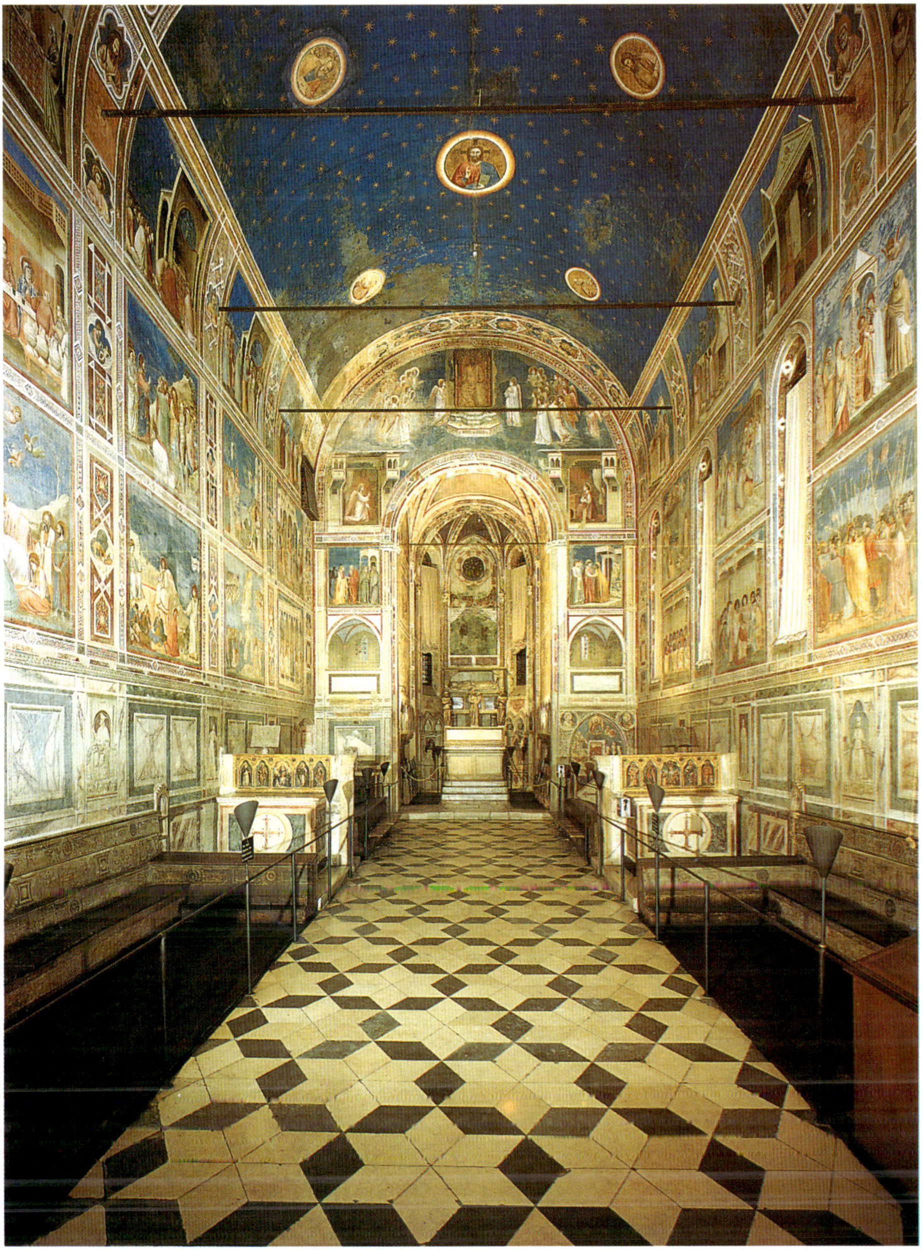

Padua, Capilla de los Scrovegni.

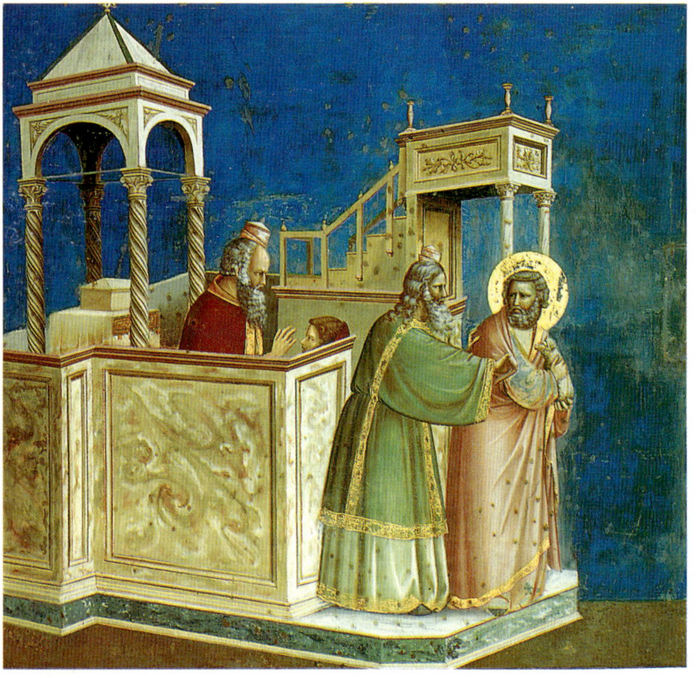

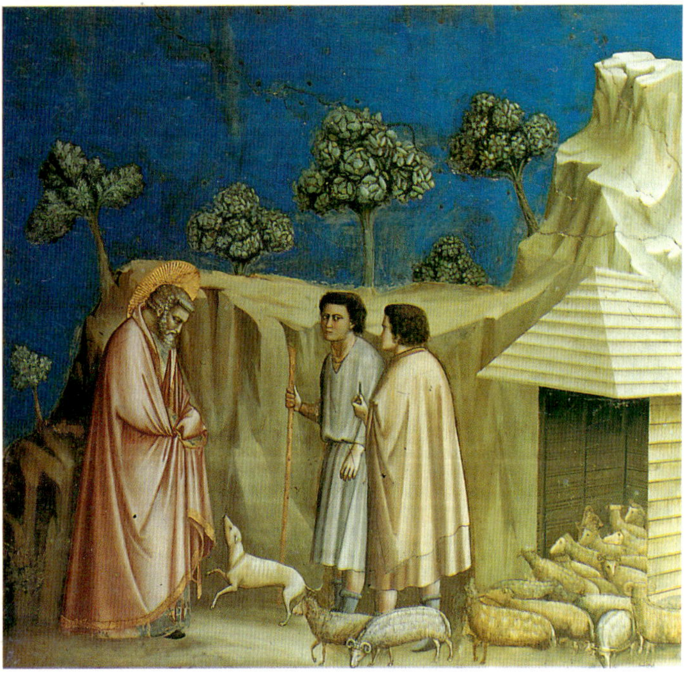

Joaquín expulsado del templo; Retiro de Joaquín entre los pastores.

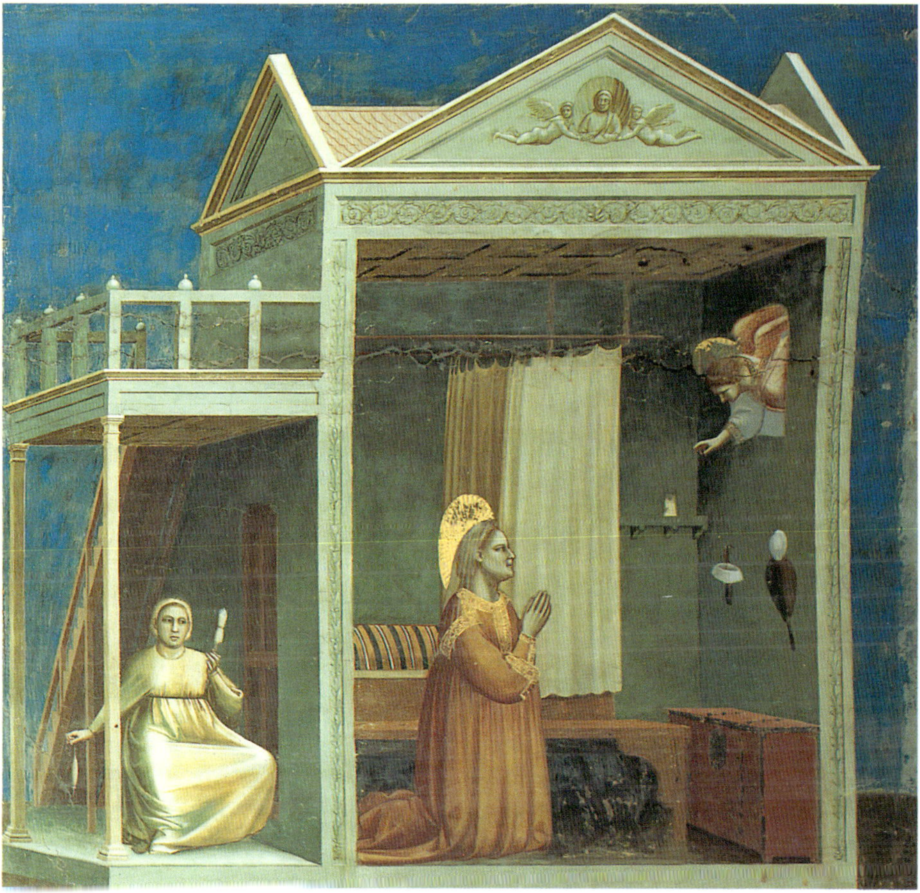

Anunciación a Santa Ana.

la pared derecha). A la izquierda del arco está el fresco de la *Traición de Judas*. La narración continúa en el registro inferior de la pared derecha, a partir del arco del ábside, con cinco historias de la Pasión, desde la *Última Cena* a la *Flagelación*, y termina en la pared de enfrente con las últimas seis historias, desde el *Camino al Calvario* hasta el *Pentecostés*.

Cada recuadro del ciclo está encornisado por franjas pintadas al fresco con adornos y composiciones que reproducen episodios del Antiguo Testamento, en paralelo ideal con los del Nuevo ilustrados en los recuadros, y con bustos de Santos que Bellosi (1985) ha señalado recientemente por su fina ejecución.

La bóveda de cañón imita un cielo estrellado, y está dividida en dos partes por tres tiras transversales: en la zona contigua al arco de triunfo está pintado un medallón que representa a Jesús en el centro de otros cuatro medallones que reproducen a profetas (uno de ellos el Bautista); en la franja contigua un medallón con la Virgen rodeado por otros cuatro con profetas (Malaquías, Baruch, Isaías y Daniel). De las tres franjas transversales, la más próxima al arco de triunfo está decorada con ángeles y Santos en alternancia, las otras dos con figuras de Santos coronados, a identificar probabalemente con los precursores de Cristo (Salvini, 1952).

Por lo demás, en la distribución de los recuadros sobre las paredes, Giotto no ha seguido exactamente la articulación arquitectónica de la capilla, puesto que los frescos del registro alto se extienden hasta cubrir la curva del inicio de la bóveda de cañón.

Mientras que en Asís Giotto presenta las escenas en una auténtica estructura arquitectónica, aquí Giotto encierra las escenas en anchas franjas de mármol, pero con cornisas de más relieve que las de Asís, decoradas al estilo "cosmatesco", en las que se abren cuarterones polilobulados donde aparecen las figuraciones menores. Por otra parte, se trataba, respecto a Asís, de establecer cuatro niveles superpuestos, mientras que las *Historias de San Francisco* están dispuestas en un solo nivel, y hubiera sido incongruente, con las estrechas dimensiones del interior, insistir demasiado en un objeto ilusionístico. Las restringidas medidas de los recuadros que se encastran densamente unos con otros, explican la distinta relación proporcional que crea Giotto entre las figuras y el pequeño espacio en que se ubican, desde el momento en que en un fresco las figuras debían ser lo más próximas posible a las dimensiones reales (Bellosi, 1982). También por este motivo las escenas pintadas en la capilla de la Arena adquieren esa extraordinaria concentración y esa unidad figurativa tan apreciadas por la crítica más reciente (en efecto, Venturoli, 1969, subraya la unidad de lugar que se repite con extrema atención). Bellosi (1982) adivina precisamente en este hecho contingente, así como en la maduración estilística del maestro, una probable motivación para explicar las dimensiones robustas de las figuras.

También producen extraordinario efecto ilusionista los falsos reflejos de mármol donde están insertadas las alegorías de los *Vicios* y *Virtudes,* pintadas unas frente a otras, de modo que a cada virtud le corresponda en la pared de enfrente el vicio contrario. Entre otras cosas, la imitación del mármol se consigue con una técnica particular, ya empleada en la época pompeyana, denominada "seco sobre fresco", que consiste en extender una sustancia oleosa sobre la superficie a pintar, pulida luego con un hierro caliente, logrando así un efecto parecido al del mármol, tanto desde el punto de vista estético como en cuanto a la capacidad de resistencia (Urbani, 1978). Giotto utilizará la misma solución formal en la base del campanario que proyectó para el duomo de Florencia, que repite casi literalmente las particiones decorativas del falso zócalo paduano (Gioseffi, 1963; Bellosi, 1982).

A los lados del vano del ábside, Giotto pinta dos falsas tribunas o "capillas secretas": se trata de la representación de dos vanos con bóveda de crucero y bífora gótica, que están bastante desnudos si no es por la presencia en el centro de una claraboya en perspectiva, parecida a las que Giotto representa en Asís, y por el revestimiento de mármol de las paredes. Para interpretar correctamente los dos falsos vanos, y en ese sentido conviene recordar la

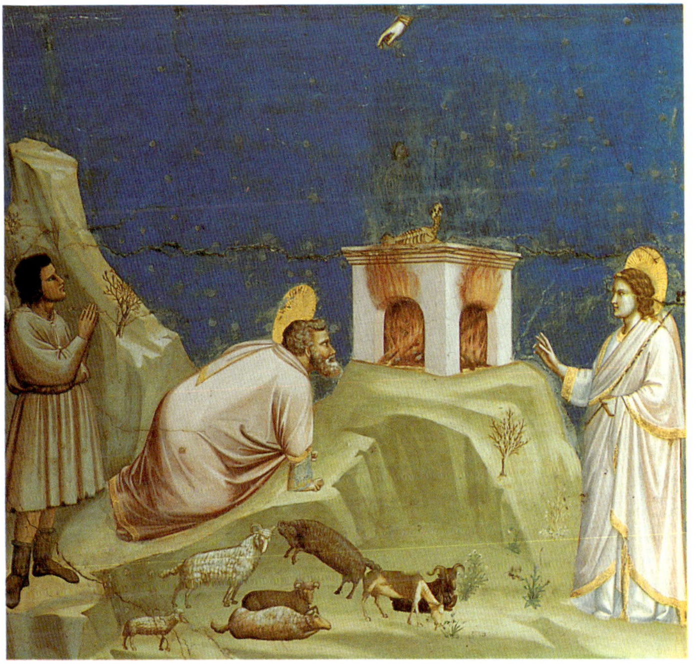

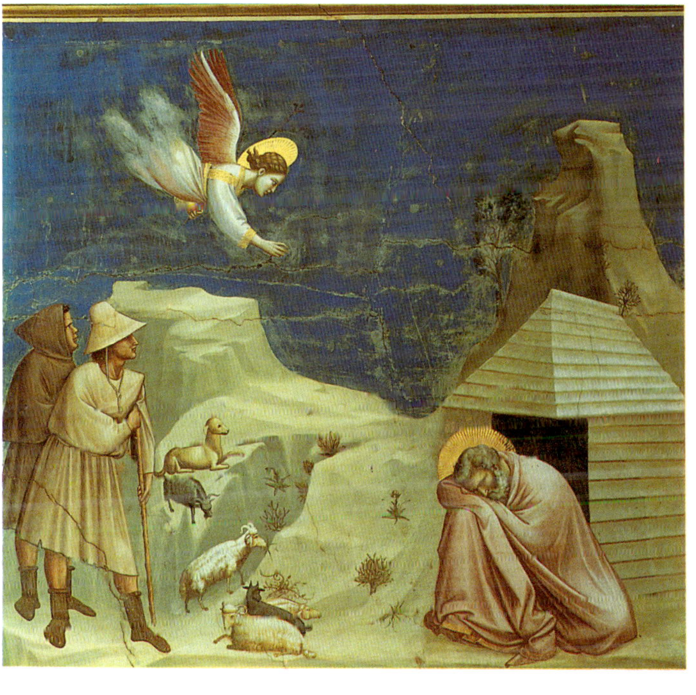

Sacrificio de Joaquín;
Sueno de Joaquín.

descripción de Longhi (1952), habrá que hablar de las distintas fases del edificio, tanto por las polémicas surgidas en el momento de la construcción como por el significativo añadido del ábside actual, después de 1336, que hay que entender sobre todo como una adaptación para acoger la tumba de Scrovegni. Resulta difícil considerar estos falsos vanos como meras muestras de ilusionismo pictórico (Gioseffi, 1963), pudiéndose avanzar la hipótesis de que se trate de elementos arquitectónicos proyectados y no realizados, aunque considerados de la suficiente importancia como para ser recordados y pintados ilusionísticamente, como por ejemplo las capillas funerarias destinadas a Enrique Scrovegni y, tal vez, a su padre. Por otra parte, el hecho de que el ábside no haya sido decorado en la época de la intervención de Giotto, sino más tarde por uno de sus seguidores, parece indicar que Enrico Scrovegni, a partir de la idea originaria, pretendiese ampliar o completar esta parte de la capilla (Boskovits, 1982).

Las características estilísticas de los frescos han sido expuestas recientemente de modo claro y sintético por Bellosi (1982). Merece la pena recoger aquí sus palabras exactas: "En comparación con Asís, el tejido pictórico es más denso y suave: el modelado más difuminado hace que las figuras y los objetos resalten más, pero de forma menos recortada...; toda aspereza queda aquí limada, los gestos mantienen se equilibrio entre la *gravitas* de algunas estatuas antiguas y la elegancia del gótico francés. El tono de la narración es solemne, pero sereno y distendido. Las figuras más importantes y de mayor dignidad presentan siempre una actitud majestuosa, una expresión de convencimiento y una mirada concentrada y profunda, pero acompañadas de gracia y afabilidad y una carga humana tranquilizadora. Sin embargo, las historias de la capilla de la Arena no están sólo formadas por figuras prestigiosas; aparecen en ella ciertos personajes secundarios, cuya menor dignidad queda continuamente subrayada por su expresividad, sus fisonomías, la viveza de las actitudes (y, evidentemente, su forma de vestir). Me refiriero con ello a los perfiles casi caricaturescos de los pastores que acogen a Joaquín, de los siervos preparados para servir el vino en las *Bodas de Caná*, de los verdugos que torturan a Cristo en la escena de la *Pasión;* o también a las sonrisas de los soldados de la Santa Ana en el *Encuentro en la Puerta Dorada,* o al trajín de las comadres en la *Natividad de María.*"

En línea con las finalidades doctrinales y especulativas difundidas en el ambiente de la Universidad de Padua por los textos de Tomás de Aquino y del "Decretum Gratiani" (Riess, 1984), el ciclo paduano contiene representaciones de las siete *Virtudes* y los siete *Vicios* que les son contrarios. Se distinguen en la serie la *Justicia* y la *Injusticia,* reproducidas como gobernantes (en postura similar a la del Cristo que aparece en el *Juicio*) cuyo simbólico significado hay que entender como alusión a las ambiciones políticas de Enrico Scrovegni y a una evidente voluntad de defenderse de la acusación de usurero.

La intervención de los colaboradores en el ciclo es generalmente considerada menor que en Asís. Aunque se pueden distinguir varias manos, siempre están vigiladas por Giotto, sobre todo en la *Última cena* y el *Camino al Calvario,* en los medallones de la bóveda, en algunas *Alegorías* del zócalo y en el *Juicio Final* (Salvini, 1962).

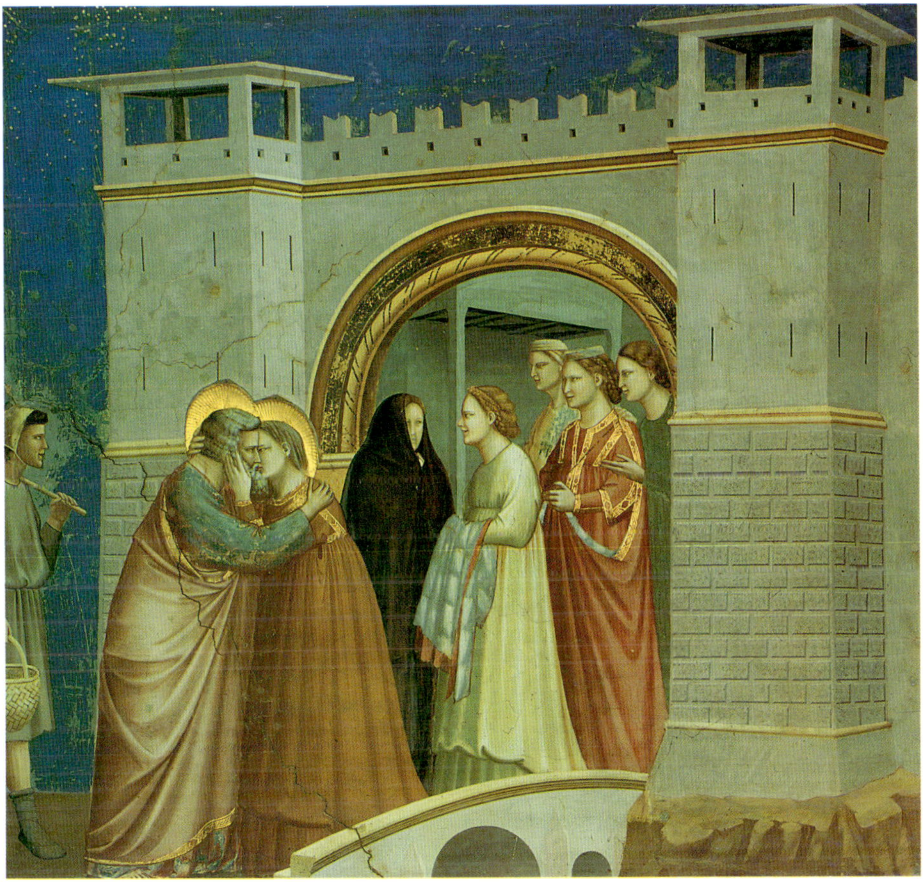

Encuentro en la Puerta Dorada.

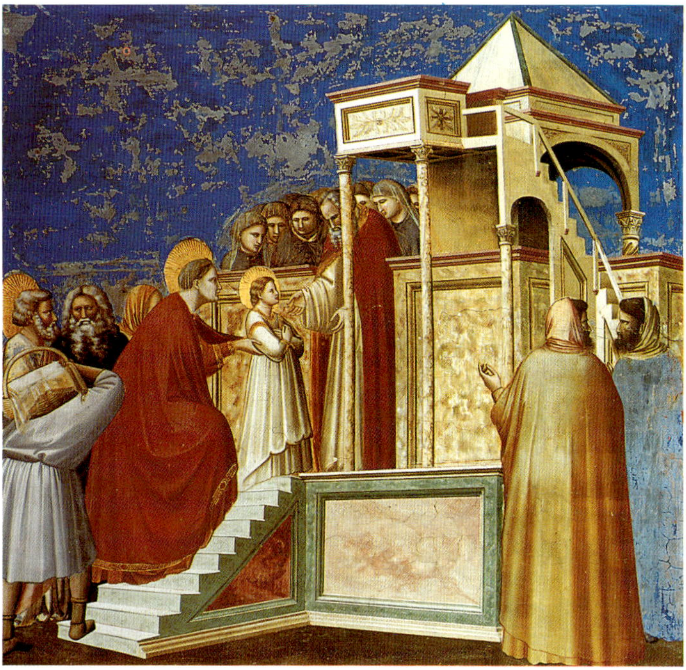

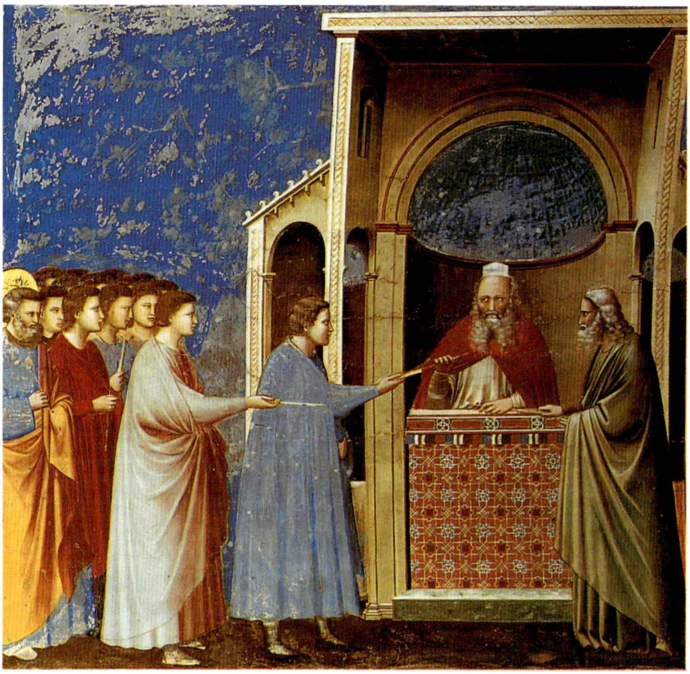

Presentación de María en el templo; Entrega de las varas de los pretendientes.

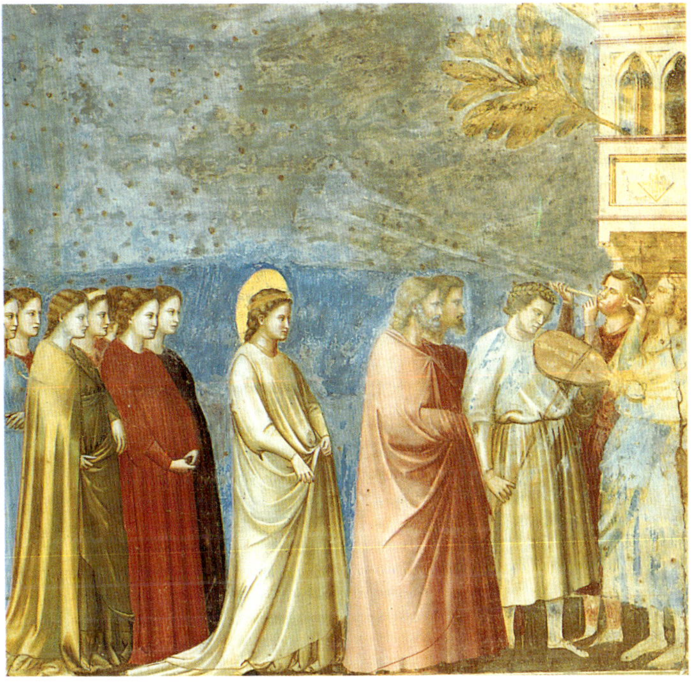

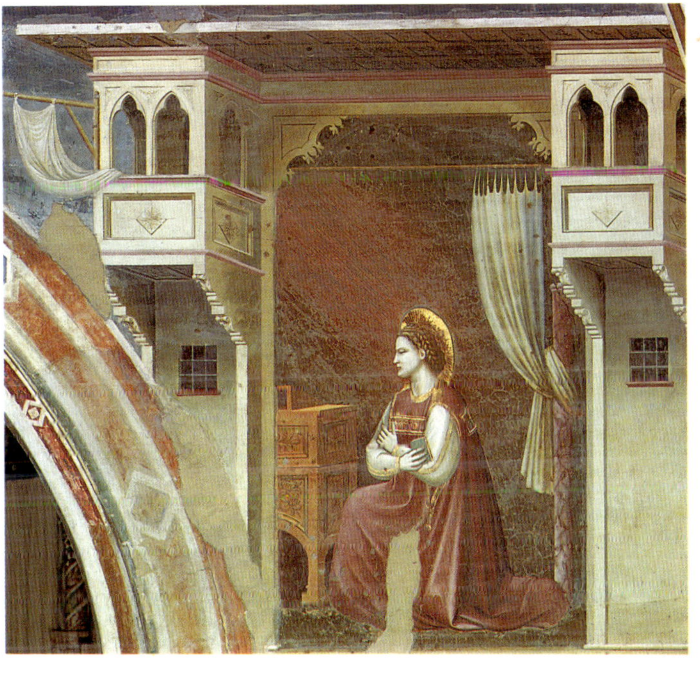

Cortejo nupcial;
Virgen anunciada.

Esta última escena, pintada sobre la fachada interior según la tradición, como admonición a los fieles a la salida de la iglesia, sigue un esquema de composición ya conocido (recuérdense el de Sant'Angelo in Formis, el de Torcello y el de la cúpula del Baptisterio florentino), pero se distingue de los ejemplos precedentes en la idea de abolir las subdivisiones y de implicar a todos los grupos en un espacio único que se reúne en torno de la almendra del Cristo juez. El desfile de los elegidos a la derecha de Cristo, que en la zona intermedia está muy deteriorado, pero que deja adivinar la solemne y compuesta humanidad de los personajes, ha de ser obra de Giotto. Por el contrario, las gráciles figuras del Infierno a la izquierda del Cristo, son casi todas imputables a la mano de hábiles colaboradores (Bellosi, 1982). La dramática escena, que literalmente recorre las palabras del *Apocalipsis* de San Juan, se expresa con una intensa concentración en el tema de la justicia, que nos hace pensar en el *Infierno* de Dante. Aunque no es cierto que Giotto conociera a Dante Alighieri, que entre otras cosas en esa época estaba exiliado en Verona, es posible que el pintor se dejara influir por las mismas fuentes culturales y, sobre todo, por la mística ensoñación de Gioacchino dal Fiore. El fraile que sostiene el pequeño modelo ofrendado por Enrico Scrovegni pertenece a la orden de Santa María de la Caridad, que era una de las advocaciones de la Capilla. Se trataba de una orden caballeresca a la que también pertenecía Scrovegni, fundada en la segunda mitad del siglo XIII y denominada "de los frati gaudenti", destinada entre otras cosas a combatir la usura. Reconocido el personaje como "un frate gaudente", y no como un eremita (Salvini, Gnudi), queda explicada la relación con los Scrovegni y con la simbología de los frescos de la capilla (Schlegel, 1957; Bellinari, 1967; Giunta, 1974-75; Rough, 1980; Boskovits, 1982; Osano, 1982; Schumacher-Wolfgarten, 1984).

En contra de esa cronología que acabamos de presentar, generalmente aceptada (y apoyada en las dos monografías de Previtali y Baccheschi en 1967), Gnudi (1959) interpreta el pasaje de Riccobaldo Ferrarese como si Giotto hubiera sido invitado a Padua por los Franciscanos, y no por Scrovegni, y como si antes hubiera realizado los frescos perdidos en la Basílica del Santo, santuario franciscano donde Giotto efectivamente hizo obras que las fuentes recuerdan (además de Riccobaldo Ferrarese, también Ghiberti, el Anónimo Magliabechiano y Gelli). En consecuencia, el autor de Romagna atribuye a los frescos de la Arena la fecha de 1309-10.

Recientemente Bellinati (1974) ha demostrado que en 1306 los frescos debían estar ya terminados porque sirvieron de modelo al autor de un Antifonario realizado en Padua para la catedral, en 1306 (Gerardino da Bologna).

Por lo que se refiere a la cronología interna de los frescos, hoy la crítica se atiene a los resultados de los análisis técnicos de los enlucidos (Prosdocimi, 1961; Meiss-Tintorio, 1962) que concuerda con el orden lógico de las pinturas murales y también, en principio, con la secuencia histórica de la narración. En cuanto a la trayectoria crítica de la cuestión, véase la reciente monografía de Baccheschi (1967, pp. 98-99) y los escritos de Bellinati (1967, 1971/1, 1971/2, 1972, 1975), Meoli Toulmin (1971) y Semenzato (1983). Respecto a la técnica ejecutiva, se nota, al contrario que en Asís, el progresivo empleo de retoques en seco (Selvatico, 1836). Por lo que se refiere a las restauraciones del siglo XIX, Prosdocimi publicó en 1961 datos puntuales al respecto.

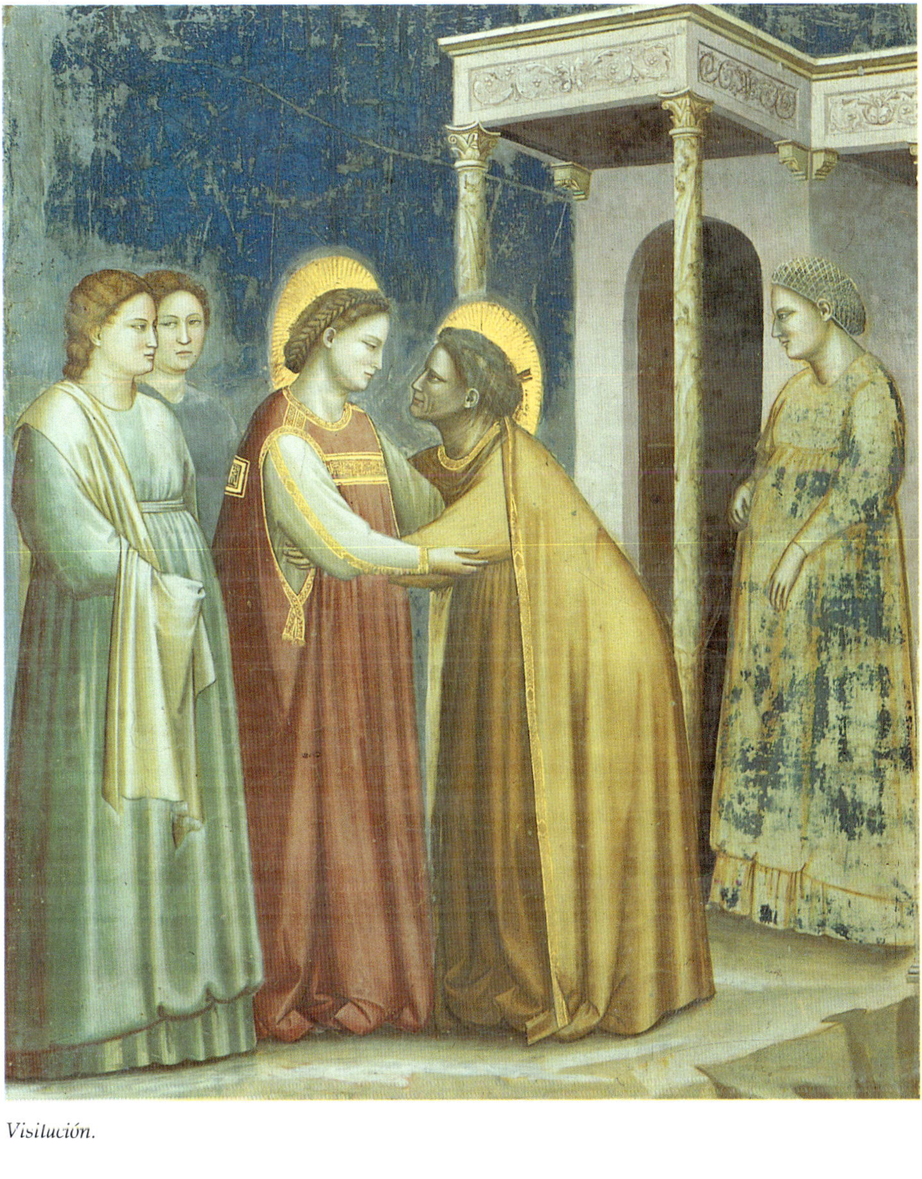

Visitación.

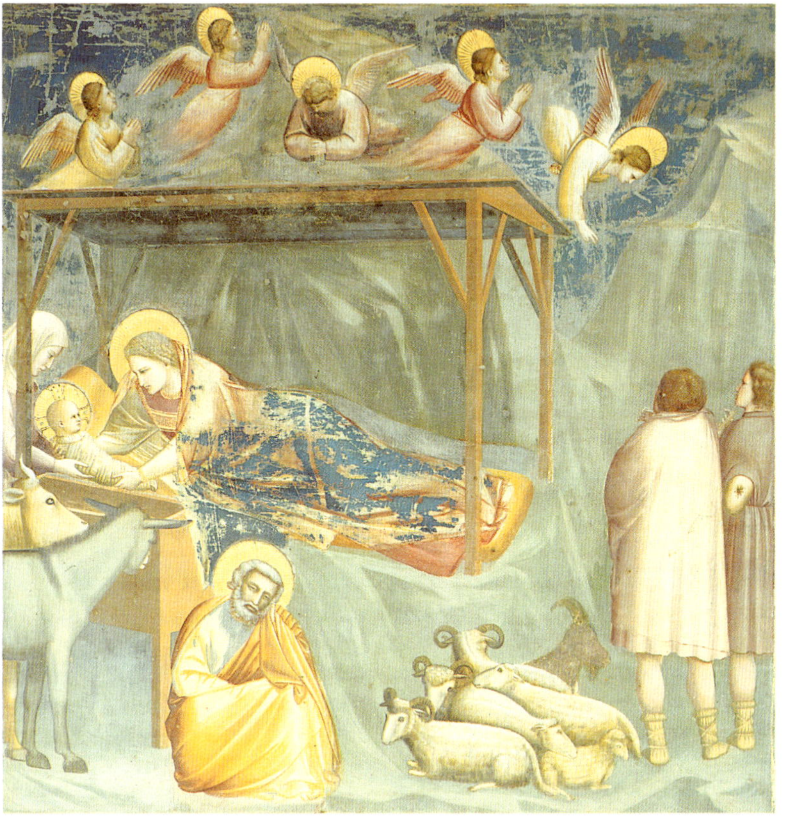

Natividad.

Finalmente, al no poder hacer aquí un análisis más detallado, se puede recordar el hecho de que en la escena del *Encuentro en la Puerta Dorada* la grandiosa puerta es una reedición del arco romano de Rimini, que Giotto debió ver evidentemente en una estancia anterior en la ciudad adriática; así como que en la *Expulsión de los mercaderes del templo de Jerusalén*, las estatuillas de los caballos y del león pintadas sobre el templo recuerdan a las de la Basílica de San Marcos de Venecia. De ahí se puede deducir que Giotto, al igual que sus contemporáneos, recogía memorias figurativas para formar probablemente su propio repertorio de bocetos. En cuanto a la cuestión de Giotto en Padua, véase, también, el "Boletín de Arte" de 1982 *serie especial* (concretamente el ensayo recopilador de Spiazzi, pp. 13-58).

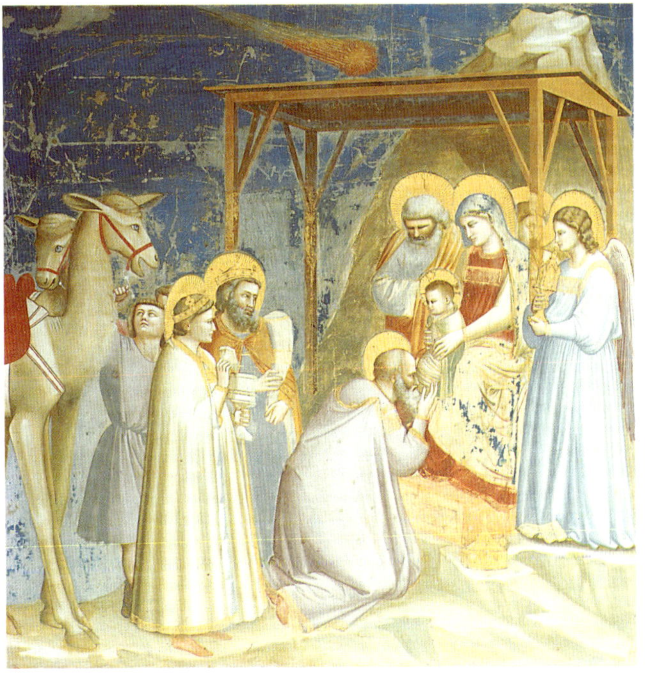

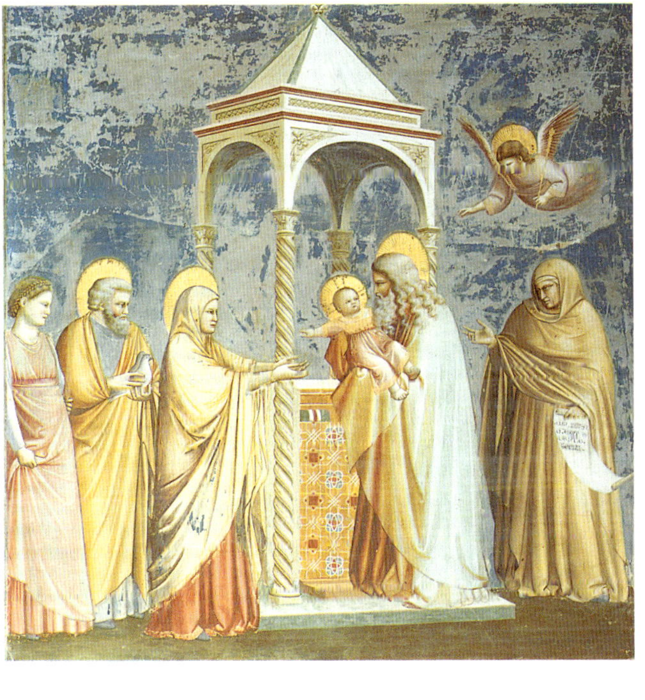

Adoración de los Magos; Presentación de Jesús en el templo.

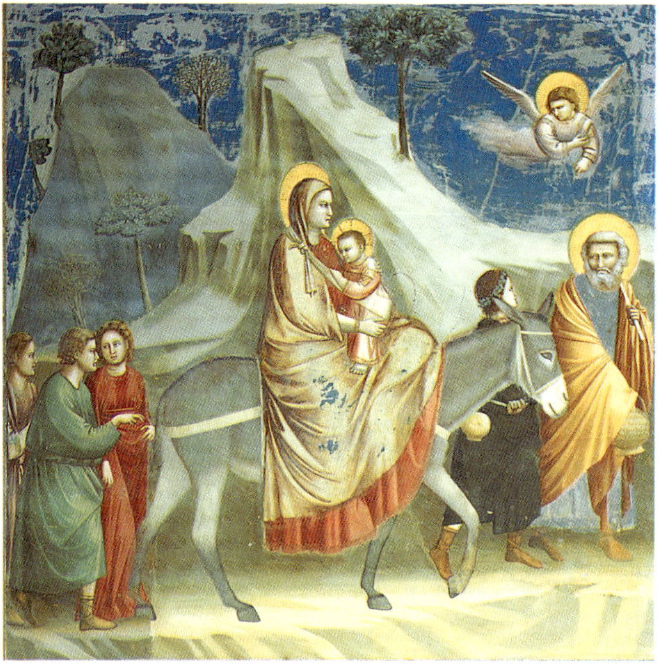

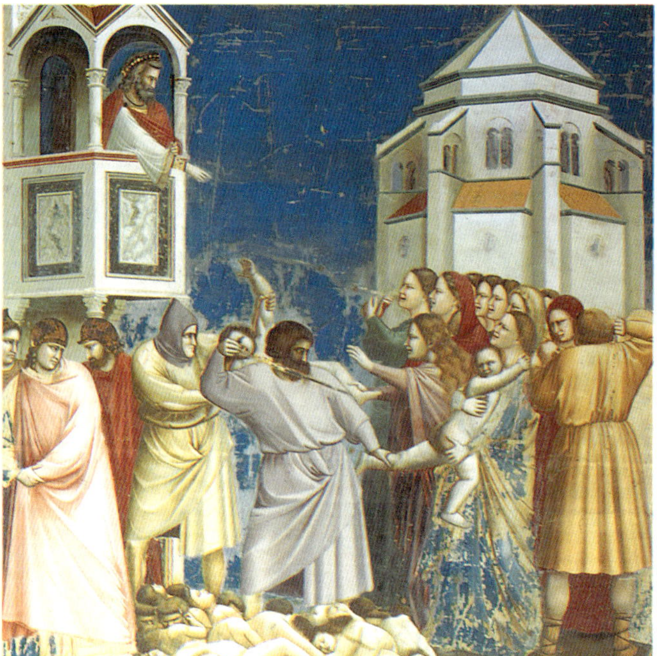

Huida a Egipto; Matanza de los inocentes.

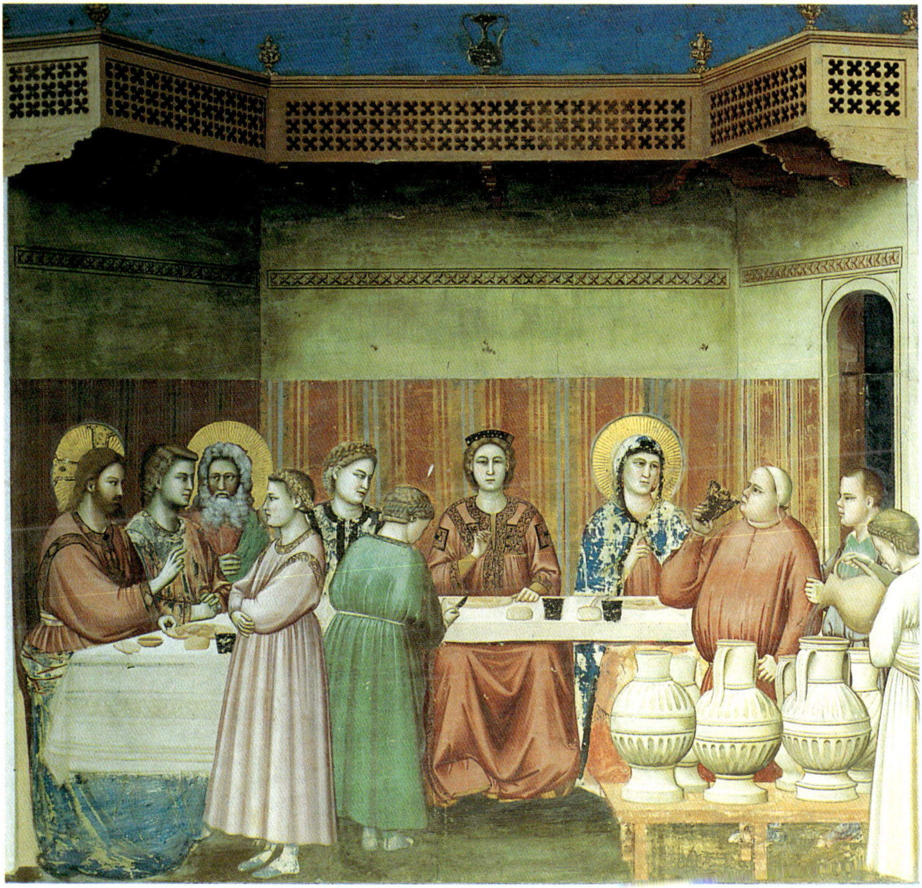

Bodas de Caná.

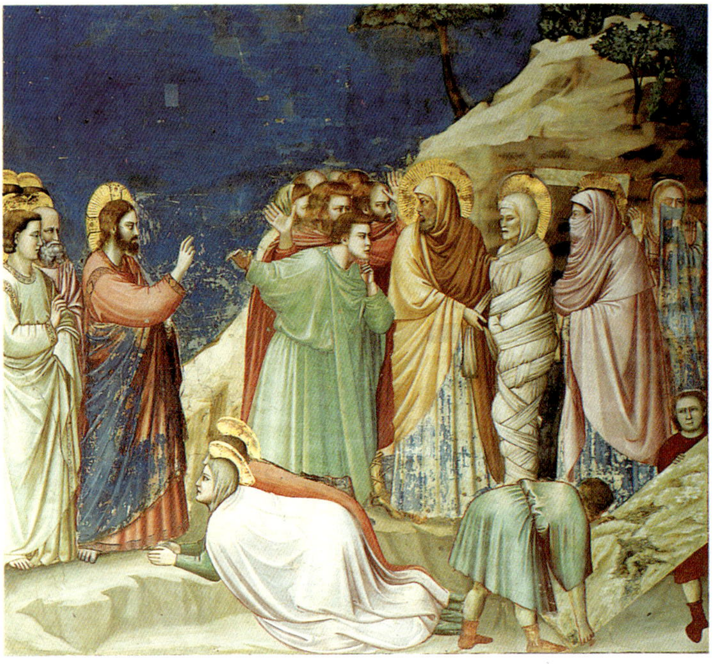

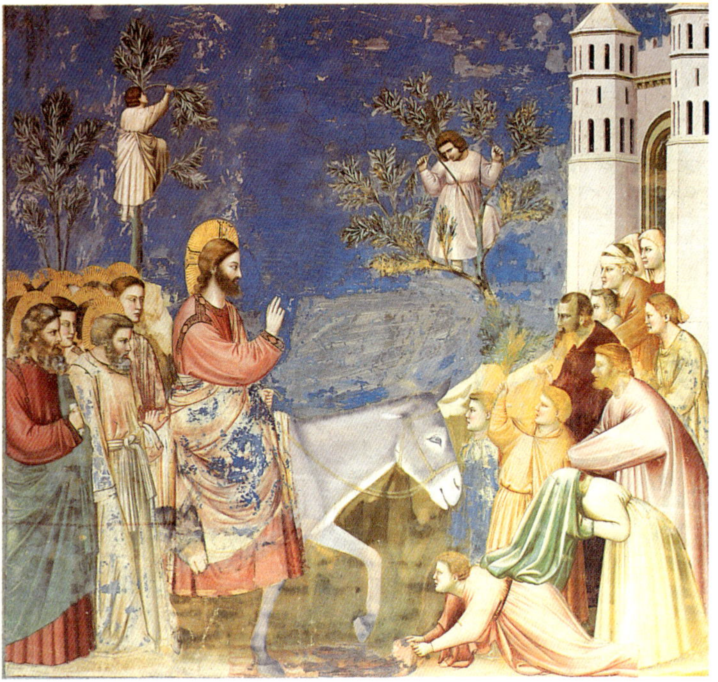

Resurrección de Lázaro; Entrada de Cristo en Jerusalén.

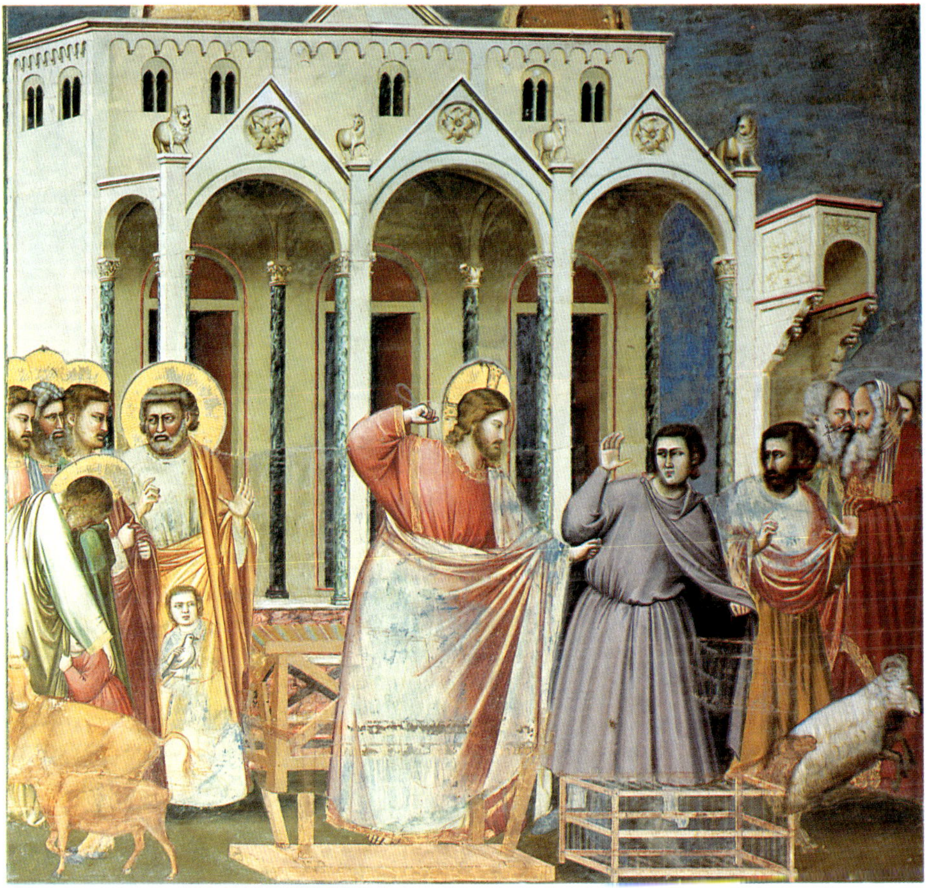

Expulsión de los mercaderes del templo.

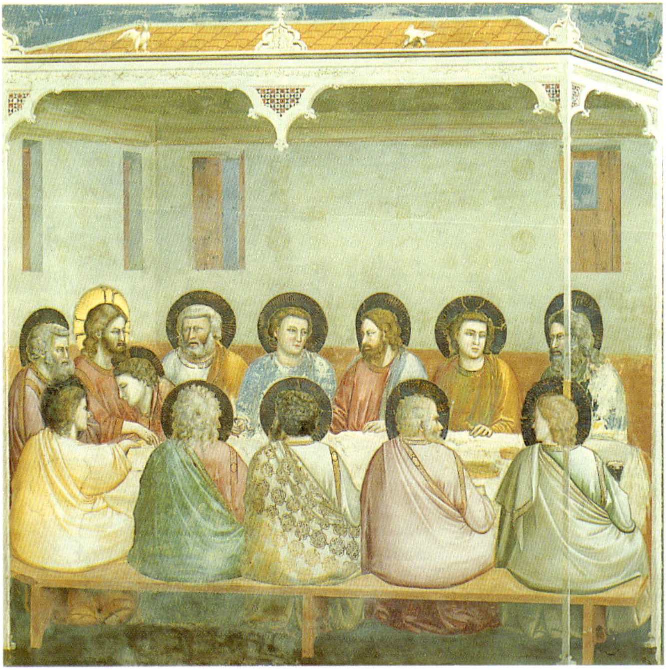

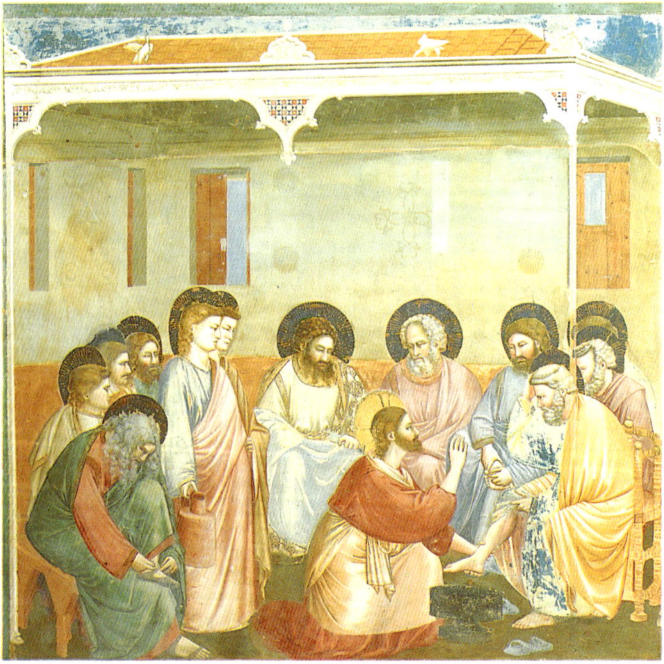

Última Cena; Lavatorio de los pies.

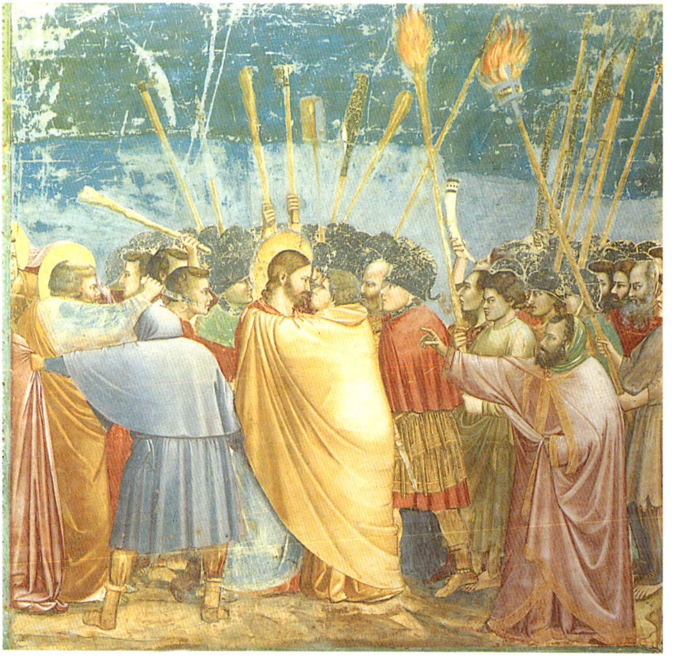

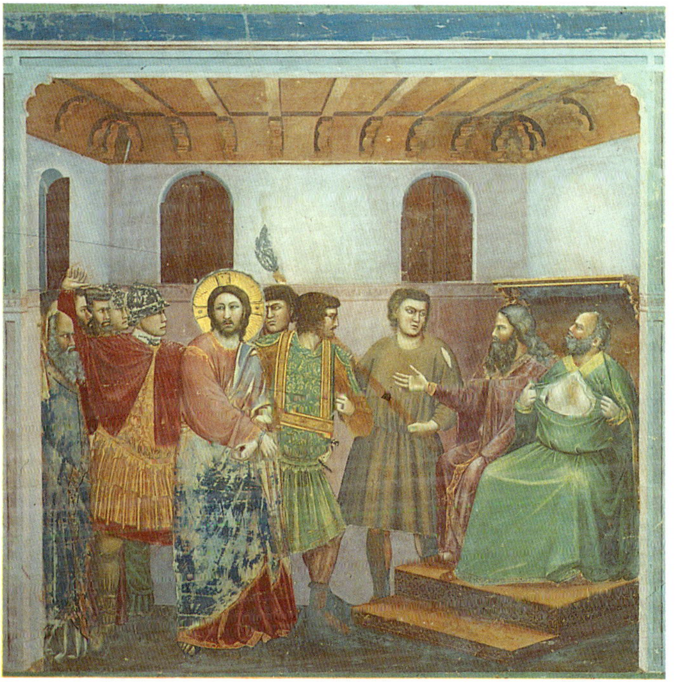

Prendimiento de Cristo; Cristo presentado a Caifás.

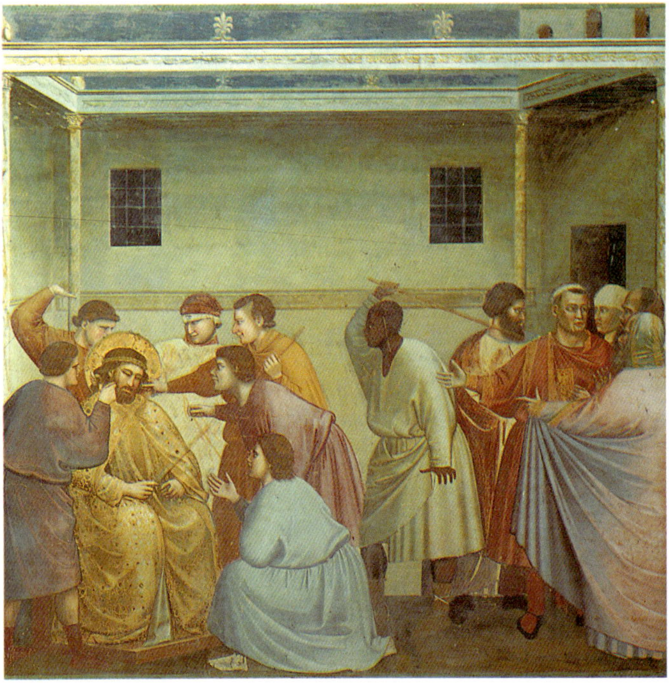

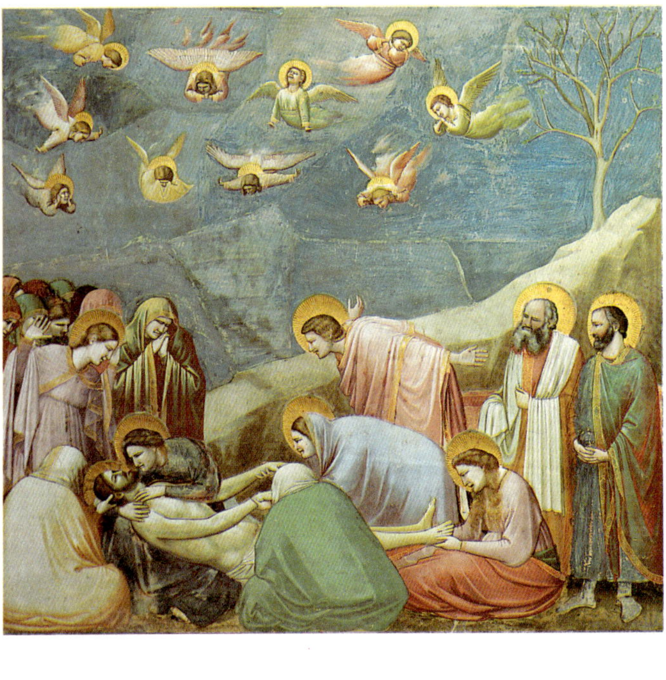

Flagelación;
Duelo por
Cristo muerto.

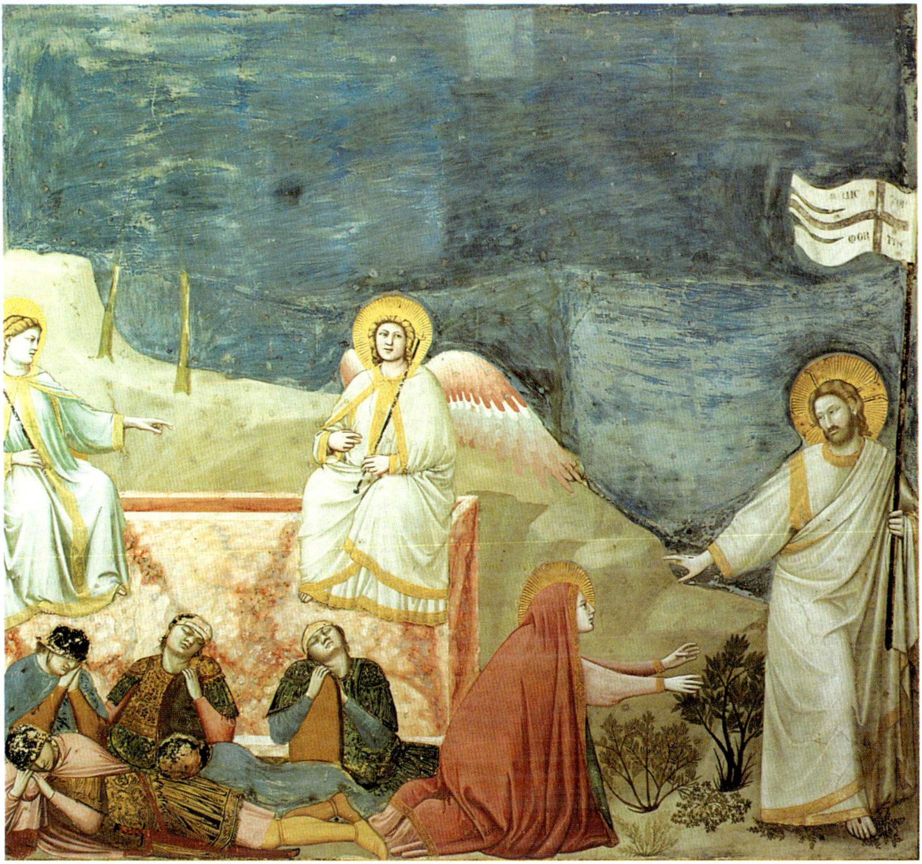

Resurrección (Noli me tangere).

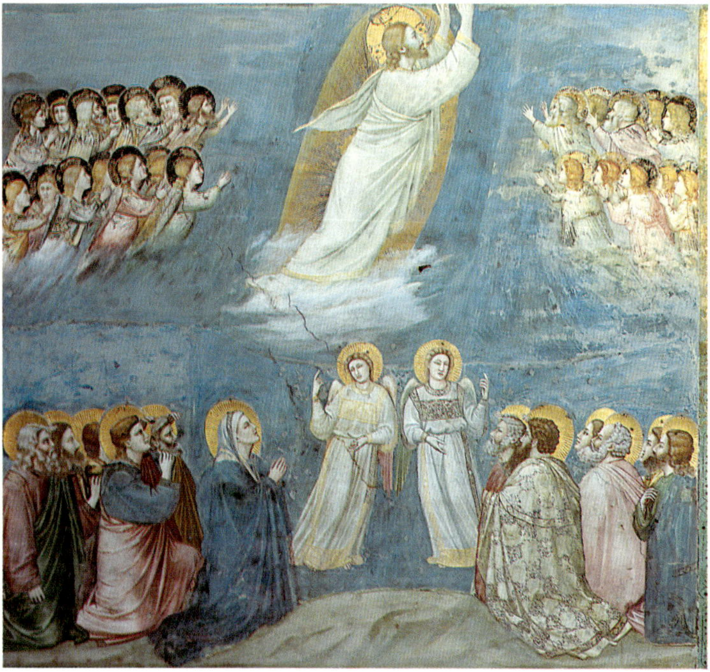

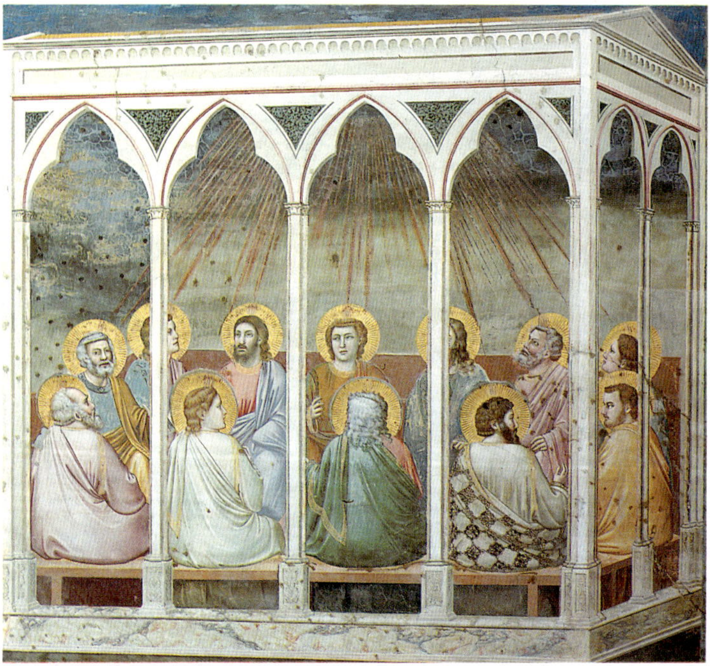

Ascensión;
Pentecostés.

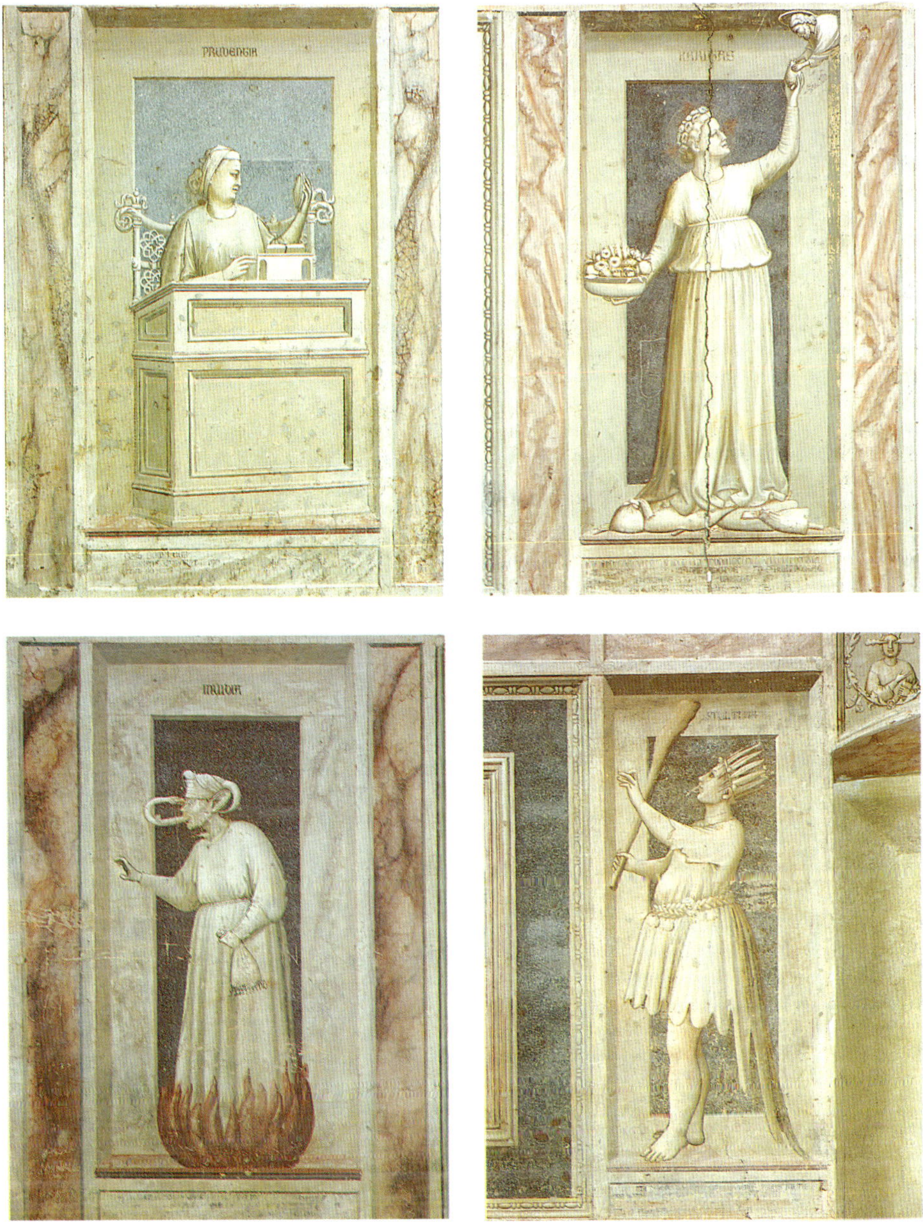

Prudencia; Caridad; Envidia; Necedad.

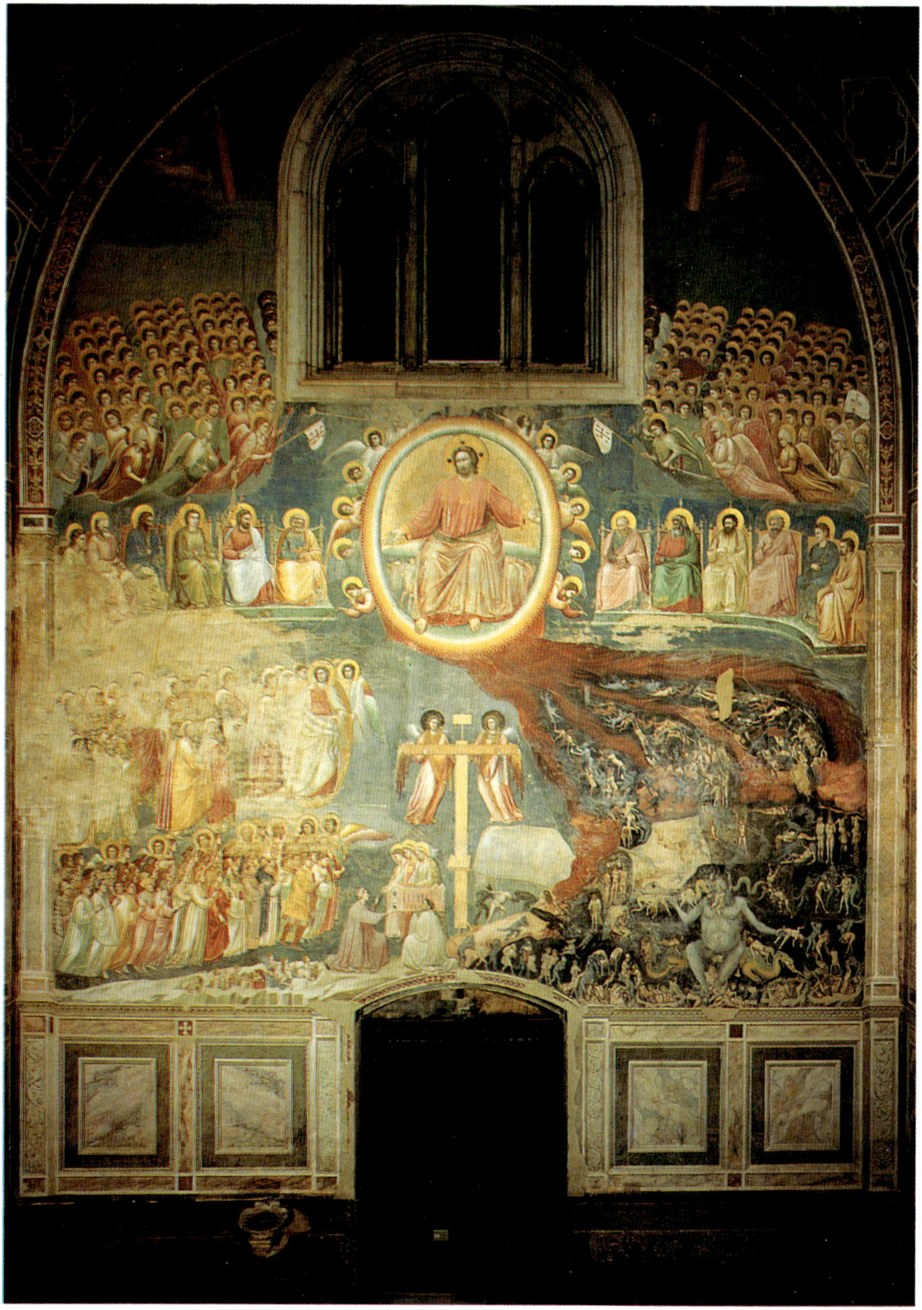

Juicio Universal.

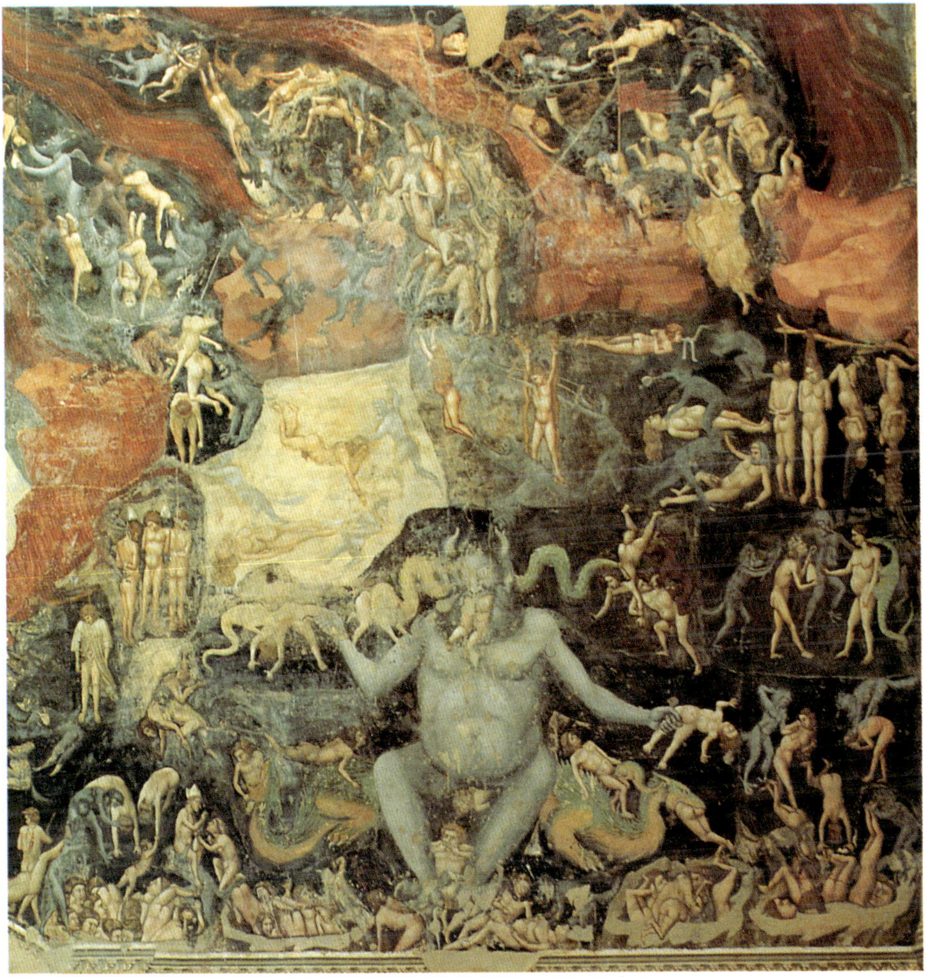

El infierno, detalle del Juicio Universal.

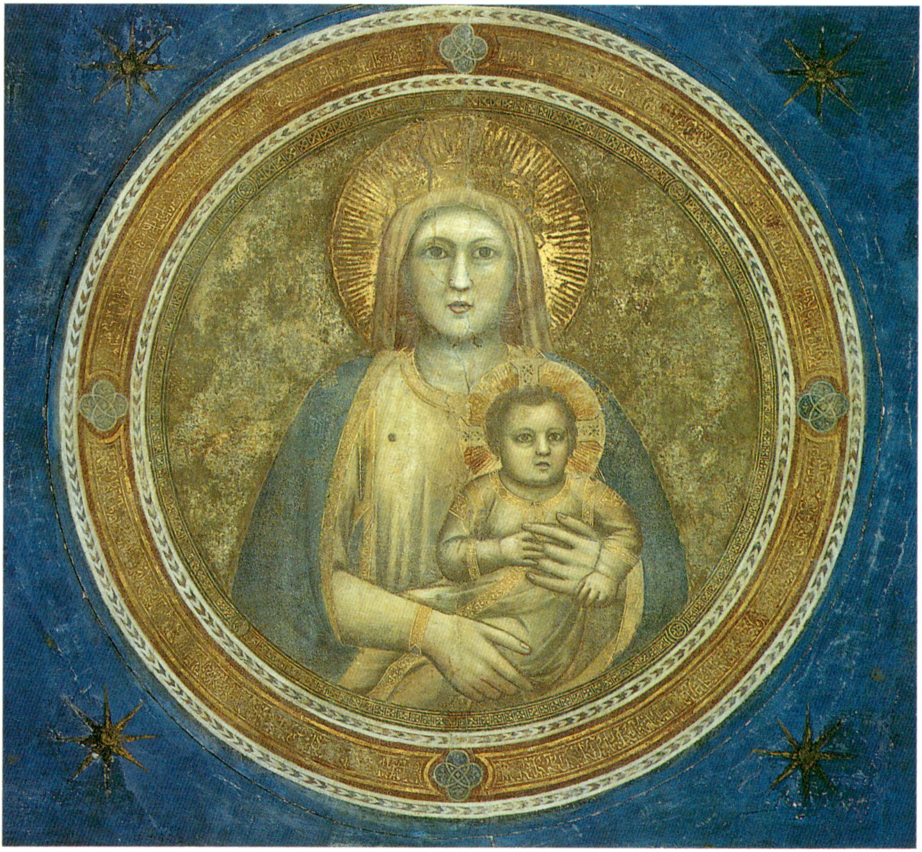

La Virgen con el Niño, en uno de los tondos centrales de la bóveda.

17.
Estigmatización de San Francisco; Martirio de los Franciscanos en Ceuta; Crucifixión; Cabezas de profetas

Fragmentos de frescos
Padua, Basílica del Santo, sala capitular

La actividad de Giotto en la Basílica del Santo, así como en Asís y Rimini, queda recogida en las crónicas de sus contemporáneos. En efecto, Riccobaldo Ferrarese escribe en 1312 (Gnudi, 1957): "Zotus pictor eximius Florentinus; Qualis in arte fuerit testantur opera facta per eum in Ecclesia Arenae Paduae." De las fuentes locales, el humanista Michele Savonarola, en el siglo XV, es el primero que cita los frescos de Giotto en la iglesia del Santo, y entre los autores modernos una de las primeras indicaciones en este sentido fue la de Claricini Dornpacher (1951).
Gnudi por su parte (1959) subraya su relación con los frescos de la capilla de la Magdalena de la Basílica inferior de Asís (de la que más tarde se hablará). La baja calidad de algunos fragmentos justifica las dudas manifestadas por Previtali (1967) en cuanto a la atribución a Giotto. Sin embargo, la ejecución llena de intensidad y magnetismo de los rostros de los sacerdotes, aún tan bien visibles, induce a considerar la posibilidad de que al menos interviniera su taller.
Tras la presentación de Ragghianti (1970), Boskovits (1982) ha defendido una revalorización del ciclo por su "nobleza formal, la delicadeza de la textura, grandiosidad e imponencia excepcionales". Boskovits señala además la proximidad entre estos frescos y los delicados efectos cromáticos del ciclo de la capilla de la Arena, tomando esa proximidad como referencia cronológica. Todini (1985-86) sostiene que el ciclo es obra del taller de Giotto, y que responde al estilo anterior a la capilla de los Scrovegni. En cuanto a D'Arcais (1968), hizo públicos otros frescos en la capilla de Santa Catalina de influencia giottesca.

18.
Madonna en Majestad

Témpera sobre tabla, 325 × 204 cm
Florencia, Uffizi

La tabla procede de la iglesia florentina de Ognissanti de la Orden de los Humillados. La referencia a Giotto se recoge en un documento de 1418 (Richa, 1754), de donde resulta que la tabla se encontraba en esa época en el último altar de la derecha. Su sede originaria, en todo caso, estaba encima del altar mayor, de donde fue retirada en el séptimo decenio del XIV, para dejar sitio al políptico de Giovanni da Milano. Removida en 1810, fue colocada en la Galería de la Academia. Desde 1919 está en los Uffizi. Atribuida a Giotto ya en el XIV por Ghiberti, la obra es unánimemente considerada una de las obras maestras de Giotto. En cambio, la cuestión de su cronología es muy discutida: Thode, Toesca y Coletti la consideran anterior a la capilla de los Scrovegni, mientras que A. Venturi, Rintelen, Weigelt, Offner, Brandi, Gnudi, Battisti, Salvini, Previtali, Bellosi y Boskovits la sitúan poco después de Padua, en estrecha relación con el ciclo de la Arena. Venturoli considera la tabla cronológicamente próxima a los frescos de la capilla Peruzzi. Desde el punto de vista iconográfico, esta Madonna supone una gran novedad respecto a las tradicionales Majestades del siglo XIII, por el carácter humano de la Madonna, la profundidad lograda a pesar del fondo de oro uniforme mediante la perspectiva del trono cosmatesco, la relación psicológica que se establece entre las figuras que, aunque frontales, no se muestran bloqueadas, sino que parecen respirar o cantar, y el peso humano y terrenal de todas ellas.

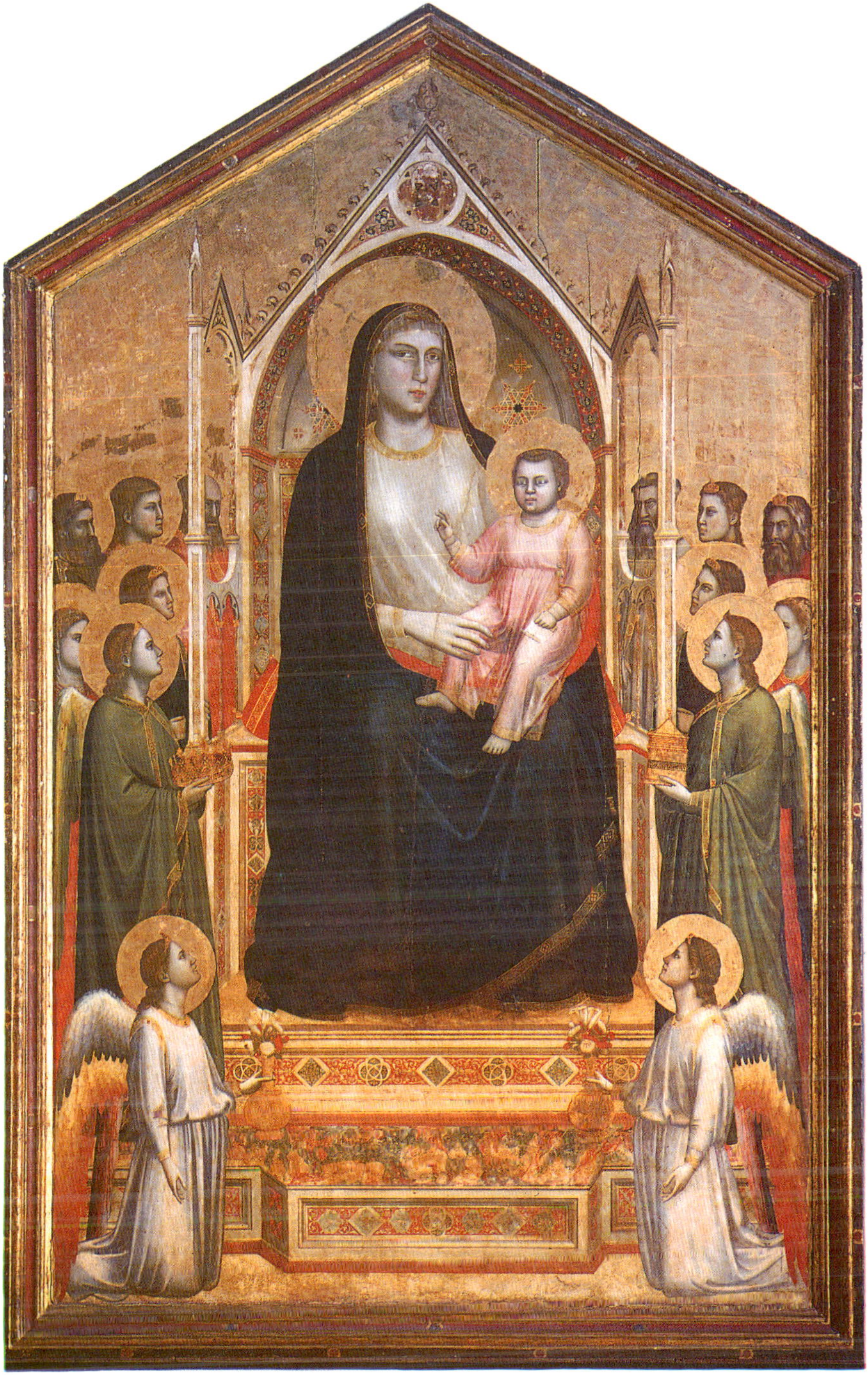

19.
Historias de Lázaro y de la Magdalena

Frescos
Asís, Basílica inferior de San Francisco, capilla de la Magdalena

Los frescos recubren totalmente la capilla. Las dos paredes laterales están subdivididas en tres franjas por cornisas ilusionistas con adornos cosmatescos. Las historias de la santa comienzan en la zona mediana de la pared izquierda, con la *Cena en casa del Fariseo* y la *Resurrección de Lázaro;* continúan en la zona media de la pared derecha con *Noli me tangere* y la *Llegada a Marsella,* y terminan en los lunetos de arriba, con *Magdalena hablando con los ángeles, Magdalena ascendiendo al cielo tras la comunión* y *Magdalena recibiendo la túnica del eremita Zosimo.*
En el registro inferior aparecen representados a la izquierda San Rufino y el obispo de Asís Teobaldo da Pontano, que encargó la capilla, y a la derecha la Magdalena con el propio obispo (para otros autores, como Previtali, se trata del cardenal Pietro da Barro). Sobre el alféizar del ventanal, sobre el intradós de los arcos de paso a las capillas contiguas y del arco de entrada, aparecen reproducidas otras figuras de santos. Los frescos fueron restaurados con ocasión del centenario de Giotto (1967) por el Instituto central de Restauración.
La capilla fue la primera que se construyó en el lado derecho de la Iglesia inferior, con un pasaje que la une al transepto, pero fue probablemente decorada poco después de la capilla de San Nicolás.
Se trata de un imponente ciclo de gran calidad, al que generalmente se atribuía la fecha de 1314, presunto año en que comenzó el obispado de Pontano. Sin embargo, posteriormente, una investigación de los archivos ha revelado que éste fue nombrado en 1296 (y siguió manteniendo el cargo hasta su muerte en 1329). Es por tanto posible que el año de ejecución de los frescos sea 1309, cuando, el 3 de enero, las crónicas recogen la presencia en Asís, junto a Giotto, de un pintor de Umbría, Palmerino di Guido (Neri Lusanna, 1977), que ya había intervenido en la capilla de San Nicolás y que aquí interviene en ciertas escenas como la de la *Cena en casa del Fariseo.*
En base a motivos estilísticos y a una sutil interpretación de los hechos históricos, Bellosi (1982) y Hueck (1984) atribuyen a la capilla fecha muy próxima a Padua. En efecto, las intervenciones de los discípulos parecen remitirse a una fase pre-paduana, casi relacionada con el Maestro de Santa Cecilia (véase el *Viaje de la Magdalena*), mientras que en las partes más claramente autógrafas alcanza Giotto una pictórica suavidad más avanzada que en Padua.
En cuanto a las cuestiones de la intervención de ayudantes y de la fecha de los frescos, véanse Zanardi (1978), Nussi (1982) y Scarpellini (1982), así como Bonsanti (1983) y Todini (1985-86).
Si bien es importante la ayuda de colaboradores, la intervención de Giotto parece haber sido global y amplia: hay dulzura especial en el modelado, con intensas subidas de color subrayadas por delicados azules, rojos profundos y rosas violáceos, que ya presentaba el maestro en las últimas escenas de la

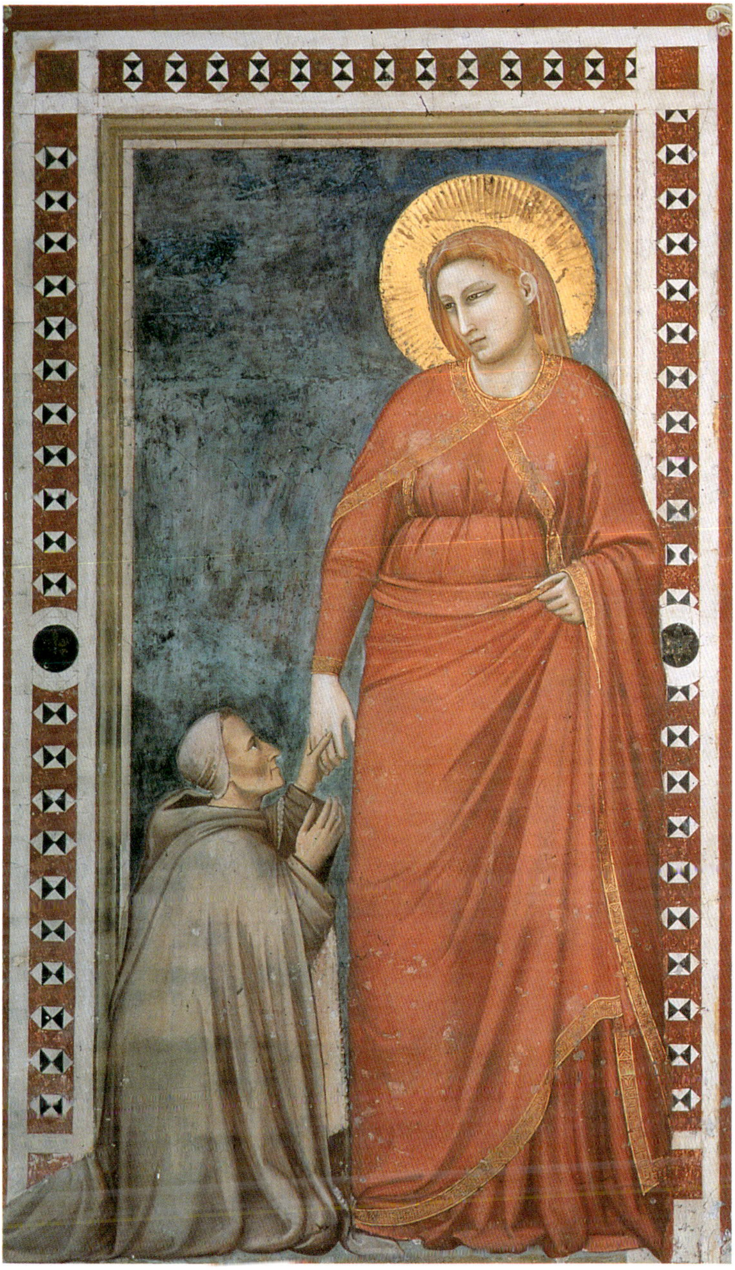

El obispo Pontano arrodillado ante la Magdalena.

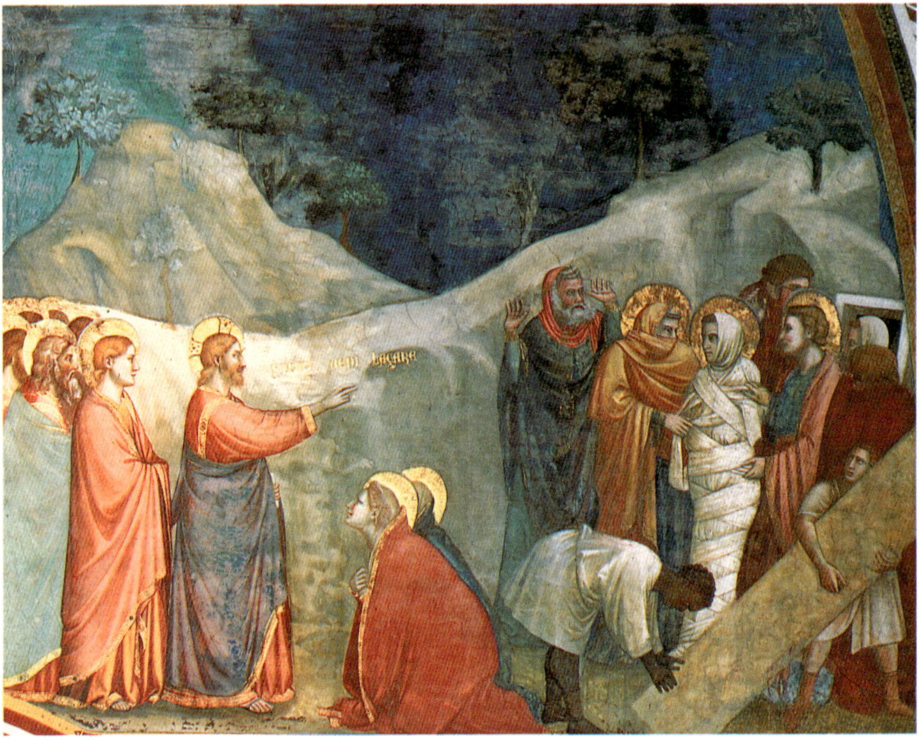

capilla de la Arena, como el *Pentecostés* y la *Ascensión* (véanse, por ejemplo, los dos recuadros dedicatorios y el *Éxtasis de la Magdalena*).
Respecto a las medidas monumentales, de gran amplitud espacial, marcan un paso adelante en la evolución estilística de Giotto hacia ese efecto teatral propio de los frescos de la capilla Peruzzi, en la Santa Croce de Florencia.
Tomando como referencia la rebelión gibelina que estalló en Asís en 1319 y que duró dos años y medio (cat. 27), puede considerarse que esa fecha es un fundado *ante quem* para los frescos de la capilla de la Magdalena.

▲ *Resurrección de Lázaro.*
Noli me tangere; Magdalena hablando con los ángeles. ➤

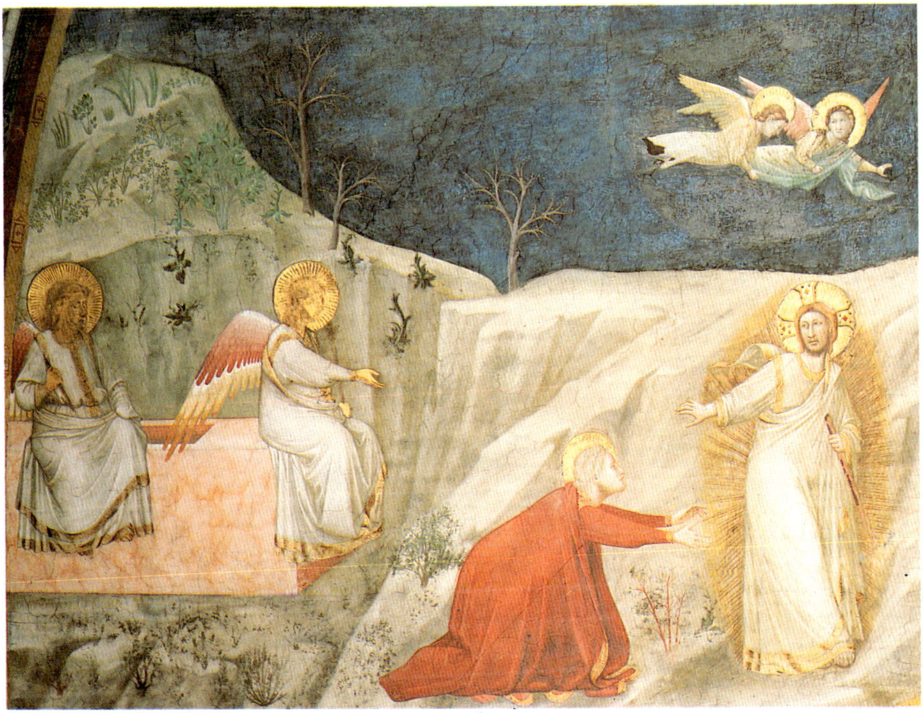

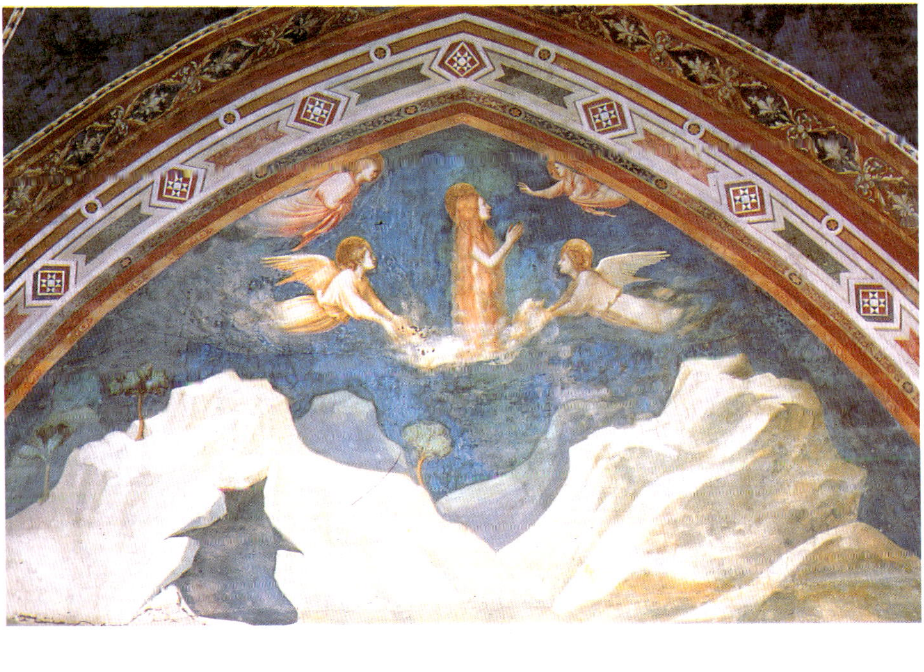

20.
Crucifijo

Témpera sobre tabla, 223 × 164 cm
Padua, Museo Civico

El *Crucifijo* procede de la capilla Scrovegni, donde ha vuelto a ser recientemente depositado. Presenta un perfil externo dorado y en relieve. En lo alto, sobre la moldura, aparece representado el Redentor; a los lados de los brazos aparecen la Virgen y San Juan dolientes. Originariamente la cruz debía encontrarse sobre el iconostasio de la capilla, probablemente entre dos altares menores, en un lugar desde el que pudiera ser vista también por el revés, ya que está pintada por ambos lados. La atribución a Giotto, defendida por vez primera por Cavalcaselle, no se acepta unánimemente (Rintelen, Weigelt, Coletti, Brandi), aunque hay muchos autores que apoyan esa tesis con insistencia y seguridad (Longhi, Gnudi, Salvini, Bellinati, Boskovits). Siguiendo a Vavalá (1929), Longhi (1948) y Gnudi (1959) atribuyeron a la cruz la fecha de 1317, cuando Scrovegni encargó una nueva decoración de la capilla (Venturoli, 1969).
Derivada seguramente del Crucifijo de San Francisco de Rimini, del que ya hemos hablado, esta cruz ha sido relacionada por Bellinati con el ciclo de la capilla de la Arena, tanto estilística como cronológicamente. Recientemente Boskovits, al confirmar dicha hipótesis, subraya la proximidad con el Crucifijo de Rimini, que es sin embargo anterior, del que repite la elegancia, la compostura y los elementos formales más externos.

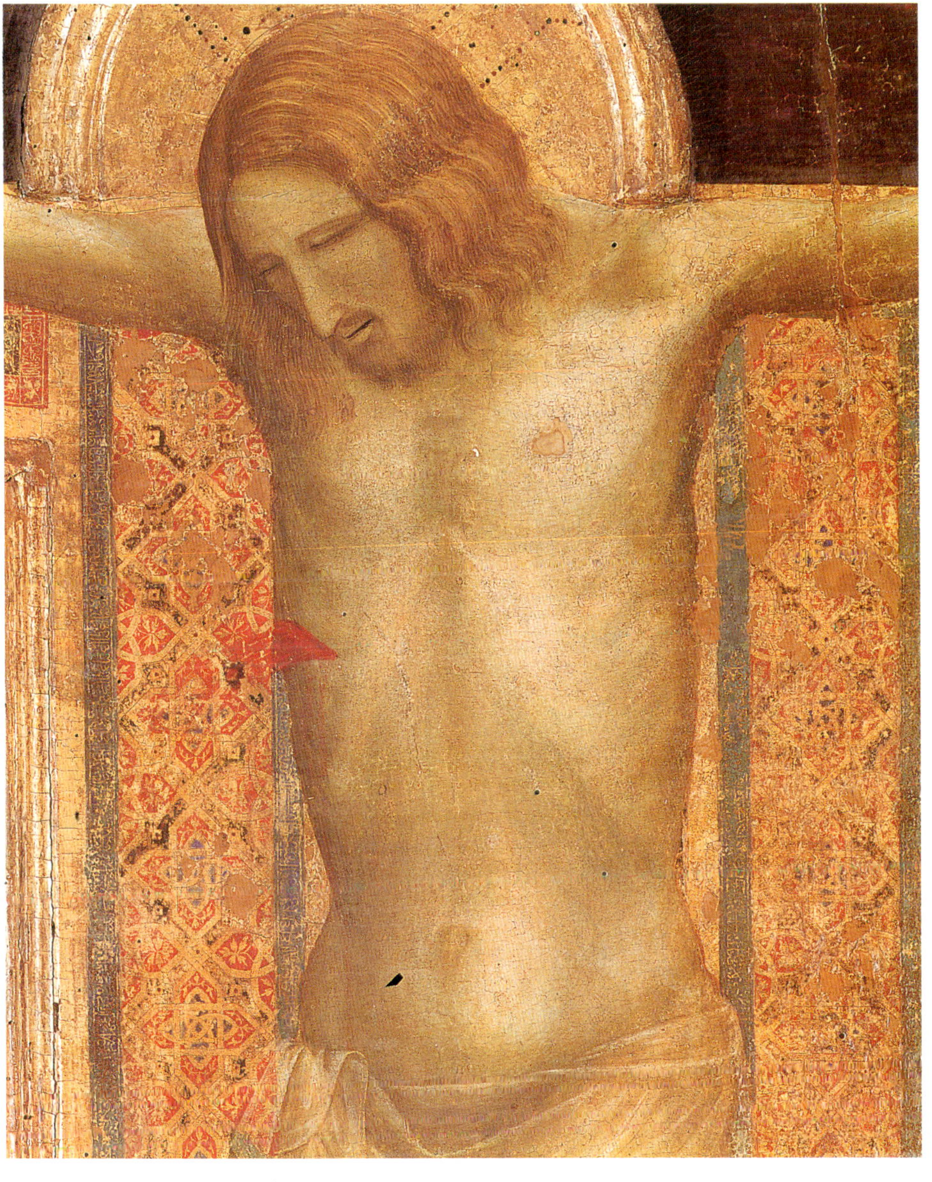

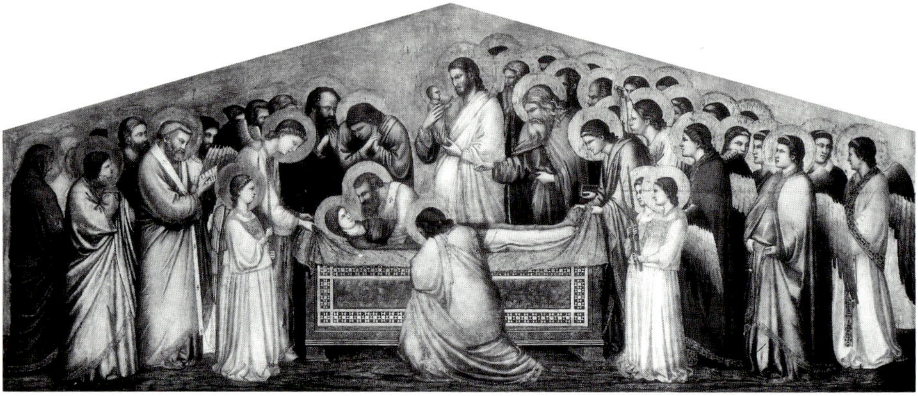

21.
Dormitio Virginis

Témpera sobre tabla, 75 × 178 cm (terminada en cúspide)
Berlín-Dahlem, Staatliche Museen, Gemäldegalerie

La tabla procede de la iglesia florentina de Ognissanti, donde la vio Ghiberti junto a la *Virgen en Majestad* que ahora está en los Uffizi, de la que antes hablamos. Debía de encontrarse en uno de los altares laterales. Vasari aún la recuerda en esta iglesia, y también recuerda la alta opinión que tenía de ella Miguel Ángel. Con la abolición de los coros colocados ante de los altares, que llegó con la reforma del Concilio de Trento, se trasladó la tabla y se perdieron sus huellas hasta mediados del siglo XIX, cuando reapareció en la gran colección Fesch, siendo identificada por la mayoría de los autores, y posteriormente en la colección Davenport Bromley y Langton Douglas. En 1913 pasó al Kaiser Fiedrich de Berlín. Actualmente su atribución a Giotto parece estar fuera de duda, aunque en el pasado hubo un debate sobre la autoría del maestro que recoge Baccheschi (1967).
Aunque excesivamente pulida, es obra de gran elegancia, tanto en la textura cromática de los difuminados y los detalles como en el corte de la composición, preludio de la capilla Peruzzi en Santa Croce. Esos aspectos estilísticos impiden relacionar este gran panel con la *Majestad* de Ognissanti, ahora en los Uffizi. Por otra parte, su forma en cúspide excluye que sea la predela de dicha *Majestad*. Volvemos a encontrar la misma versión del tema en las paredes del presbiterio de la capilla de la Arena, realizada por un discípulo mediocre (Boskovits, 1982).

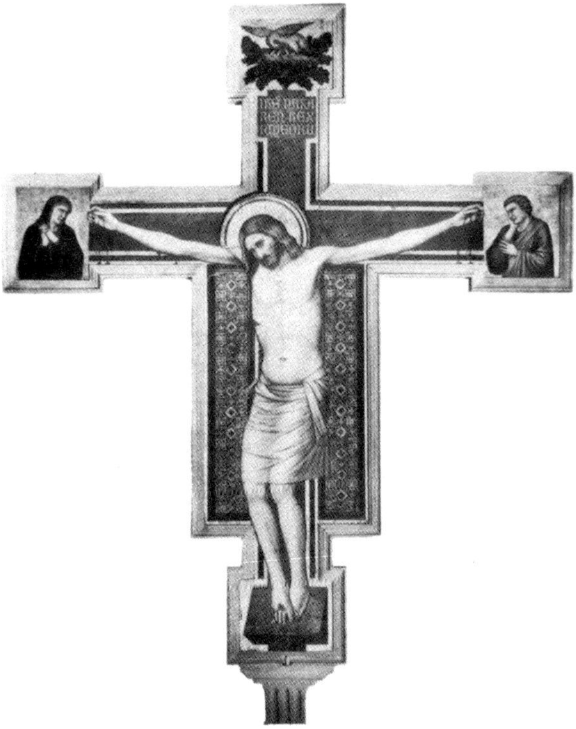

22.
Crucifijo

Témpera sobre tabla, 343 × 432 cm
Florencia, Iglesia de San Felice in Piazza

No se tienen noticias antiguas de esta obra. La atribución tradicional, defendida entre otros por Bode, Coletti, A. Venturi, Suida y Fabriczy, ha sido rechazada por Cecchi, Salvini, Previtali y Baccheschi. La propuesta de reivindicar su autoría se debe a una intervención de Volpe de 1967, publicada en 1971. Respecto a la cruz de Padua parecería a primera vista más arcaica, pero un análisis más detenido revela grandes innovaciones (Boskovits, 1982): el estudio anatómico parece más avanzado y la búsqueda de efectos espaciales más insistente (véase el sobresaliente pedestal). Desde el punto de vista iconográfico hay que destacar la innovación del nido de pelícano, animal que alimenta a sus crías con su propia sangre agujereándose el pecho, símbolo del sacrificio de Jesús, tema que va a ser muy utilizado en la pintura de todo el siglo XIV.

23.
La Virgen con el Niño y Santos (anverso); **Anunciación y Santos** (reverso)

Políptico pintado por ambos lados; en el anverso, *La Virgen con el Niño entre los Santos Eugenio, Miniato, Cenobio y Crescencio;* en el reverso, *la Anunciación entre los Santos Reparata, Juan Bautista, María Magdalena y Nicolás*

Témpera sobre tabla, 94 × 42 cm
Florencia, Museo dell'Opera del Duomo

Richa (1757) recuerda este políptico sobre el altar mayor de la capilla subterránea de San Zanobi. Puede que anteriormente fuera la tabla del altar mayor de la catedral de Arnolfo (Previtali, 1967). Obra muy interesante, atribuida al taller de Giotto y ligada a la evolución artística manifestada por el maestro y sus colaboradores en la decoración de la Iglesia inferior de Asís (Longhi, Gnudi, Previtali, Venturoli, Boskovits). Concretamente algunos autores (véase Bonsanti en *Capolavoir e Restauri,* 1986) identifican la mano del denominado "Pariente de Giotto", autor de algunas partes del transepto derecho de la Basílica inferior de Asís, de origen toscano, responsable de una disgresión en sentido gótico de la cerrada dialéctica del maestro.
Boskovits, que en 1971 relacionó el políptico no tanto con el Pariente de Giotto, sino más bien con el Maestro de la capilla de San Nicolás, pintor que se formó probablemente en las últimas escenas del ciclo franciscano y que se distingue por su "rústica elocuencia", vuelve sobre la cuestión en 1982 afirmando que la calidad pictórica de la obra, que mientras tanto había sido restaurada, justifica que se la considere de Giotto, aunque sin excluir la intervención de ayudas. Si bien en cuanto al perfil exterior el conjunto parece arcaico, Boskovits precisa que se trata del primer políptico pintado por dos caras que se conoce en Florencia. Es también interesante señalar que, junto a la representación de santos, también se reproduce una auténtica escena.
La fecha que para Longhi, así como para Venturoli, es de 1320, ha quedado unánimemente fijada en el momento posterior a la capilla Scrovegni, es decir, hacia 1305.

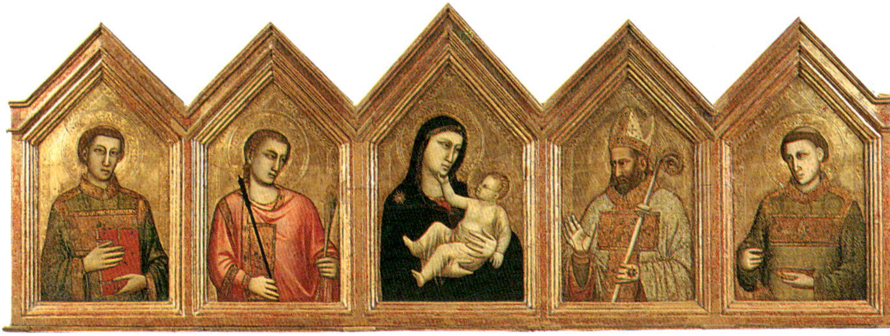

r

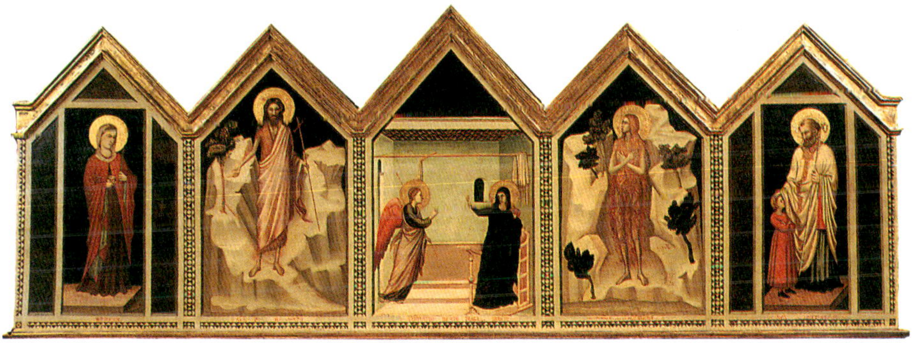

v

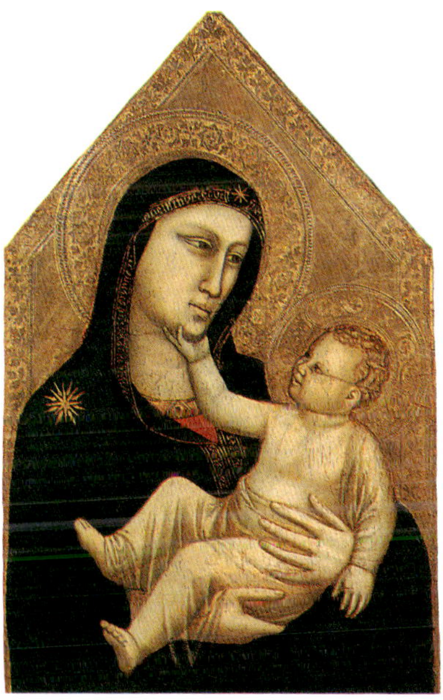

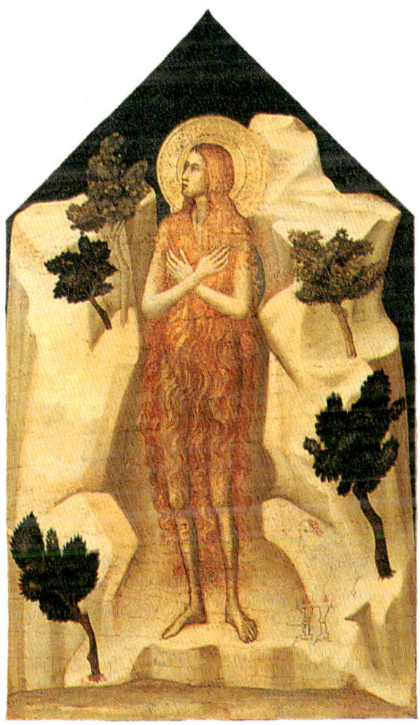

24.
Historias de San Juan Bautista y de San Juan Evangelista

Pinturas en seco sobre la pared
Florencia, Iglesia de la Santa Croce, capilla Peruzzi

Hay tres historias de San Juan Bautista en la pared izquierda (*Anuncio a Zacarías, Nacimiento* y *Festín de Herodes*) y tres historias de San Juan Evangelista en la pared derecha (*San Juan en Patmos, Resurrección de Drusiana* y *Asunción*) subdivididas por franjas decorativas que incluyen cabezas y motivos ornamentales, sobre las paredes. En cuanto a los símbolos evangélicos de la bóveda, sólo uno resulta todavía legible: el *ángel de San Mateo.* Hay ocho profetas de medio cuerpo sobre el arco de entrada y el Cordero apocalíptico sobre la pared del fondo. A partir de Ghiberti la tradición iconográfica recuerda que Giotto decoró cuatro capillas en la iglesia franciscana de la Santa Croce: la de los Peruzzi, la de los Bardi, la de Tosinghi Spinelli y la de Giugni. La decoración de la capilla Peruzzi desapareció bajo el enlucido en la segunda mitad del siglo XVIII y reapareció en 1841, al empezar a descubrirlo. A lo largo de la historia, esta decoración sufrió muchos daños: infiltraciones de humedad, intervenciones del siglo XVIII, colocación de escudos de armas y lápidas y de un gran altar, eliminación del enlucido y exagerados repintes realizados en el XIX por Marini y Pezzati (Tintori-Borsook, 1965). Como demostró la restauración llevada a cabo por Tintori (1958), hay que sumar estos agentes externos al hecho de que las escenas no pintaron con la técnica del fresco, es decir, con el enlucido mojado, sino en seco, método más rápido pero que no ofrece garantías de permanencia. Es posible que se hiciera así por la gran cantidad de encargos que Giotto recibió al mismo tiempo.
De acuerdo con cuanto plantea Borsook, el paralelismo entre las historias de los dos San Juanes habría que relacionarlo con el nombre de la persona que las encargó, Giovanni di Ranieri Peruzzi, y con la coincidencia en el calendario de la festividad de la Ascensión del Evangelista con la del nacimiento del Bautista, de acuerdo con la *Leyenda Dorada* de Jacopo dalla Voragine, en que parecen inspirarse estas historias.
Banqueros y de origen burgués, los Peruzzi eran una de las familias más importantes de Florencia, presentes en el gobierno de la República. Consta entre otras cosas que en 1310 albergaron a Carlos de Anjou cuando regresaba a su patria, tras ser coronado en Aviñón. Sin embargo, su fortuna sufrió una bancarrota en 1339-1342.
En 1292, antes de la construcción de la Santa Croce, uno de los Peruzzi, Donato, dejó en su testamento una suma para la construcción de una capilla en dicha iglesia. En el testamento se indica entre otras cosas que la capilla debía construirse antes de diez años a partir de su muerte. La última noticia que se tiene de Donato es de 1299, y su muerte no se debió producir mucho después (Boskovits).
Algunos autores, como Gnudi, Borsook y Baccheschi, establecen la fecha de ejecución de las pinturas Peruzzi en 1320, mientras otros, de acuerdo con una interpretación que parece más correcta, se inclinan por fecha más antigua, como Boskovits y Bellosi.

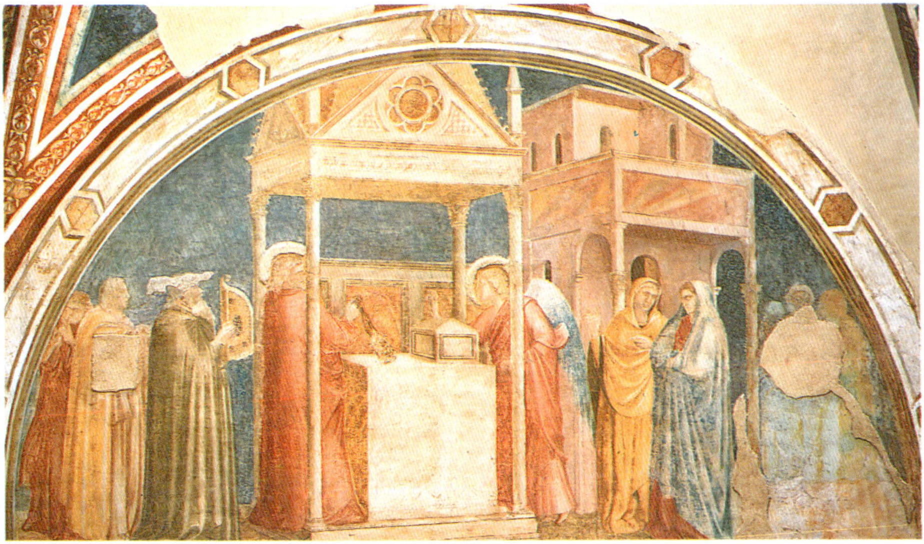

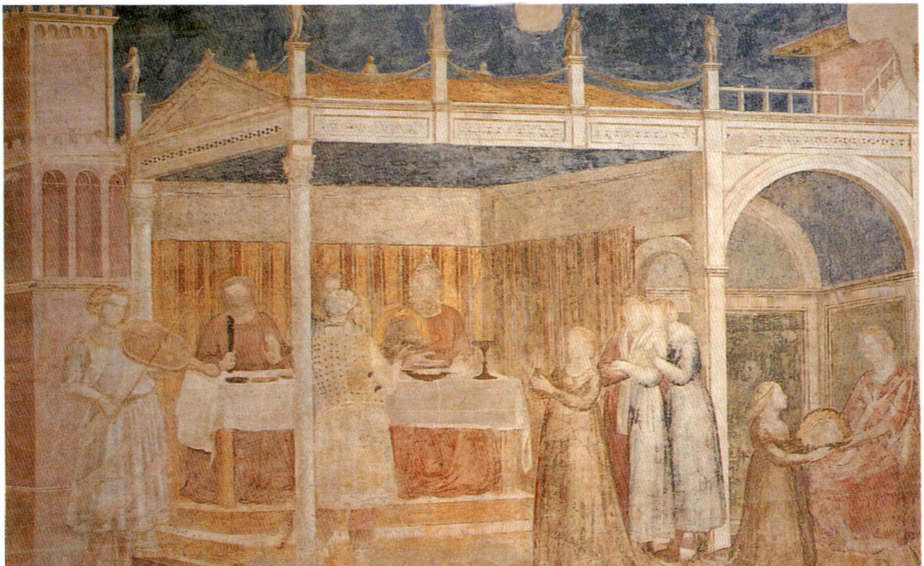

Anuncio a Zacarías, Festín de Herodes.

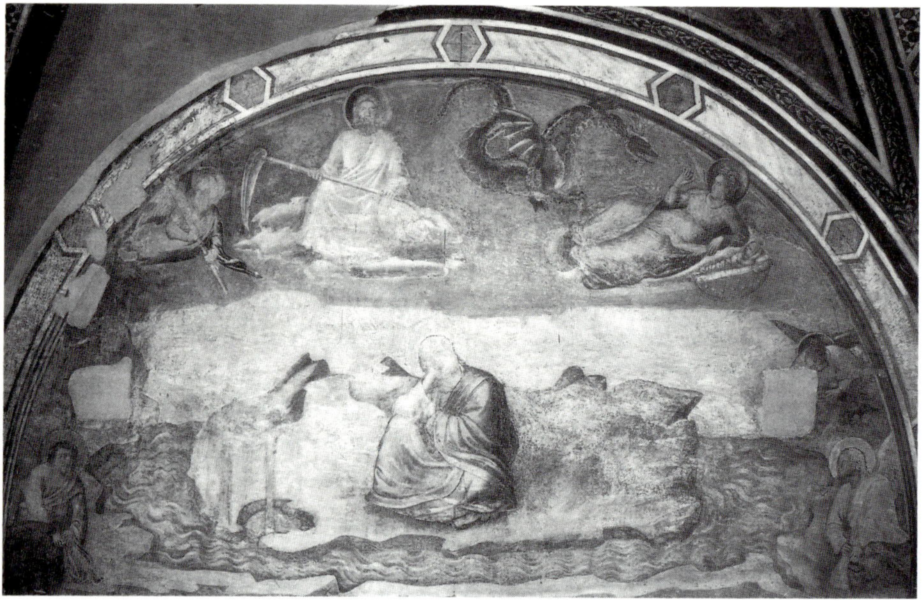

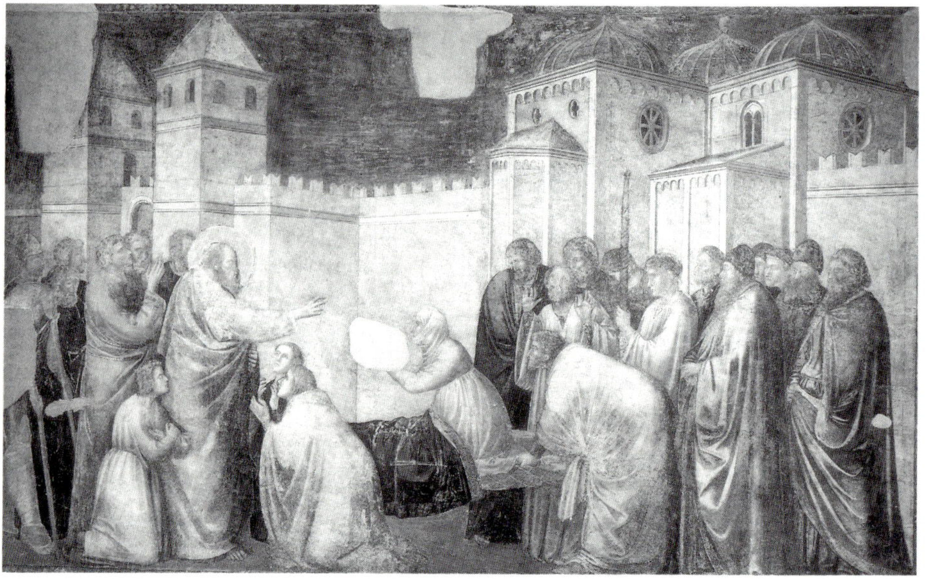

San Juan Evangelista en Patmos; Resurrección de Drusiana.

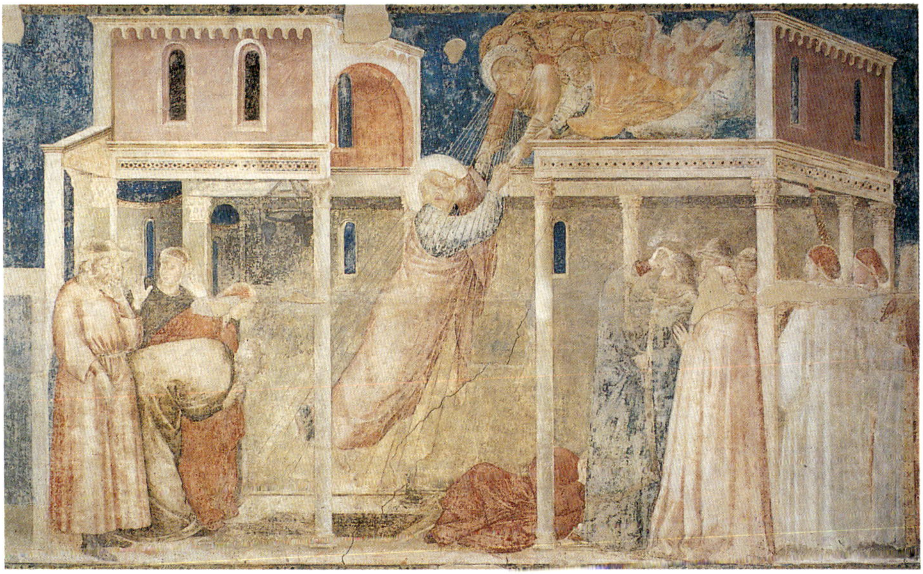

Asunción de San Juan Evangelista.

Una investigación técnica ha revelado además que el enlucido sobre el que se apoyan estas pinturas es el primero que se extendió sobre los muros de la capilla (Boskovits, 1982).
Bellosi (1982) por su parte subraya la dificultad de sacar conclusiones sobre la importancia que tuvo el ciclo dentro de la trayectoria estilística de Giotto, por su estado casi embrionario. Además, el autor afirma que la cuestión de la fecha no merecía tanta polémica: determinados aspectos de la moda indican una cronología algo posterior a la capilla Scrovegni. Parece lógica una fecha entre 1310 y 1316. Entre las reproducciones menores hay que señalar las pequeñas cabezas metidas en hexágonos en las franjas divisorias. Si es cierto, como se ha propuesto, que se trata de retratos de los Peruzzi, serían los primeros retratos autónomos.
El desastroso estado de conservación no impide, sin embargo, apreciar el planteamiento monumental, que tiene como precedente la amplitud de la capilla de la Magdalena de la Basílica inferior de Asís.
Al tratarse de un vano alto y profundo, pero bastante estrecho, Giotto ideó un punto de vista oblicuo, imaginando al observador situado a la entrada de la capilla.
Respecto a Padua, la relación entre figuras y arquitecturas se hace más teatral, con alternancia entre espacios vacíos y llenos que resulta de gran fuerza psicológica.

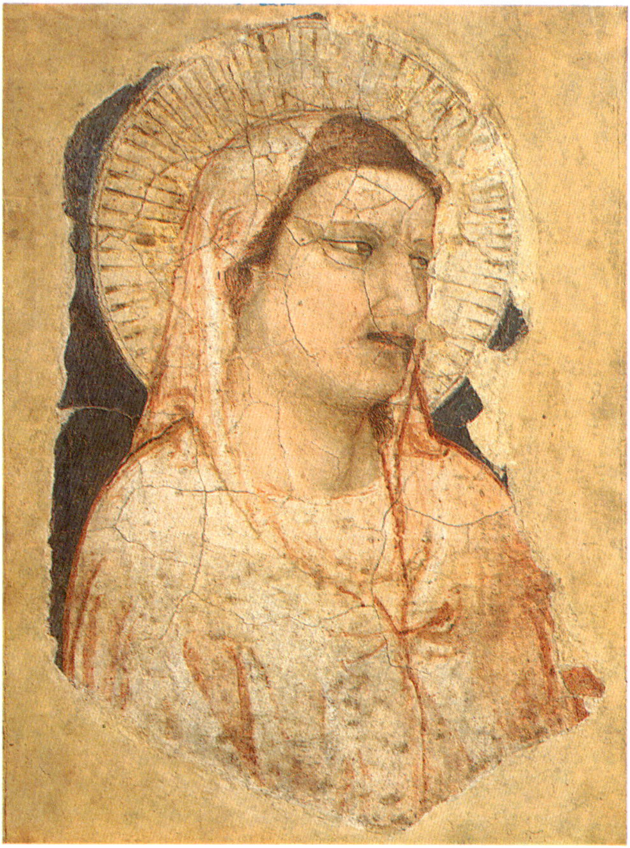

25.
Virgen dolorasa

Fresco separado, 64 × 45 cm (fragmentario)
Florencia, Museo dell'Opera de Santa Croce

Obra fragmentaria, separada en el siglo pasado de un edificio florentino, de gran calidad pictórica e intensa fuerza expresiva, fue atribuida por Baldini y Dal Poggetto en 1967 al ambiente de Giotto representado por Stefano, y fechada en 1340. Corresponde a Boskovits (1984) la revalorización de este apreciable fragmento y la correcta identificación del asunto, considerado hasta entonces una Santa.
Se confirma la fecha propuesta por Boskovits de mediados del segundo decenio, coincidiendo con el momento en que en el taller de Giotto se produce una profunda investigación naturalista de orientación gótica.

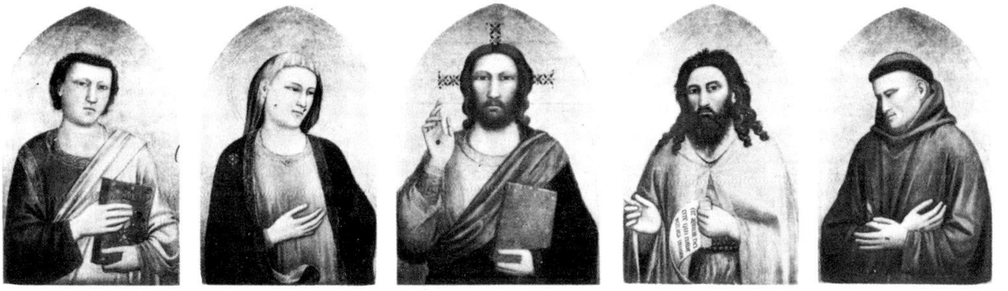

26.
Políptico Peruzzi

Políptico con cinco compartimentos: *Madonna, San Juan Evangelista, Cristo juez* (en el centro), *San Juan Bautista y San Francisco*

Témpera sobre tabla, 667 × 217 cm
Raleigh, North Carolina, Museum of Art

La presencia de San Juan Evangelista y de San Juan Bautista junto a la figura de San Francisco hace probable la hipótesis de que el políptico proceda de la iglesia franciscana de la Santa Croce. Los distintos paneles aparecieron desmembrados en el mercado de antigüedades en el período entre guerras; reunidos en la National Gallery de Washington (Kress Collection), pasaron en 1960 a la sede actual. Las distintas opiniones de la crítica han sido expuestas con precisión por Baccheschi (1967). Bologna (1967, ed. 1971 y 1971), por su parte ha relacionado este grupo con un panel en cúspide que representa a *San Juan Bautista en la cárcel* de la Gemäldegalerie de Dresde (témpera sobre tabla, 59,5 × 35 cm) que, sin embargo, hay que atribuir al taller de Giotto (Previtali, 1967 y 1974).
Posteriormente, Bellosi (1982) manifestó algunas dudas sobre la total autoría de Giotto.
Boskovits (1982) parece inclinarse a reconocer en el políptico el estilo del maestro, subrayando la naturalidad en la actitud de las figuras, como si estuvieran moviéndose y hablando entre ellas, y la gran sensación de profundidad que transmiten. Los efectos de intensidad psicológica resultan paralelos a los de la *Dormitio Virginis* berlinesa.

27.

Anunciación; Dos milagros post mortem de San Francisco; Seis historias de la infancia de Cristo (Adoración de los Magos, Presentación en el templo, Matanza de los Inocentes, Huida a Egipto, Cristo entre los Doctores y Regreso a Nazareth de Jesús niño); San Francisco presenta un esqueleto; Crucifixión; Cristo bendiciendo

Frescos
Asís, Basílica inferior de San Francisco, transepto derecho

En la Basílica inferior de San Francisco, en el transepto derecho y en las paredes de la bóveda central, se conservan una serie de frescos en excelente estado que testimonian una posterior evolución en la trayectoria de Giotto (Boskovits, 1982). Aunque el intenso debate de los autores (bien resumido por Scarpellini y Nessi, 1982) haya confirmado una atribución a alumnos muy dotados que habrían actuado autónomamente, es segura sin embargo la responsabilidad directa o indirecta de Giotto.
Por lo que a la cronología se refiere, el único dato histórico a que podemos referirnos es el de la rebelión de Muzio di Francesco en 1319, enemigo de la política filo-papal de los güelfos que en ese momento constituían el partido más poderoso. Con ayuda del obispo de Arezzo y de algunos gibelinos huidos de Asís, Muzio logró apoderarse de la ciudad. Durante dos años y medio se sucedieron los enfrentamientos: Asís tuvo que recurrir al tesoro conservado en la Basílica de San Francisco para hacer frente a las necesidades económicas de la lucha. A pesar de sus reticencias, y temiendo la posible pérdida del cuerpo de San Francisco, los frailes empeñaron gran parte del tesoro y del dinero que tenían (Boskovits, 1982; Hueck, 1983). Por tanto, a partir de 1319, es casi imposible que los franciscanos contaran con recursos económicos para sostener los gastos de decoración de su iglesia. Por otra parte, la noticia de importantes legados testamentarios destinados a la Basílica hacia 1317 (Boskovits, 1982) puede servir como referencia cronológica, que parece coincidir con la cronología de los frescos. Por lo que se refiere a la cronología interna, los recientes análisis técnicos sobre la textura y los enlucidos superpuestos (Maginnis, 1975; Tantillo Mignosi, 1975; Simon, 1976; Todini, 1985-86) han demostrado que la decoración en la Iglesia inferior empezó en el transepto derecho, comenzando por la capilla de San Nicolás, continuó en las bóvedas y terminó con el transepto izquierdo. La capilla de la Magdalena se construyó antes que la de San Nicolás, pero parece que fuera decorada poco después (Hueck, 1984).
La *Anunciación* reproducida en el exterior de la capilla de San Nicolás se pintó antes que el ciclo de la Infancia de Cristo y es obra del propio Maestro de San Nicolás, que evidentemente también había empezado a decorar el exterior de la capilla, junto a las partes superiores de los dos episodios de los milagros post mortem de San Francisco. Estas partes fueron realizadas en realidad tras un corto intervalo por el mismo autor de la *Infancia de Cristo*, que también hizo la *Crucifixión* y la decoración de las paredes abovedadas sobre el altar mayor. Se trata de un maestro de origen florentino, formado en el taller de Giotto, probablemente colaborador suyo ya en la capilla de la Magdalena (por

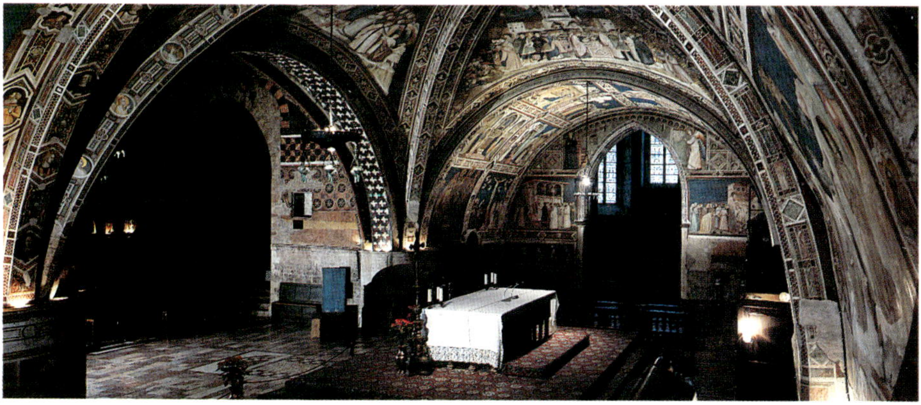

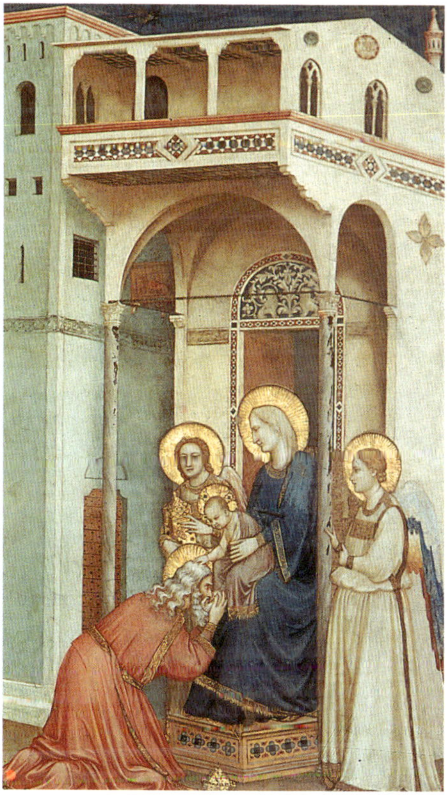

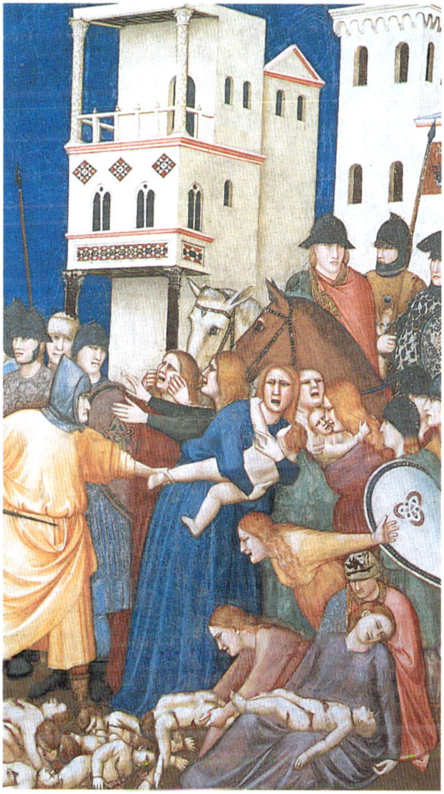

Asís, Basílica inferior de San Francisco; Adoración de los Magos (detalle); *Matanza de los inocentes.*

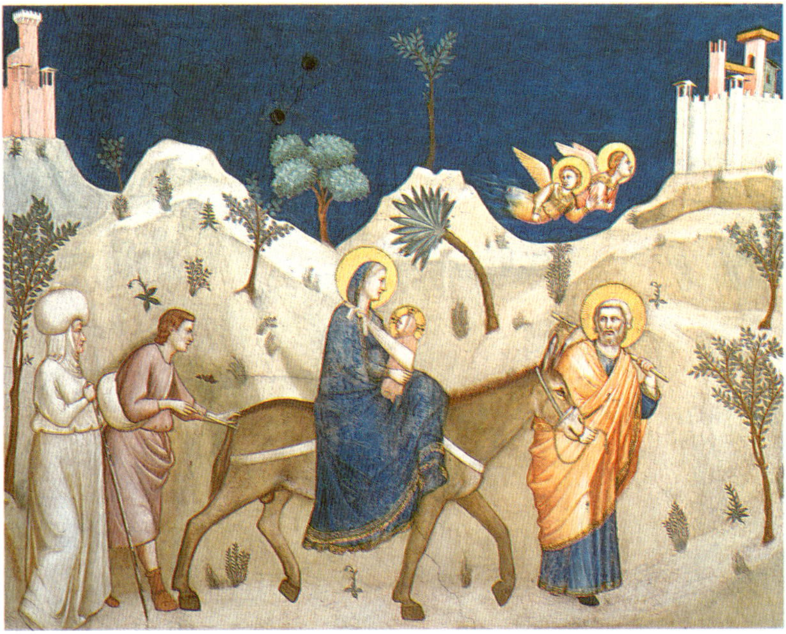

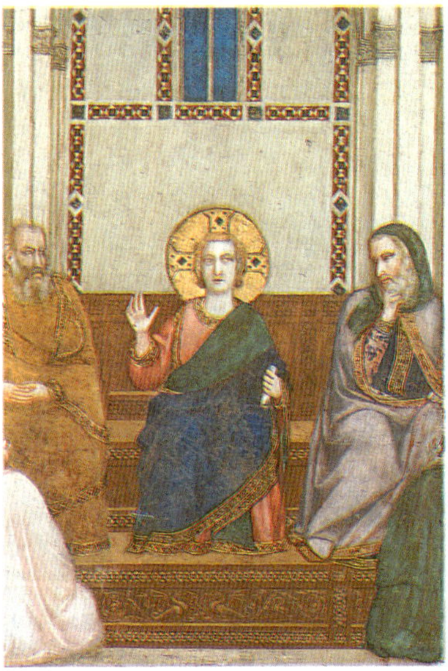

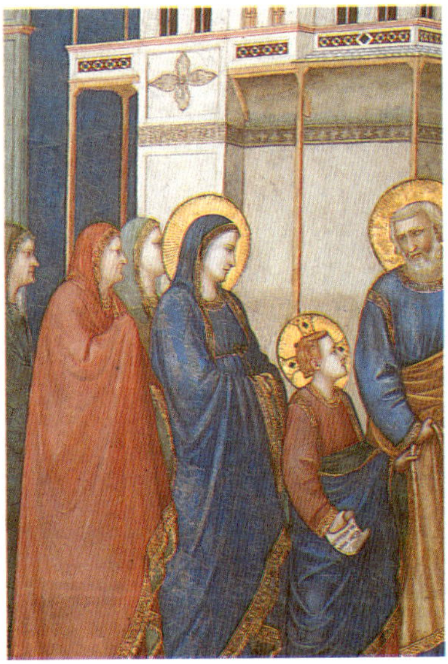

Huida a Egipto; Cristo entre los Doctores (detalle); *Regreso a Nazareth de Jesús niño. Crucifixión.* ➤

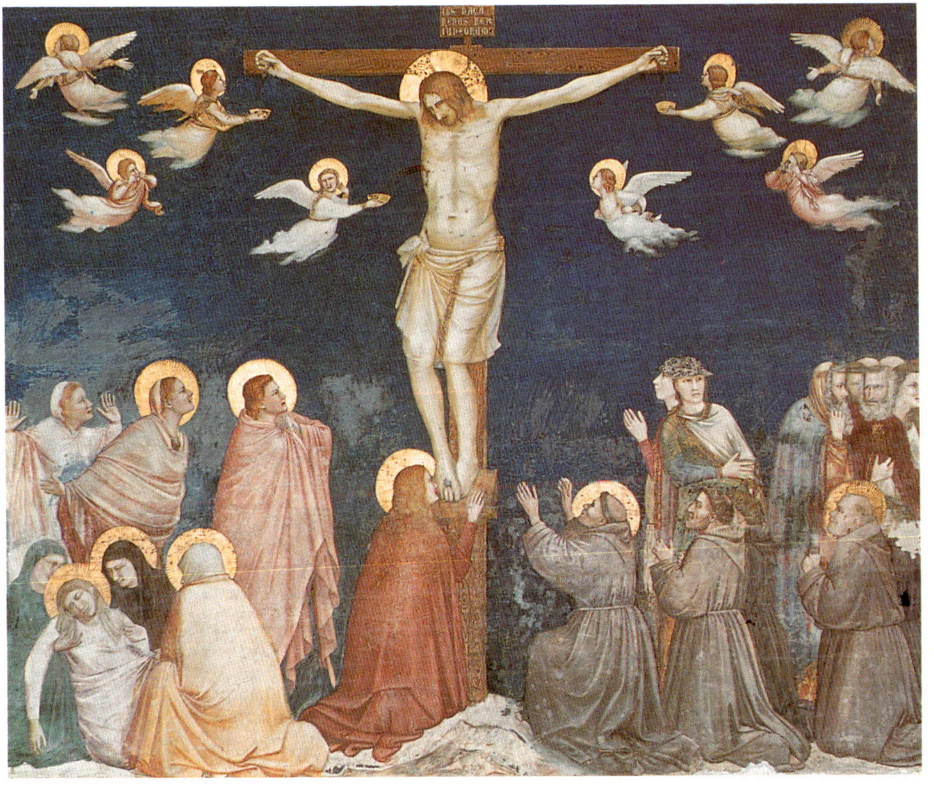

ejemplo en la *Resurrección de Lázaro* y en la *Comunión de la Magdalena*).
Y expresa una tendencia surgida en el ambiente de Asís a superar el cerrado planteamiento figurativo de Giotto en nombre de nuevos valores epidérmicos y a continuar con la búsqueda de una variación gótica, ya iniciada en las últimas historias de San Francisco. Por su gran proximidad con Giotto, este artista fue llamado el "Pariente de Giotto" (Previtali, 1967), pues emplea el mismo vocabulario y el mismo método, pero enriquecidos con una elegancia y seguridad que hacen pensar, como señala Boskovits (1982), en una estrechísima relación con el maestro. Su pintura se caracteriza por una fascinante narrativa, rica en contrastes de colores, que plasma el multiforme teatro del mundo (Todini, 1985-86). En la organización del espacio cada una de sus figuras ocupa una porción clara, mas sin imponerse a las otras por su solidez. Su habilidad con los colores, expresión de una increíble investigación de los efectos difuminados, se revela incluso en la ejecución de las sombras, que son coloreadas y transparentes. Muy cuidadoso al reproducir las anatomías, no alcanza tal vez la gran capacidad de síntesis de Giotto, y su personalidad podría equipararararse a la de Stefano, uno de los discípulos más dotados de Giotto, de quien menciona Vasari sus formas "dulcísimas" y su color difuminado y "unido".

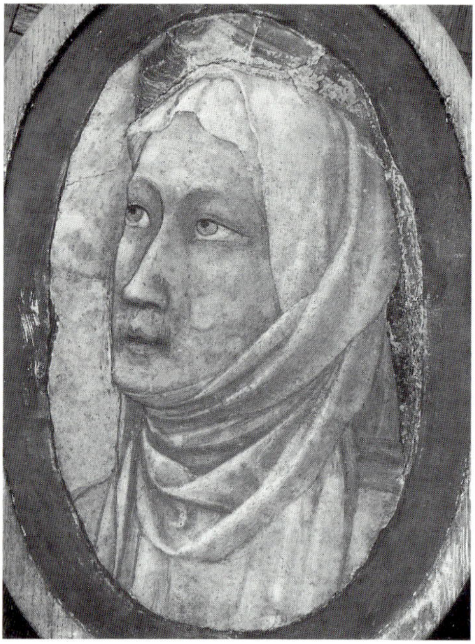

28.
Figura alegórica femenina

Fragmento de fresco, 27 × 15,5 cm
Budapest, Szepmuvesvezeti Muzeum

Se trata de un fragmento que perteneció a la colección de un erudito de Asís, Francesco Antonio Frondini (1759-1851), luego pasó a la colección Ramboux de Colonia y llegó a su actual sede en 1872. Acogido tanto por los inventarios de los museos como por los primeros autores (como Cavalcaselle) como obra de Giotto (véase la escasa bibliografía antigua en Boskovits, 1983), en base a una antigua tradición que lo consideraba procedente de la iglesia de San Francisco, ha planteado Boskovits la hipótesis de que se trate de un resto de la antigua decoración absidial destruida en 1623, para dejar sitio al fresco de Cesare Sermei. Allí aparecía una *Gloria celestial*, de la que tenemos noticias por Ghiberti, por Vasari y por fray Ludovico da Pietralunga (Todini, 1985-86), tratándose de una alegoría de la redención tomada del *Itinerarium Mentis in Deum* de San Buenaventura, en la que San Francisco aparecía representado bajo un alado Crucifijo acompañado por una serie de elegidos y Santos, como mediador de la gracia divina y como "Alter Christus" (Todini). Atribuido por Boskovits al propio Giotto y por Todini a ese Stefano de Vasari, o sea, al pariente de Giotto, este precioso fragmento muestra la escasa diferencia entre ambas personalidades, que trabajaron juntas en Asís (Bellosi, 1982). Corresponde a mediados del segundo decenio del XIV.

29.
Alegorías franciscanas

San Francisco en la gloria; Alegoría de la Obediencia; Alegoría de la Castidad y Alegoría de la Pobreza; pequeños recuadros en las cornisas de las paredes

Frescos
Asís, Basílica inferior de San Francisco, plementos sobre el altar mayor

El equipo de Giotto continuó, a partir del transepto derecho, decorando los cuatro plementos abovedados sobre el altar mayor. Aquí, donde la imagen más a la vista es la *Gloria de San Francisco* con las ropas pespunteadas en oro sobre fondo también dorado —cosa excepcional para un fresco, tanto desde el punto de vista técnico como por el elevado coste que suponía superficie tan grande (Bellosi, 1982)— la decoración de la Basílica inferior alcanza niveles de preciosismo extremo. Puede hablarse, efectivamente, utilizando las palabras de Bellosi (1982), de que ya expresa la decidida imperancia en el movimiento franciscano de las tendencias revisionistas respecto del pauperismo predicado por el Santo fundador. A partir del nombramiento de Giovanni da Murro como padre general, la gradual afirmación de esta corriente se manifiesta en la creciente suntuosidad de la decoración al fresco de la basílica de Asís, evidente sobre todo al pasar de la Iglesia superior a la inferior.
Desde el punto de vista iconográfico se debe a Tantillo Mignosi (1975) y a Thomas (1982) haber relacionado estos sujetos con los temas que se debatían en el ámbito de la Iglesia, que confluyeron en la publicación por el papa Juan XXII del Decreto "Gloriosam Ecclesiam", que expresa las diferencias con la Orden franciscana en el tema de la pobreza.
Las paredes abovedadas desarrollan cuatro complejas y singulares figuraciones alegóricas de temas franciscanos, llenas de figuras sonrientes y festivas, en las que continúan las tendencias giottescas evidentes de las *Historias de la Infancia de Cristo* del transepto derecho, con gran peso de un colaborador que se caracteriza por una atónita expresividad, al que correspondería el apelativo de "Maestro de las bovedas" (Bellosi, 1982). Se trata de un pintor de origen umbro, más que toscano, divulgador de una forma giottesca dulcificada y expresiva cuyas raíces se remiten al Maestro de la Capilla de San Nicolás y al Maestro de Figline. Éste presenta además una inclinación por las formas icónicas, por inflexiones al estilo de Giotto y por un achatamiento de los volúmenes. Desde el punto de vista de la técnica parece preferir un cargado efecto de lustre que logra plasmar al fresco mediante un denso y corpóreo empastado que anula cualquier efecto de relieve y profundidad (Todini, 1985-86).
Respecto a la fecha del ciclo de frescos, véase cuanto se dijo respecto a la decoración del transepto en la ficha relativa a las *Historias de la infancia de Cristo*. Seguramente las *Alegorías franciscanas* se realizaron después de los frescos del transepto derecho, siendo anteriores a 1317-19. Coincidimos con Todini en la fecha de 1315, quien (1985-1986) sugiere además identificar al Maestro de las Bóvedas con Angioletto da Gubbio, artista recordado con insistencia por las fuentes como especialista en mosaicos (eso explicaría las formas logradas en las bóvedas de Asís) en Orvieto, y citado como pintor en Asís en 1333.

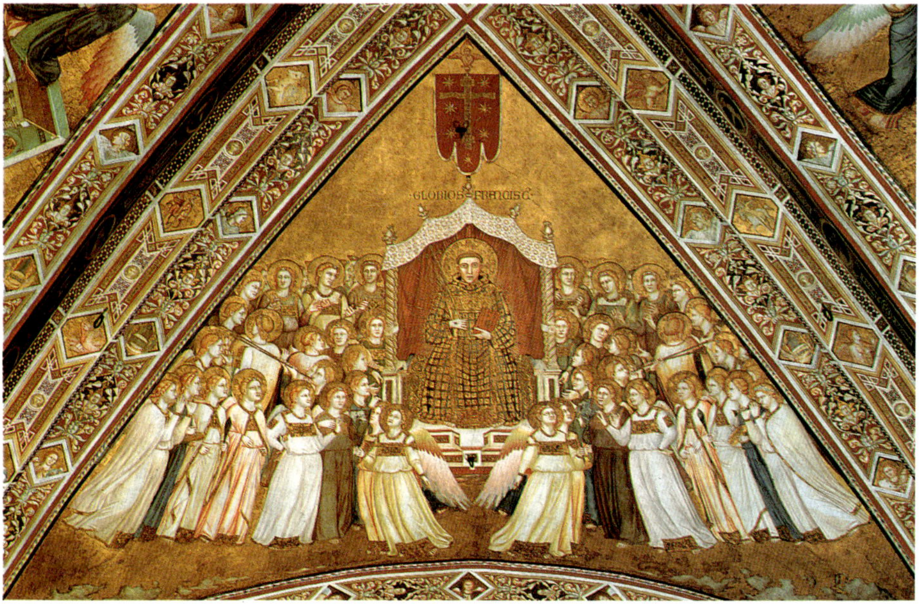

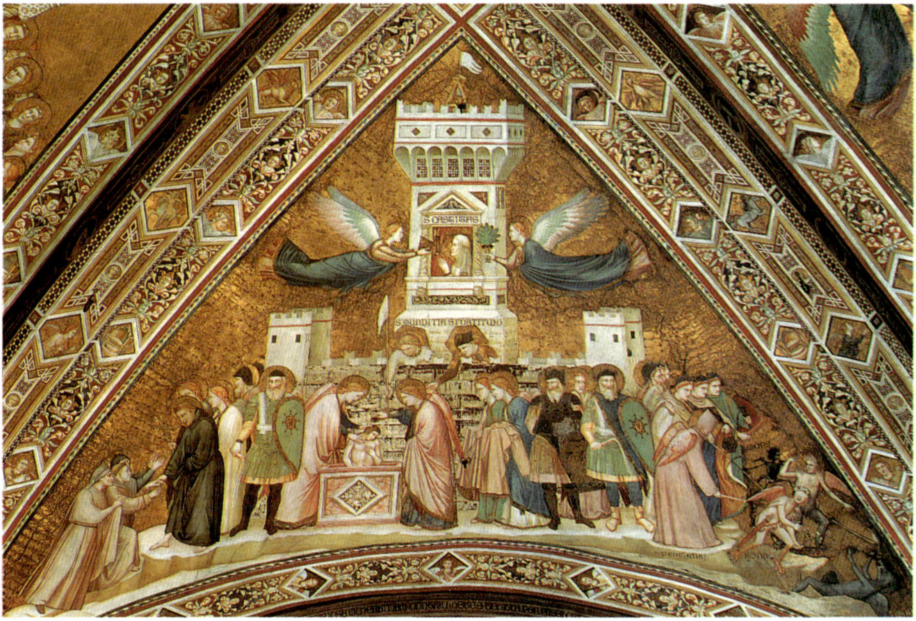

San Francisco en la gloria; Alegoría de la Castidad.

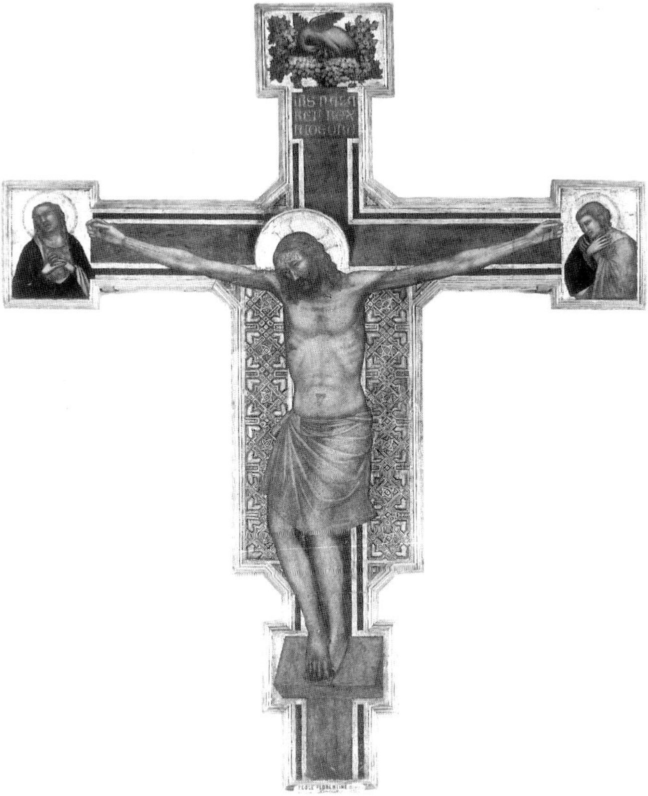

30.
Crucifijo

Témpera sobre madera, 277 × 225 cm
París, Museo del Louvre

Procedente de la colección Campana (adquirido por el Louvre, 1871), la obra, citada en varias ocasiones por Volpe (1971), que presentó su reproducción, por Bellosi (1982) y por Boskovits (1984), que publicó dos detalles fotográficos de la misma, ha despertado en estos últimos años el interés de la crítica en el sentido de atribuírsela a Giotto. Casi irreconocible por un grueso estrato superpuesto, este crucifijo se caracteriza por un intenso patetismo, relacionado con el desarrollo de Giotto y del taller hacia mediados del segundo decenio, en coincidencia con la decoración del transepto derecho de la Iglesia inferior de Asís. Incluso los aspectos puramente formales, reconducibles al estilo gótico de Giotto en esta época, participan del dramatismo de la representación, como la línea cortante de los perfiles, que resalta la anatomía y la acentuación de los escorzos.

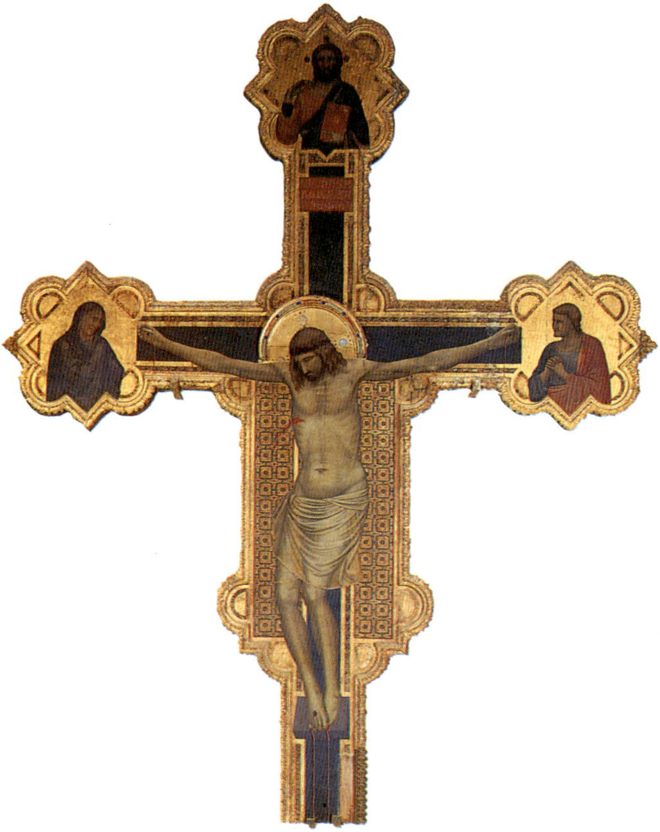

31.
Crucifijo

Témpera sobre tabla, 391 × 476 cm
Florencia, Iglesia de Ognissanti

La obra, ya atribuida a Giotto por Ghiberti y por el anónimo Magliabecchiano, es recordada en las monografías dedicadas a Giotto como expresión de la elegancia y el patetismo propios del taller que se manifiestan en el transepto derecho de la Basílica inferior de Asís. Respecto al *Crucifijo* de San Felice in piazza de Florencia y al del Louvre en París, éste presenta formas más alargadas que hacen pensar en un momento más avanzado. La obra es atribuida por Previtali, Venturoli y Todini al "Pariente de Giotto", el autor de las *Historias de la infancia de Cristo* en el transepto derecho de la Basílica inferior, por Volpe al "anónimo giottesco" y por Boskovits a Giotto mismo.

32.
Adoración de los Magos

Témpera sobre tabla, 44 × 45 cm
New York, Metropolitan Museum

Presentación de Jesús en el Templo

Témpera sobre tabla
Boston, Gardner Museum

Última Cena

Témpera sobre tabla, 42,5 × 43 cm
Munich, Alte Pinakothek

Crucifixión con San Francisco y los donantes

Témpera sobre tabla, 45 × 43,5 cm
Settignano, Ponte a Mensola, Villa i Tatti, Col. Berenson (Harvard University)

Descendimiento

Témpera sobre tabla, 44,5 × 43 cm
Settignano, Ponte a Mensola, Villa i Tatti, Col. Berenson (Harvard University)

Descenso al Limbo

Témpera sobre tabla, 45 × 44 cm
Munich, Alte Pinakothek

Pentecostés

Témpera sobre tabla, 45 × 44 cm
Londres, National Gallery

Los siete paneles, repartidos por varios museos, debían formar un frontal procedente de una iglesia franciscana, como hace suponer la presencia de San Francisco en el panel de la Crucifixión, que de acuerdo con la tradición iconográfica ha de ser considerado el central.
Por el testimonio de Ghiberti sabemos que Giotto pintó en la Santa Croce cuatro capillas y cuatro tablas de altar, y puede que este conjunto proceda de uno de esos trabajos (Longhi).
Aunque la atribución a Giotto no sea unánime por parte de los autores y más de uno haya rechazado su autoría (véase la ficha de Bacchcschi, 1967), es posible que las dudas obedezcan al estado de conservación de los distintos paneles, muchos de los cuales han sido repintados varias veces. Previtali y Bellosi subrayan, entre otras cosas, la calidad de la *Crucifixión* y de la *Última Cena*, que repite un motivo iconográfico de la capilla Scrovegni de Padua.

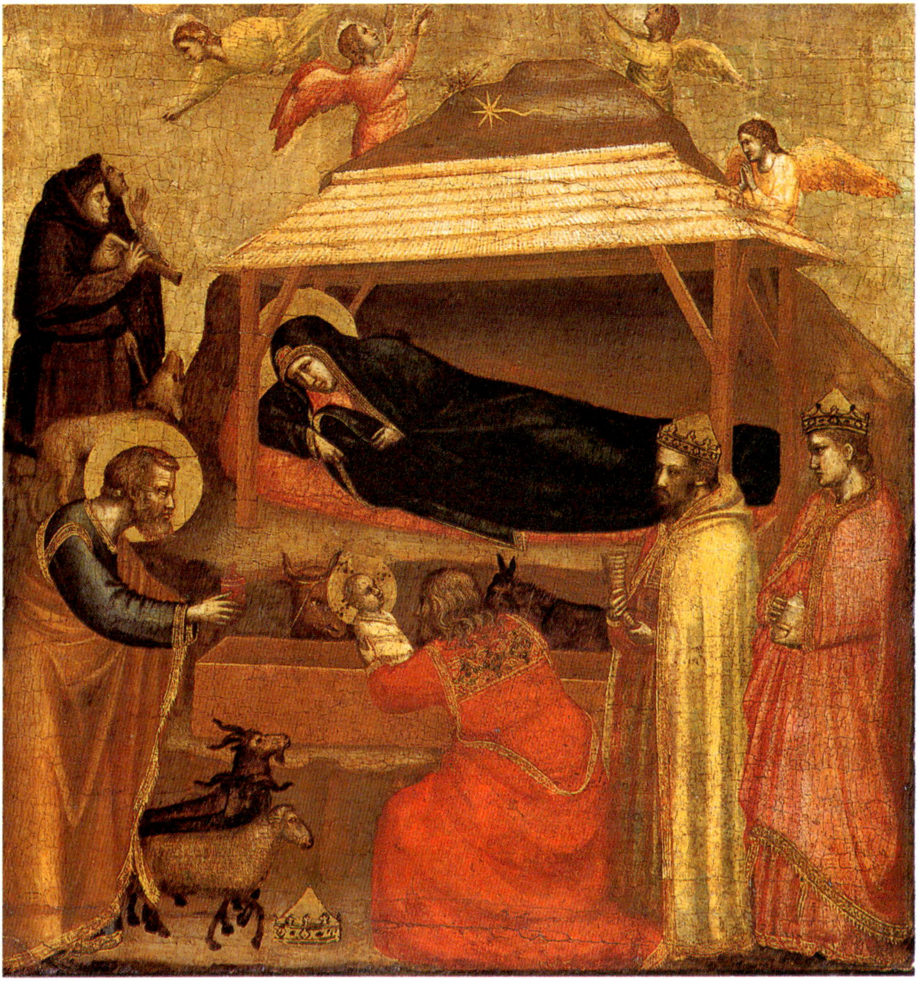

Adoración de los Magos.

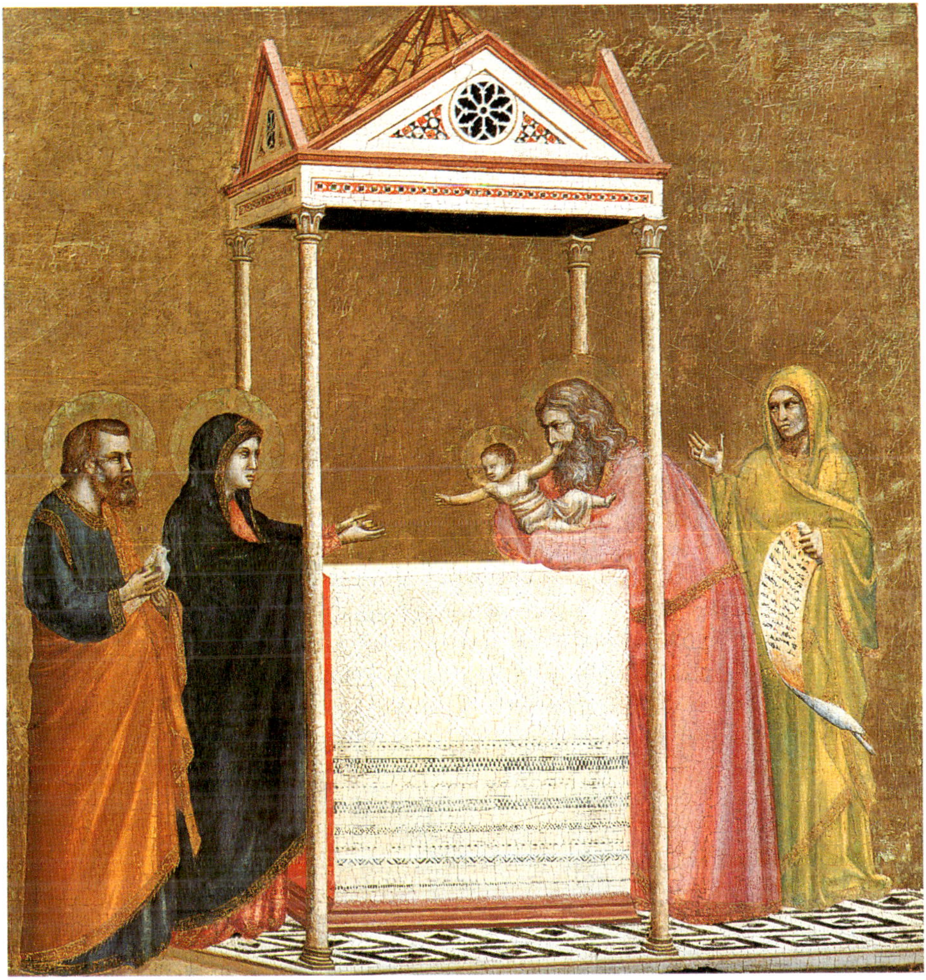

Presentación de Jesús en el Templo.

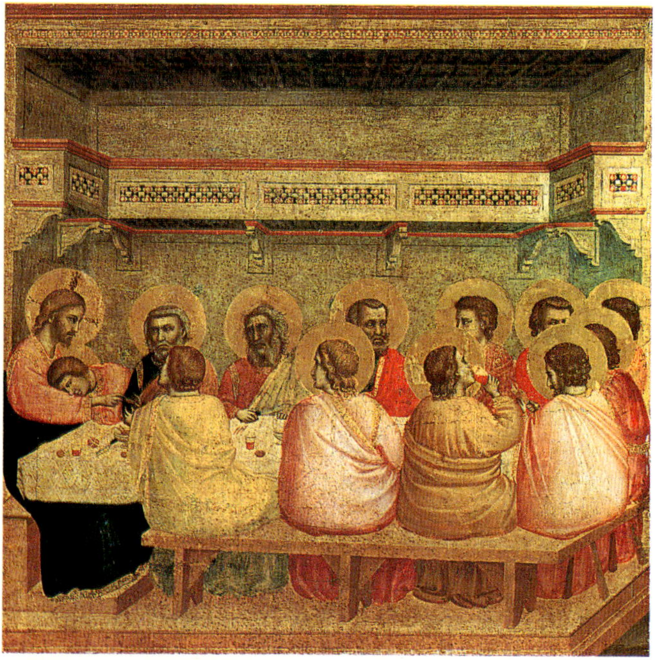

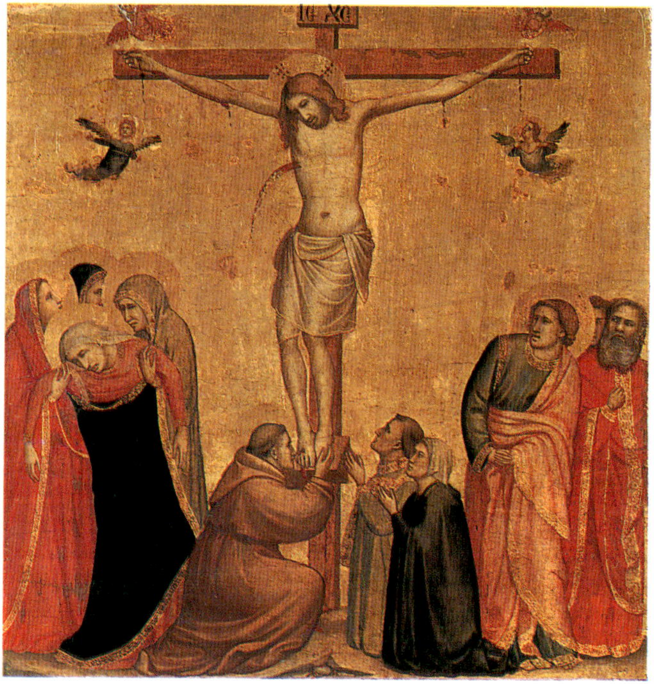

Última Cena; Crucifixión con San Francisco y los donantes.

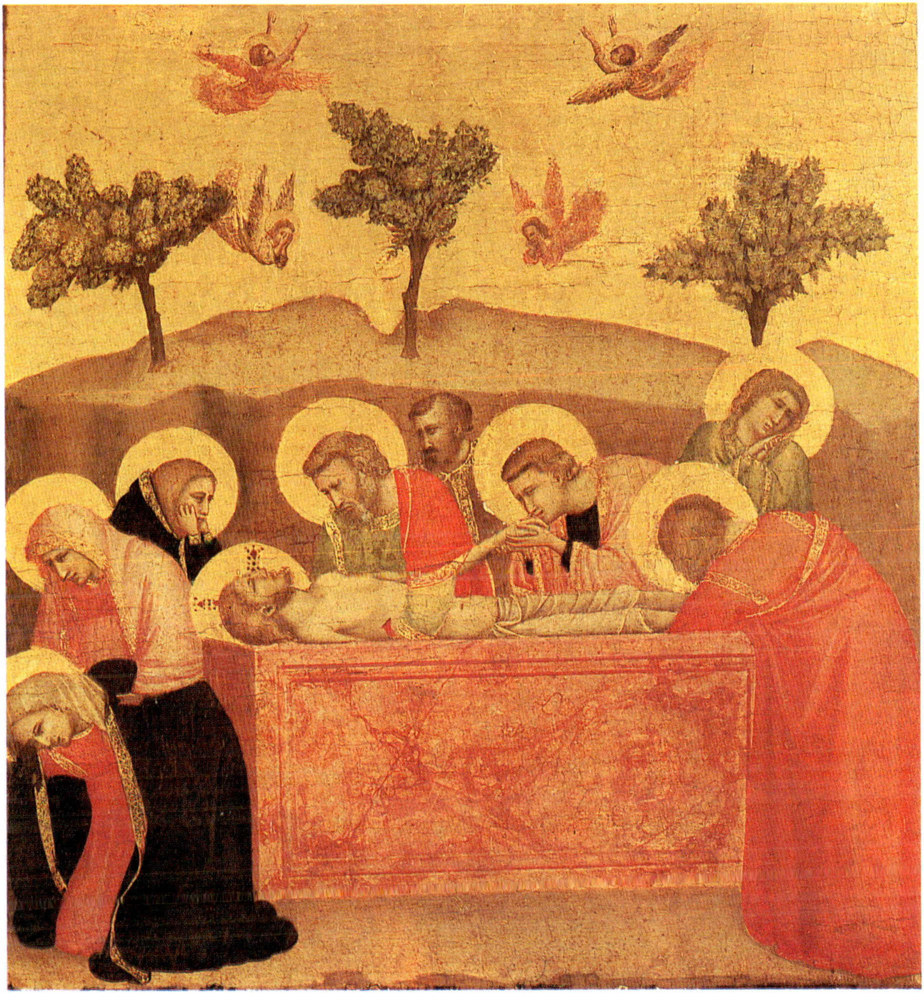

Descendimiento.

En general al conjunto se atribuye una fecha entre la capilla Peruzzi y la capilla Bardi.
Longhi (1930) afirma que se trata de pequeñas tablas que pertenecen al políptico que se recoge en la siguiente ficha; dicha hipótesis fue seguida también por Venturoli (1969).

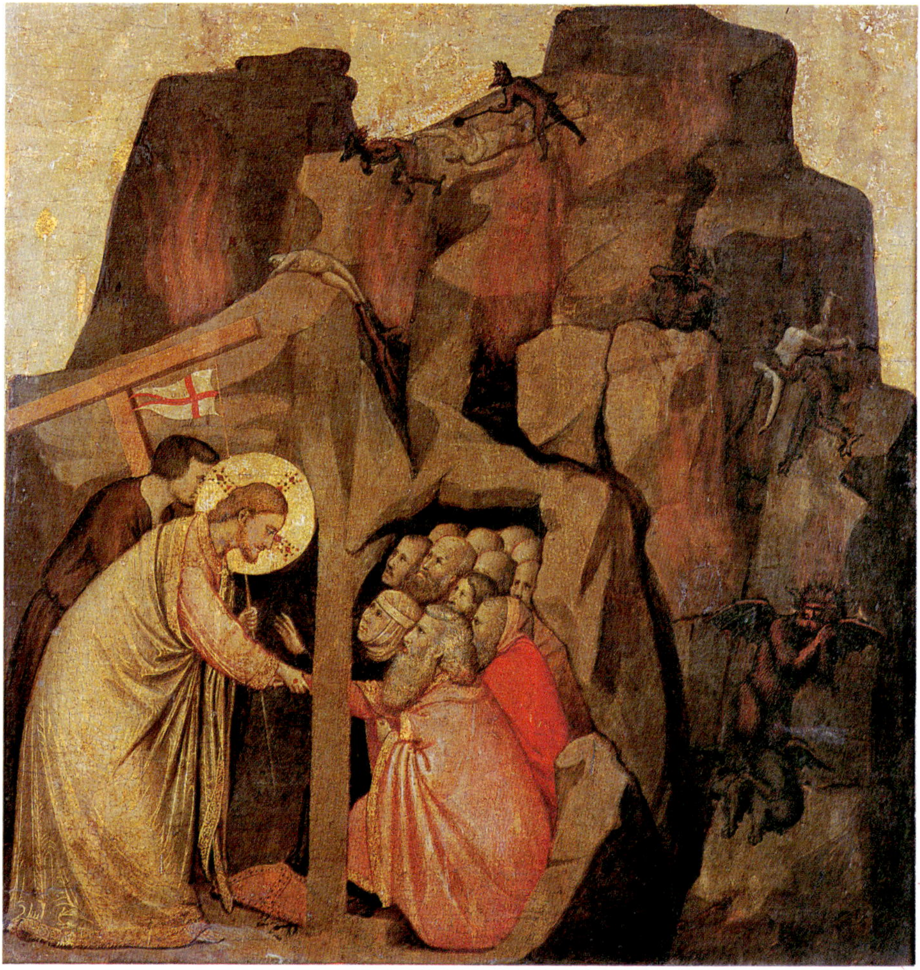

Descenso al Limbo.

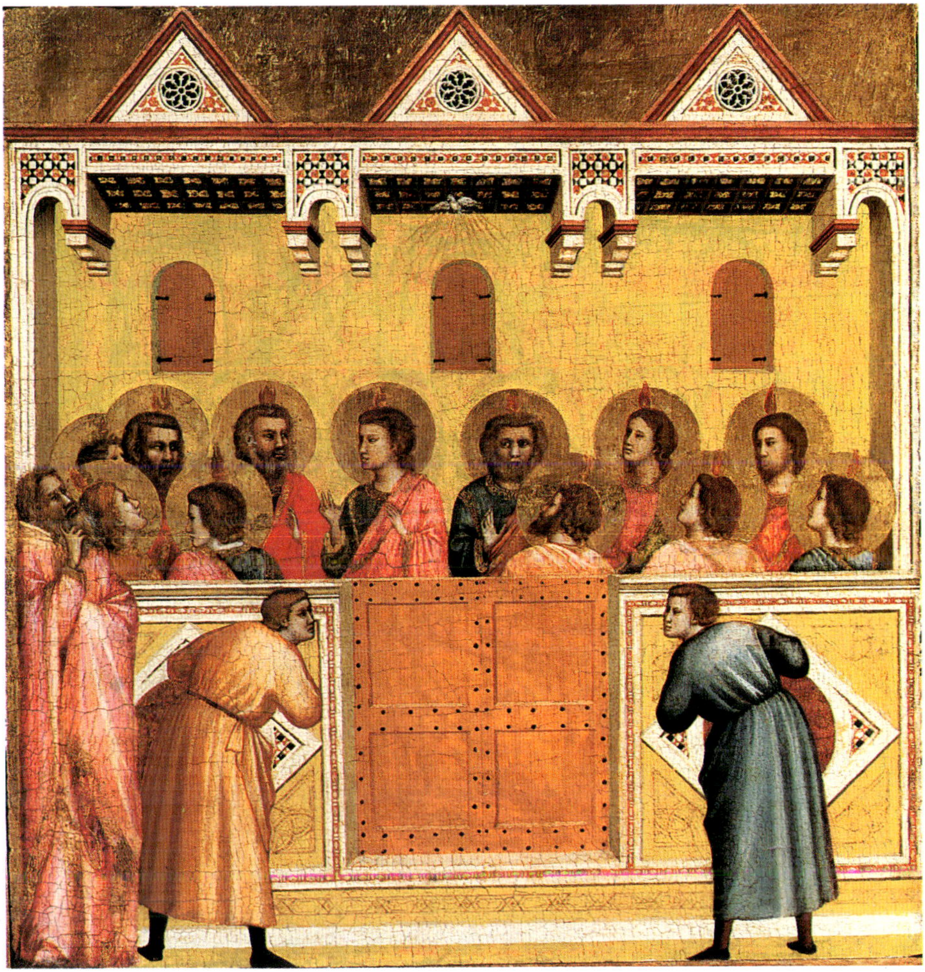

Pentecostés.

33.
San Esteban

Témpera sobre tabla, 84 × 54 cm
Florencia, Museo Horne

San Juan Evangelista

Témpera sobre tabla, 81 × 55 cm
Chaalis, Museo Jacquemart-André

La Virgen con el Niño

Témpera sobre tabla, 85 × 62 cm
Washington, National Gallery of Art (Kress Collection, antes col. Goldman)

San Lorenzo

Témpera sobre tabla, 81 × 55 cm
Chaalis, Museo Jacquemart-André

Los cuatro paneles fueron hechos públicos por Longhi (1930) y reunidos para formar un único conjunto del que también formaría parte un San Bernardo desconocido hasta hoy. Sin embargo, la atribución de Longhi no fue aceptada unánimemente en el pasado (Toesca, Brandi, Berenson, por ejemplo) tal vez a causa del mal estado de conservación de algunos paneles. Posteriormente, Previtali, Bellosi y Boskovits coincidieron en atribuir la obra a Giotto. Parece plausible tanto la hipótesis que propone Gnudi de que el políptico proceda de la capilla Tosinghi y Spinelli de la Santa Croce como la que propone Previtali de que proceda de la capilla Pulci y Berardi de la misma iglesia. De hecho, en ambas capillas se venera a San Lorenzo y a San Esteban.
Por la evidente solidez de planteamiento de las figuras, la obra podría ser de 1320 o algo anterior a esta fecha.

San Esteban. ➤

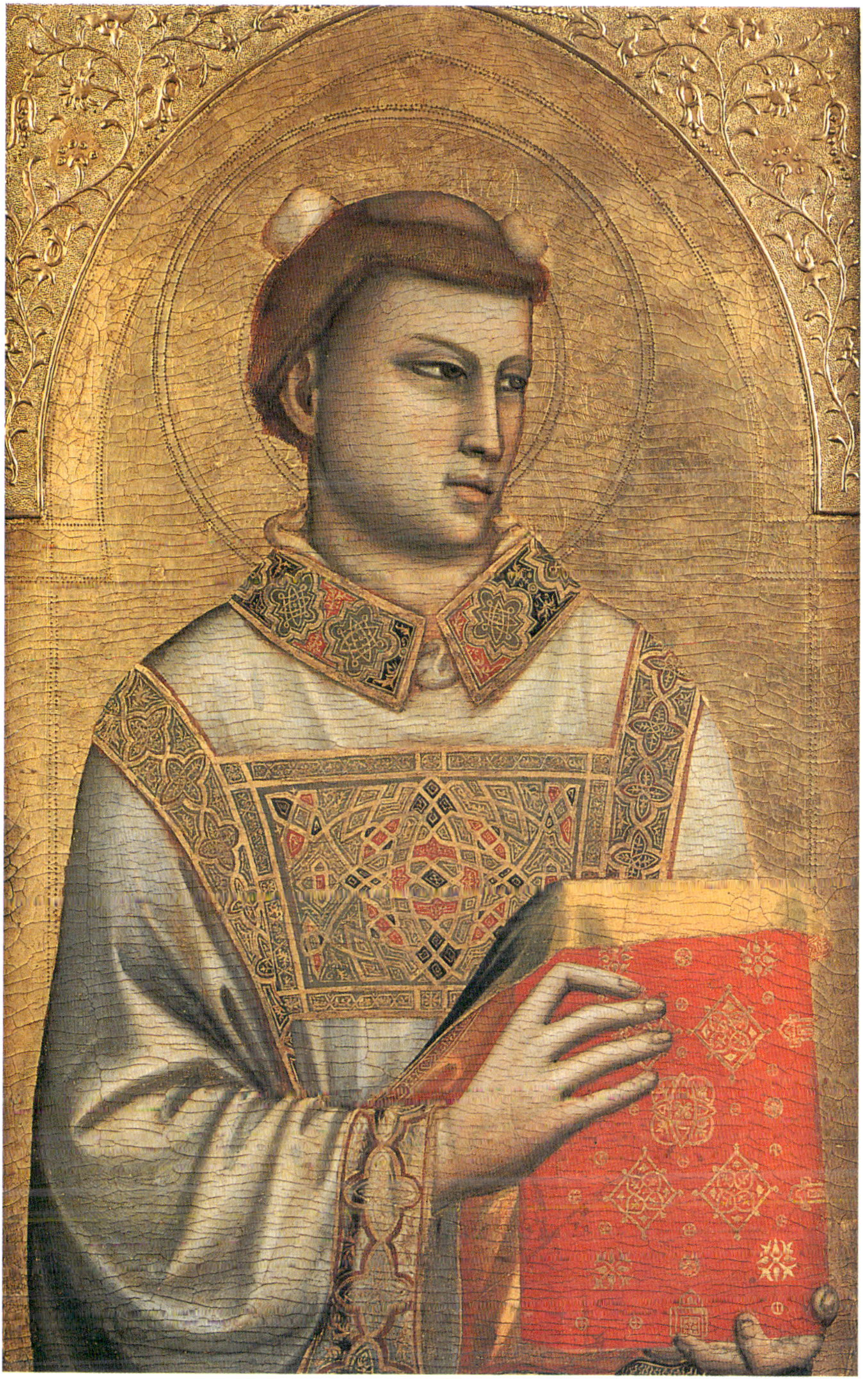

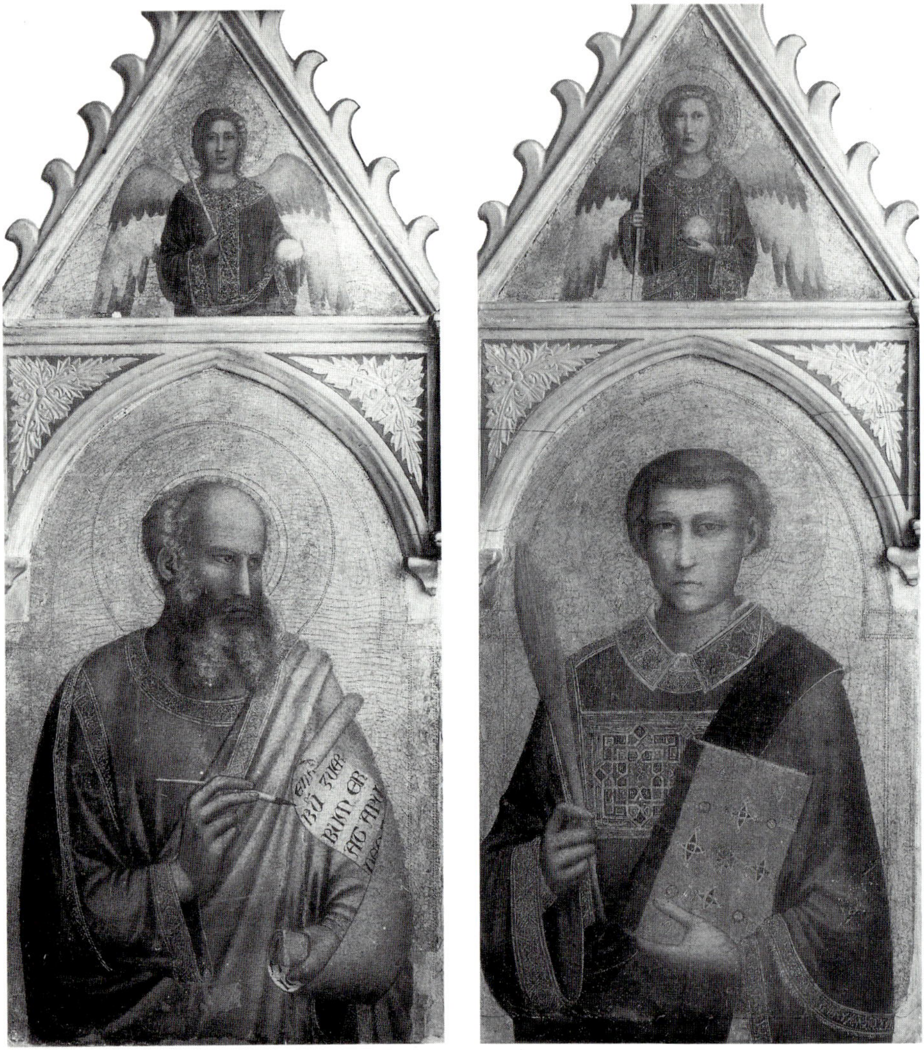

San Juan Evangelista; San Lorenzo.

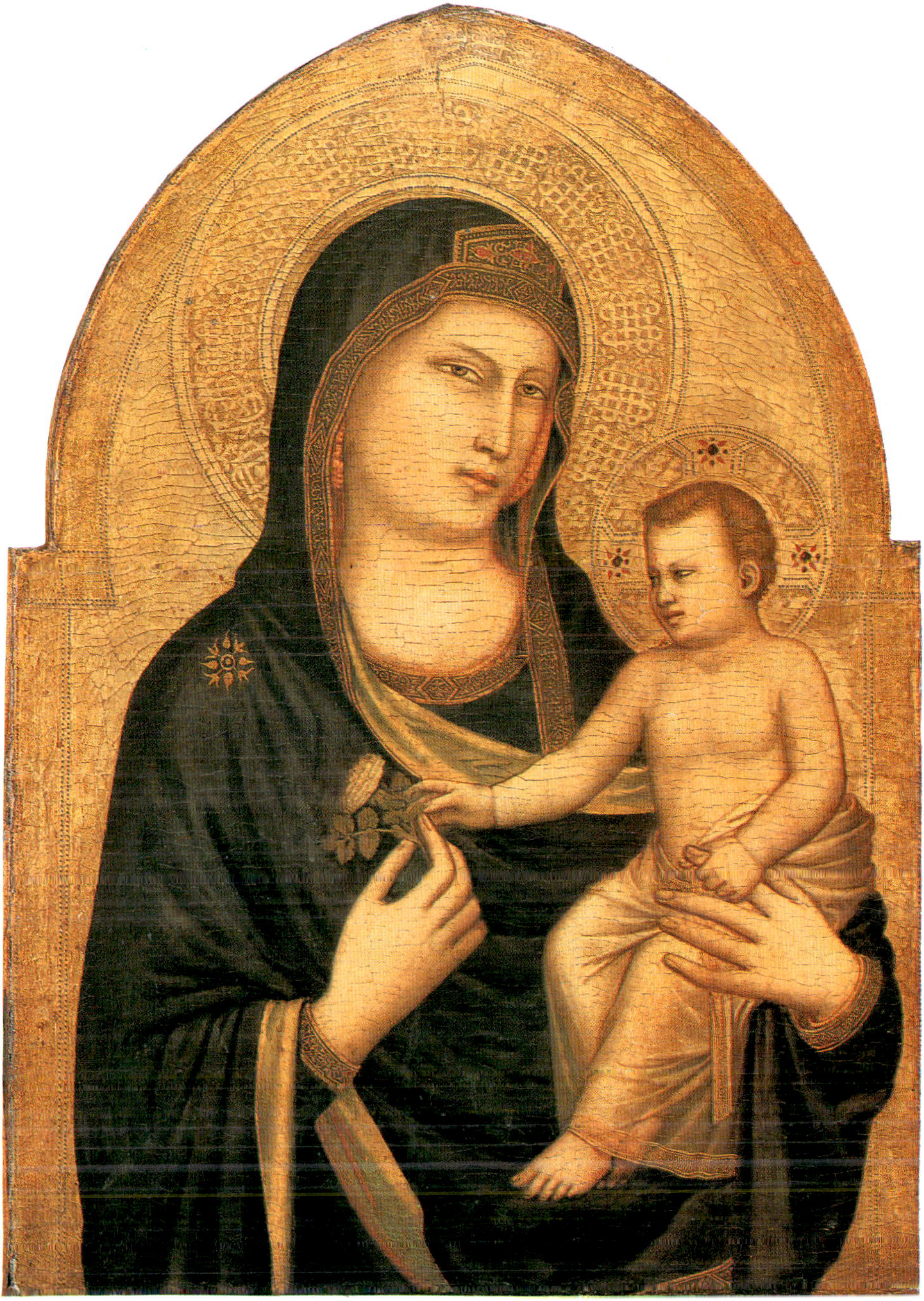

La Virgen con el Niño.

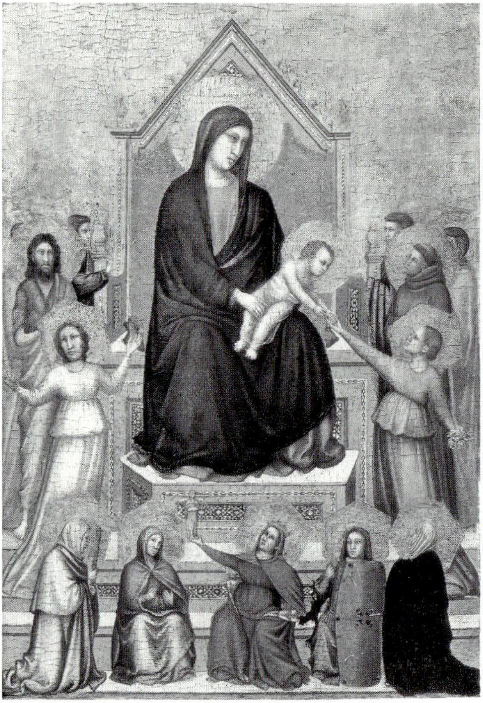

La Virgen con el Niño en el trono entre Santos y Virtudes. Crucifixión. ➤

34.
Crucifixión

Témpera sobre tabla, 39 × 26 cm
Estrasburgo, Musées Municipanx

Virgen con el niño en el trono, entre Santos y Virtudes

Témpera sobre tabla, 34,5 × 25,5 cm
New York, Colección Wildenstein

Estas dos tablitas, cuya pertenencia a un mismo conjunto es generalmente admitida, según sugerencia de Longhi (1948), parecen datables en un período consecutivo a la realización de la capilla Peruzzi, aunque precedente al políptico Stefaneschi (Boskovits, 1982). El díptico ha sido atribuido por Previtalli al "pariente de Giotto". Recientemente Boskovits (1982) propuso la completa autografía del maestro. Bellosi (1982) distingue la mano del "pariente" en la tabla de la Virgen, mientras tiende a atribuir a Giotto la *Crucifixión.* Además este crítico subraya la novedad de la dispersión de las figuras en torno a la cruz en distintos planos, así como la elegancia de dichas figuras.

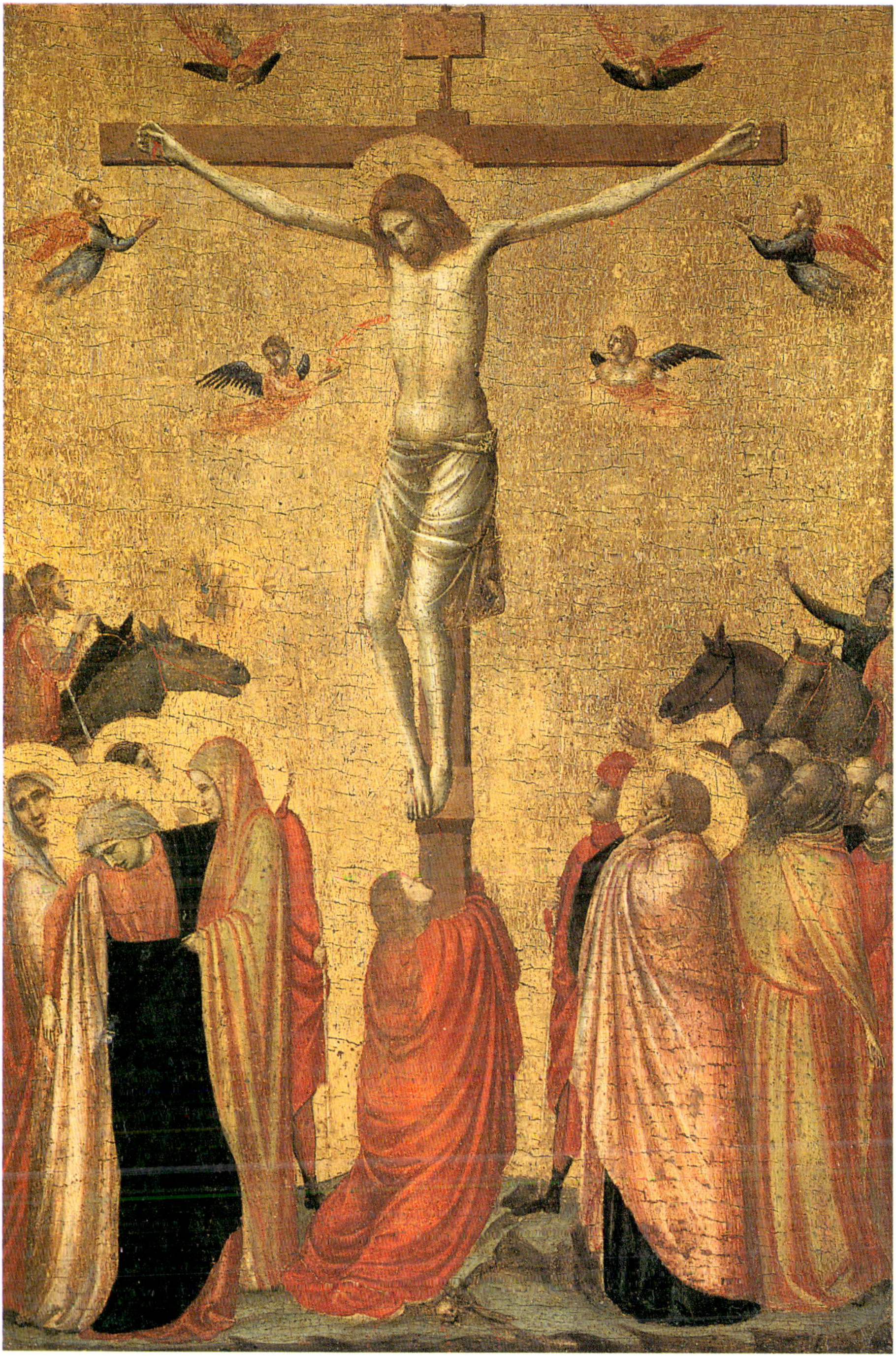

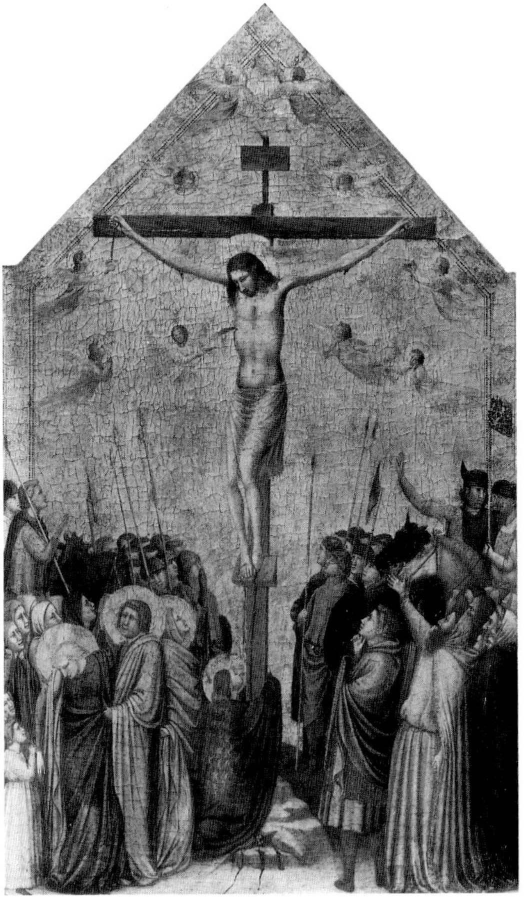

35.
Crucifixión

Témpera sobre tabla, 58 × 33 cm
Berlín-Dahlem, Staatliche Museen, Gemäldegalerie

La atribución a Giotto que planteó Bode fue luego confirmada por Longhi (1948). La calidad de la obra es tan elevada que llevó a Offner, que niega la autoría de Giotto, a inventar un "Maestro de la Crucifixión de Estrasburgo". Iconográfica y estilísticamente dependiente de la *Crucifixión* de la ficha anterior, esta pequeña tabla ha sido recientemente reintegrada por Bellosi (1982) al catálogo de Giotto.
El estado de conservación de la pintura es precario, agravado por una serie de grietas que dificultan aún más su lectura.

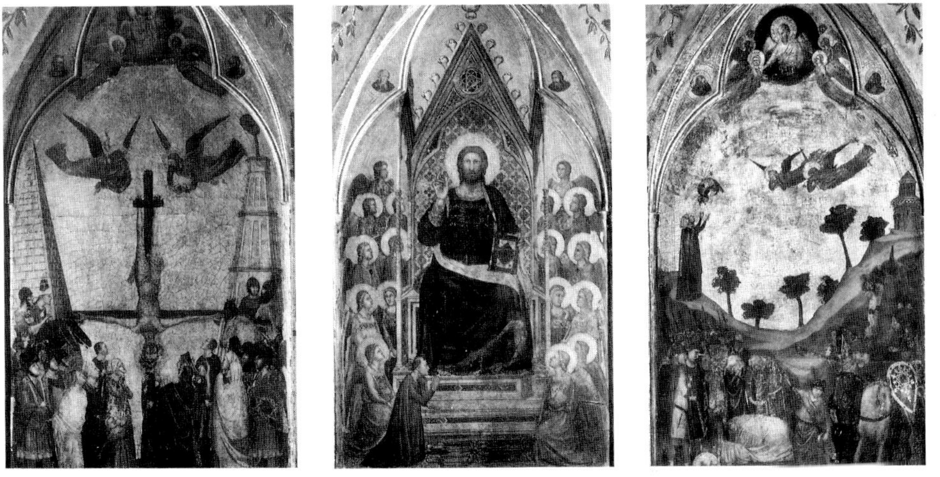

36.
Políptico Stefaneschi

Formado por tres compartimentos y una predela, pintada por ambos lados. En el anverso: *Santiago y San Pablo, San Pedro, entre Santos, ángeles y el donante, el cardenal Jacopo Caetani Stefaneschi y don Celestino V, y San Andrés y San Juan Evangelista*; en el reverso: *Crucifixión de San Pedro, Cristo en el trono y ángeles con el cardenal Stefaneschi y la Decapitación de San Pablo.* En la predela: *varios Santos* y, en el centro de su reverso, *La Virgen con el Niño en el trono*

Témpera sobre tabla
Roma, Pinacoteca Vaticana

A pesar de las frecuentes referencias al taller de Giotto (Previtali, Venturoli, Todini) aceptamos la tesis de Boskovits y Bellosi (1982) que no ponen en duda su autoría. En efecto, el políptico procede del altar mayor de San Pedro: es legítimo pensar que un encargo de tanta importancia haya sido hecho por el maestro en persona. Por otra parte, el epitafio de quien encargó la obra, el cardenal Stefaneschi, que aparece reproducido en ella, de 10 de julio de 1343, señala que él mismo encargó la obra a Giotto para el altar mayor de la Basílica de San Pedro. Ghiberti repite el mismo dato. Cuando en el siglo XVII se derribó la antigua Basílica de San Pedro, el arqueólogo Jacopo Grimaldi, encargado de ilustrar el aspecto de la vieja iglesia, confirmó, tal vez en base a una inscripción hoy perdida, que el políptico fue pintado por Giotto en 1320. La personalidad del cardenal merece una breve presentación. De noble cuna romana, nombrado cardenal de San Giorgio en Velabro por Bonifacio VIII, fue cultivador de las artes e inteligente mecenas. Como ya se ha dicho, encargó el mosaico de la *Nave* para el cuatripórtico de la Basílica de San Pedro. Al trasladarse a Aviñón, tras la muerte de Bonifacio VIII, continuó en

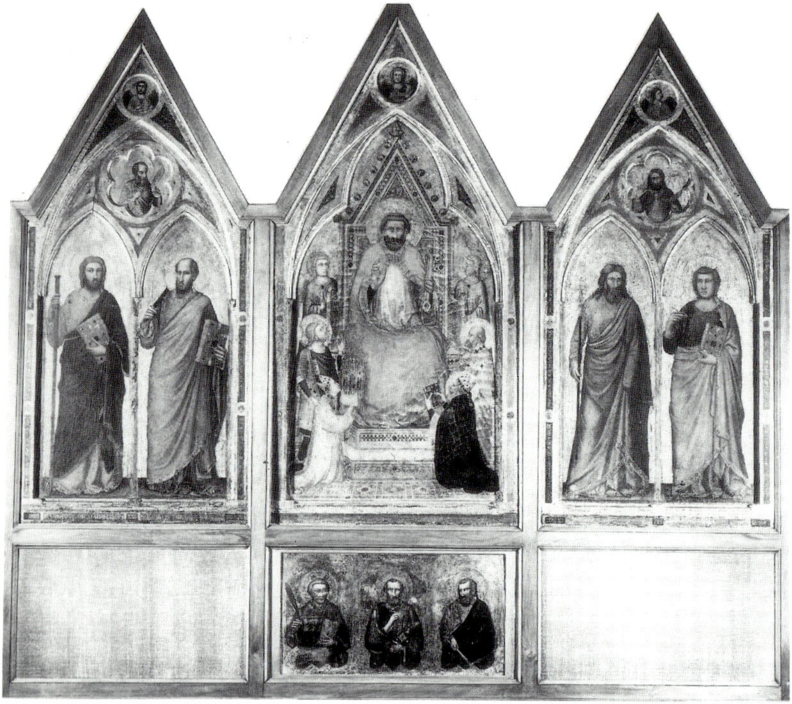

r

el ambiente gótico de la corte papal de Francia su trabajo como mecenas. En un viaje a Roma que hizo durante su larga permanencia en Aviñón, donde murió, encargó a Giotto este políptico y la decoración pictórica de toda la tribuna de San Pedro (véase ficha siguiente) (Hueck, 1972; Gardner, 1974; Regionieri, 1981).
Es probable que el lado del políptico expuesto al público fuera el que reproducía a San Pedro, titular del altar, bajo el cual está su tumba, para representar a la Iglesia y al papado. La figura de Cristo, dirigiéndose a los canónigos, debía construir la contraimagen del Papa.
En cuanto a la fecha del políptico es importante señalar que Celestino V, representado al lado del cardenal Stefaneschi, fue santificado en 1313. La fecha del políptico hay que situarla en todo caso después, puesto que la biografía que dedicó el cardenal a Celestino V se escribió en 1316-17.
La calidad del políptico, unánimemente reconocida, se manifiesta en los sorprendentes detalles, en el perfecto cálculo de espacios y volúmenes, en el preciosismo cromático y en la sutil elegancia gótica. Resulta evidente, aunque se confirme la paternidad de Giotto en la ejecución de la obra, una conexión con los frescos de su taller en la decoración del transepto derecho de la Iglesia inferior de San Francisco en Asís. El políptico ha sido recientemente restaurado.

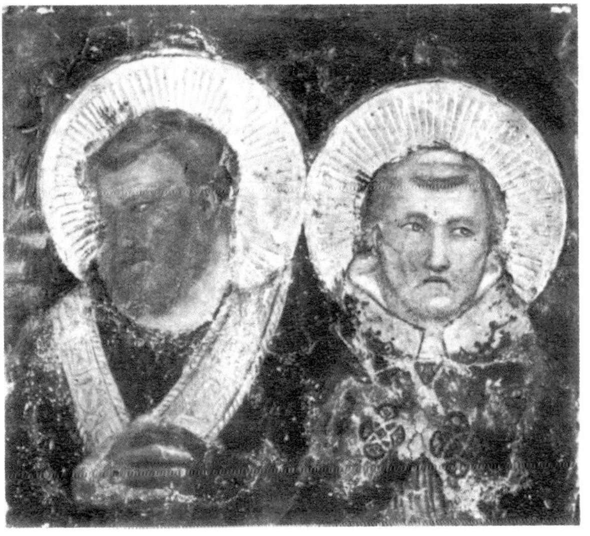

37.

San Pedro y San Pablo (?)

Fresco fragmentario separado del muro
Asís, colección Eredi Fiumi

Una inscripción de 1625, que está en la parte trasera del fragmento, cita las dos figuras reproducidas como los santos Pedro y Pablo, recordando el fresco que se había sacado pocos años antes de la antigua Basílica de San Pedro. Por tanto, los dos santos estarían relacionados con la desaparecida decoración de la tribuna realizada por Giotto, de acuerdo con un testimonio de la época y con la atribución de Ghiberti. La autoría de Giotto fue defendida sobre todo por Battisti (1960). Las dudas expresadas por los críticos parecen obedecer a los varios repintes.

38.
Políptico Baroncelli

Cinco paneles: en el centro, la *Coronación de la Virgen,* y en los paneles laterales: *Gloria con ángeles y Santos;* en la predela, dentro de hexágonos, se reconoce a *San Juan Bautista, Cristo muerto, San Francisco y San Onofre*
Firmado "OPUS MAGISTRI JOCTI"

Témpera sobre tabla, 185 × 323 cm
Florencia, Iglesia de la Santa Croce

Eterno y ángeles

Tabla rematada en cúspide
San Diego (California), Fine Arts Gallery

El políptico, formado por cinco compartimentos y la pradela, se encuentra aún en su sede originaria: la capilla de la familia Baroncelli en la Santa Croce. La cúspide, con la reproducción del *Eterno,* que Berenson atribuyó a Giotto, ha sido relacionada con el conjunto por Zeri (1957).
Citado por Ghiberti, aunque en pasaje no muy claro, el políptico es recordado por Vasari con la aclaración de que los penachos entre los címbreos de los cinco paneles fueron pintados con querubines en el siglo XV. A. Venturi, Toesca y Salvini se inclinan a ver en el políptico, aunque aparezca firmado por Giotto, la mano de Taddeo Gaddi, uno de sus más fieles ayudantes florentinos, autor de los frescos de la capilla Baroncelli. Longhi (1957) defendió la presencia del maestro en la obra, y en 1967 Previtali también defendió la intervención directa de Giotto, aunque con escasa dedicación, situando la ejecución del políptico casi al final de su vida activa.
Actualmente se nota una tendencia crítica a revalorizar el políptico y dar plena credibilidad a la firma del Maestro, situando la obra a finales de los veinte, relacionándola con una tumba que hay junto a la capilla, que también indica la cronología de los frescos de Taddeo Gaddi, en 1328 (Bellosi, Boskovits).
Merece especial atención la representación de una única gran acción escénica a pesar de la subdivisión en cinco paneles, como si la escena fuera vista por el espectador a través de las cinco arcadas de la cornisa.

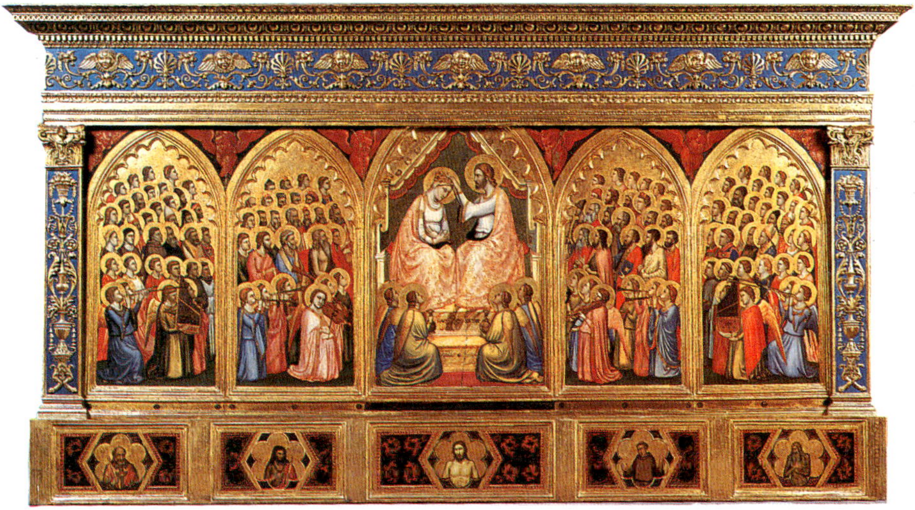

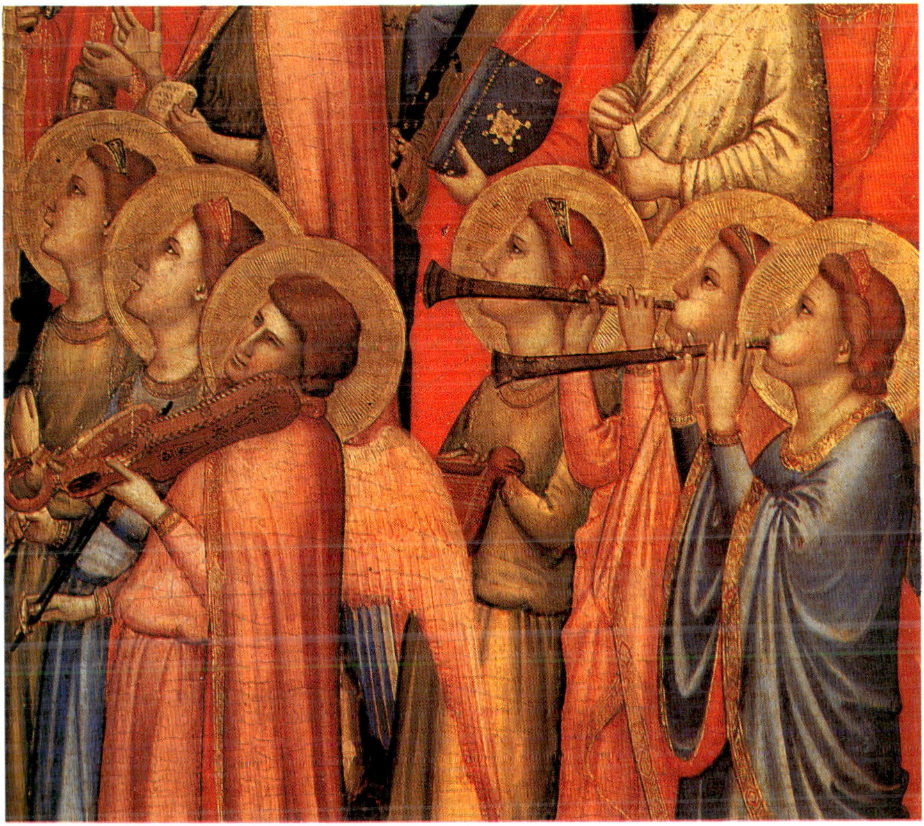

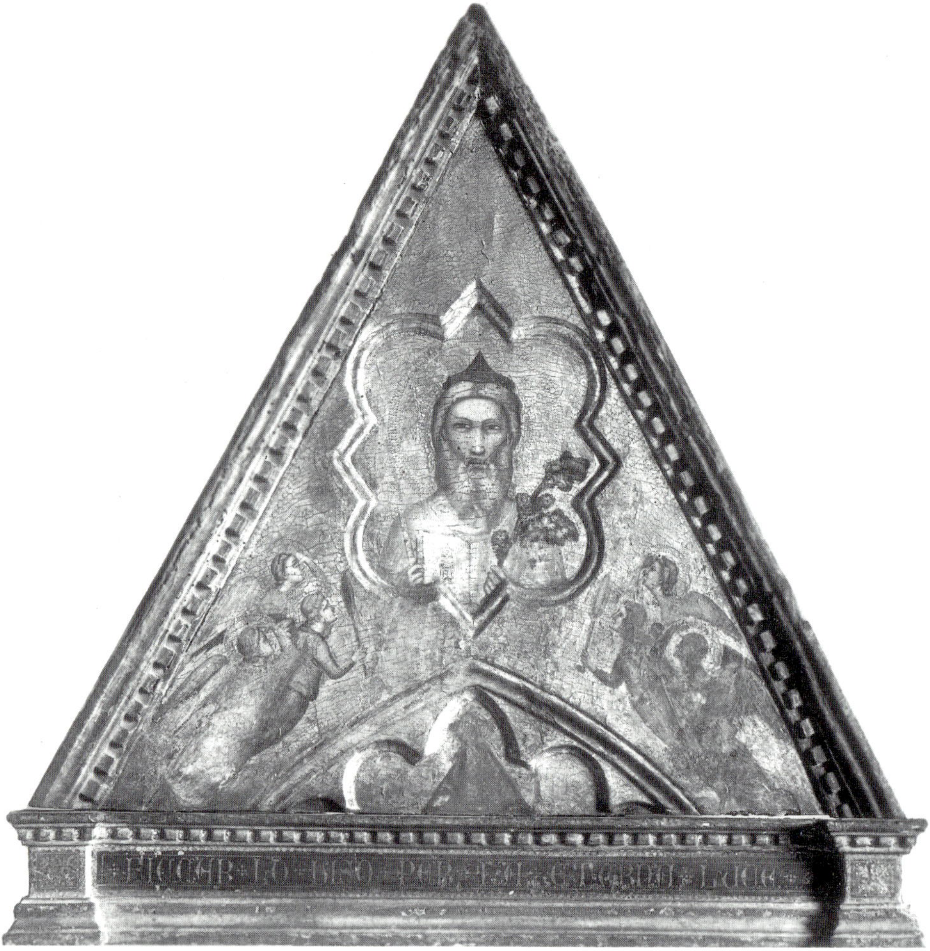

Eterno y ángeles.

39.
Historias franciscanas

Frescos
Florencia, Santa Croce, capilla Bardi

Se trata de varios episodios de la vida de San Francisco: *La renuncia a los bienes*, en el luneto superior de la pared izquierda; *Confirmación de la regla*, en el luneto contrario; inmediatamente debajo: *Prueba del fuego ante el sultán* y *Aparición al Capítulo de Arlés*; sobre la pared de enfrente, *Funerales de San Francisco y verificación de los estigmas*; inmediatamente debajo y en la pared opuesta, a la derecha, *Aparición a fray Agustín y al obispo de Asís*. A los lados de la ventana había cuatro santos franciscanos pintados, de los que sólo quedan tres: los santos Ludovico de Toulouse, Clara e Isabel de Hungría. En la bóveda se conservan las alegorías de la Castidad, la Pobreza y la Obediencia.
En el exterior: *Estigmas de San Francisco*.
Los frescos quedaron tapados por el enlucido en el siglo XVIII, al adosarles unos monumentos funerarios cuya huella se ve aún en los grandes vacíos. En 1852, al ser redescubiertos los frescos, se rellenaron los vacíos con espesos repintes. Gracias a la intervención de Tintori (1957), bajo la supervisión de Ugo Procacci, se recuperó el estado originario de los frescos, que al margen de los vacíos, estaban en buenas condiciones, gracias a la cuidada ejecución de la técnica del fresco.
Los Bardi, familia de ricos y poderosos banqueros, poseían cuatro capillas en la Santa Croce. No se tienen noticias sobre esta capilla, pero parece ser la más antigua y haber sido construida por Rodolfo Bardi. La fecha de construcción de los muros podría ser 1310. Si es cierto, como unánimemente se admite, que Giotto decoró la capilla a finales de los veinte, puede que la capilla estuviera anteriormente adornada otros elementos que fueron sustituidos por los frescos de Giotto.
Al contrario que en el ciclo de la capilla Peruzzi, estos frescos hay que verlos colocándose en el centro de la capilla: se nota que Giotto tuvo en cuenta los distintos niveles en que estaban colocadas las historias, por lo que los edificios de los registros más altos presentan los escorzos más marcados. Se acentúan las actitudes solemnes y se concentran los movimientos en unos pocos y calibrados gestos. Respecto a la etapa de orientación gótica que se refleja en el transepto de la Basílica inferior de Asís, aquí se verifica su clara superación, sustituida por una simplificación y racionalización que pueden definirse como clásicas.
Bellosi ha señalado que en este ciclo San Francisco es reproducido sin barba, a diferencia de la tradición iconográfica anterior. Se trata de la influencia de la tendencia revisionista imperante en la Orden franciscana representada por los Conventuales, que trataban de modificar la imagen del santo no sólo en su significado pauperista, sino incluso en el aspecto físico. En efecto, San Francisco aparece aquí vestido según la moda de la rica burguesía del momento.

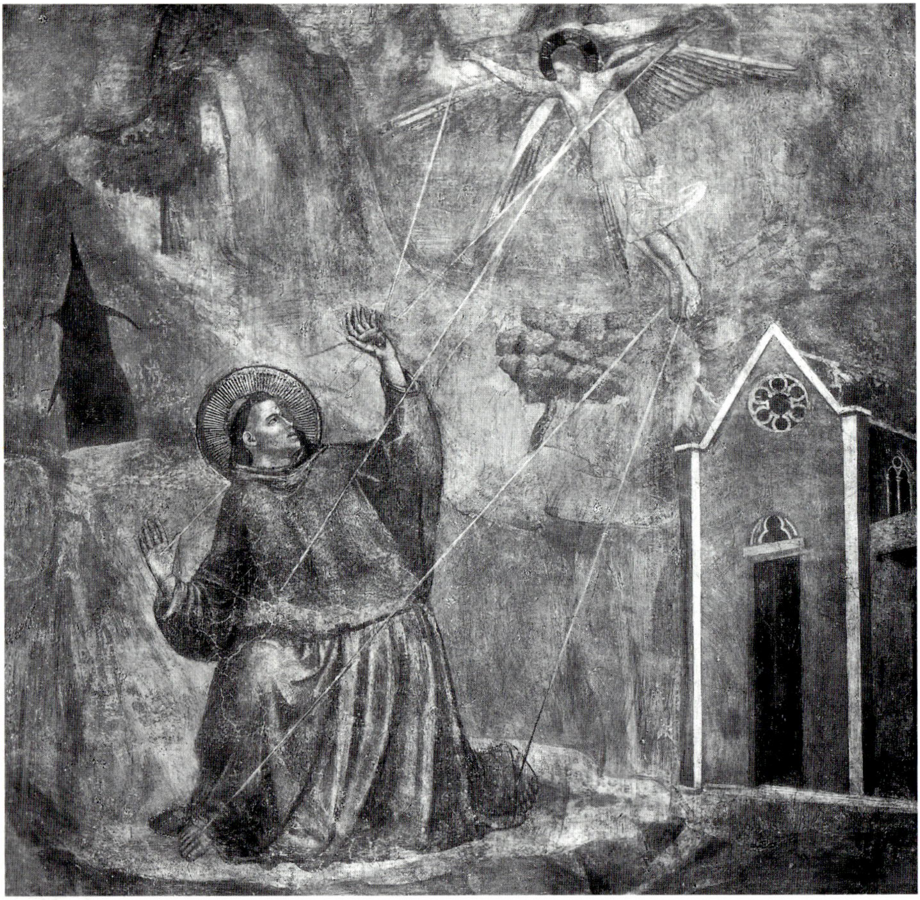

Estigmas de San Francisco.

La fecha de 1317, de la canonización de San Ludovico de Toulouse, reproducido junto a la ventana, es simplemente un genérico elemento antequem, pues la cronología del ciclo es posterior.
Resultan interesantes las hipótesis de Conti (1972) relativas a la iconografía de los frescos, que hay que relacionar con la situación política de la Orden franciscana.

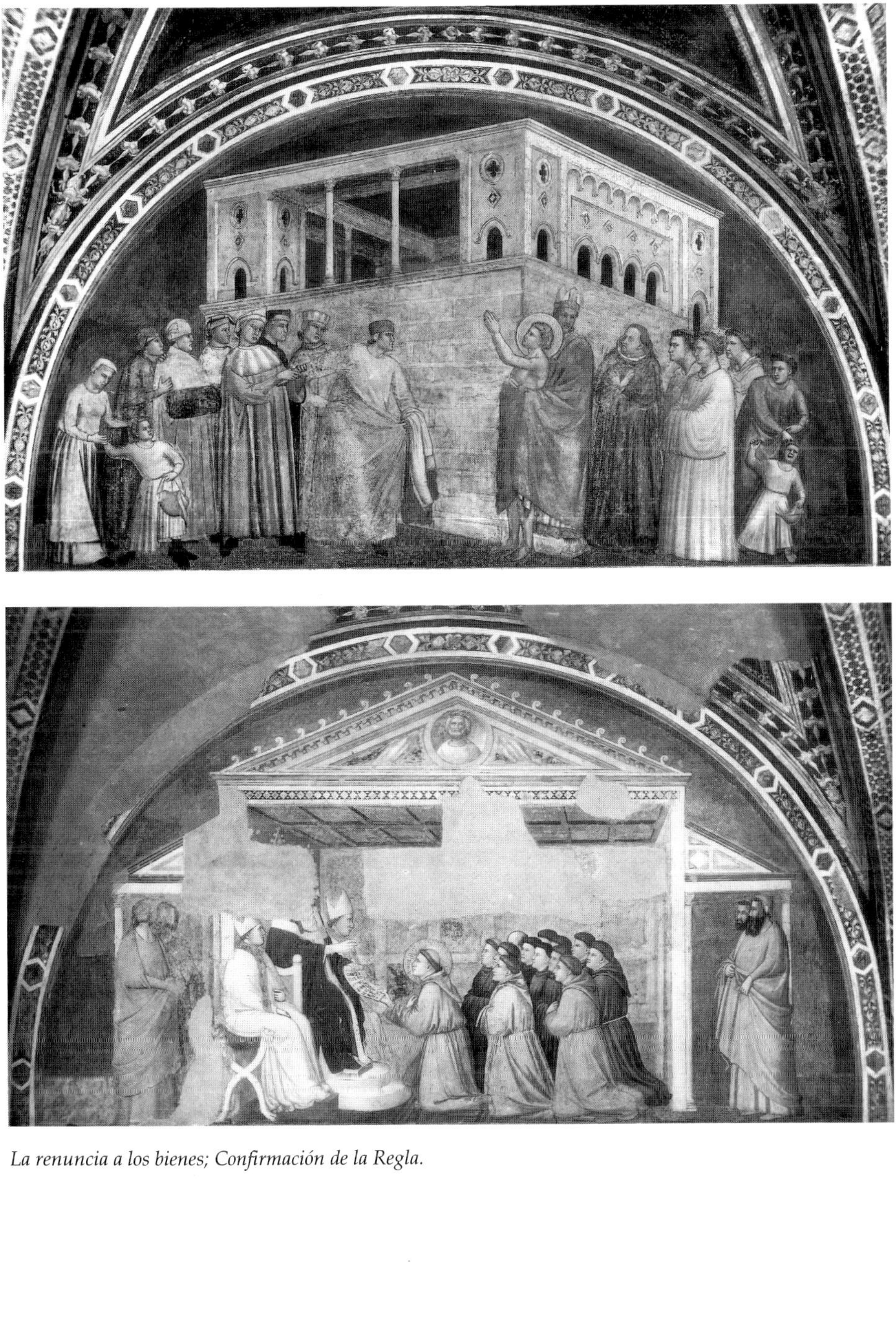

La renuncia a los bienes; Confirmación de la Regla.

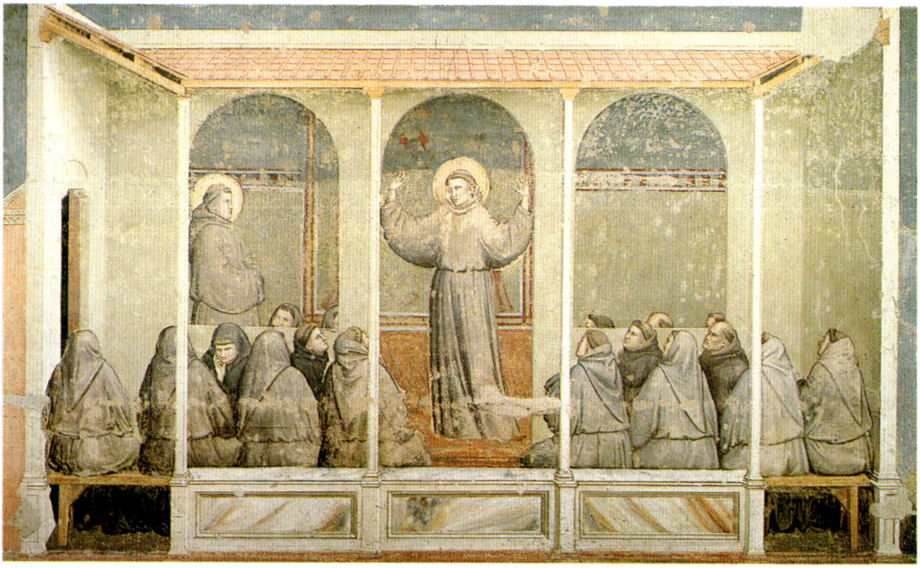

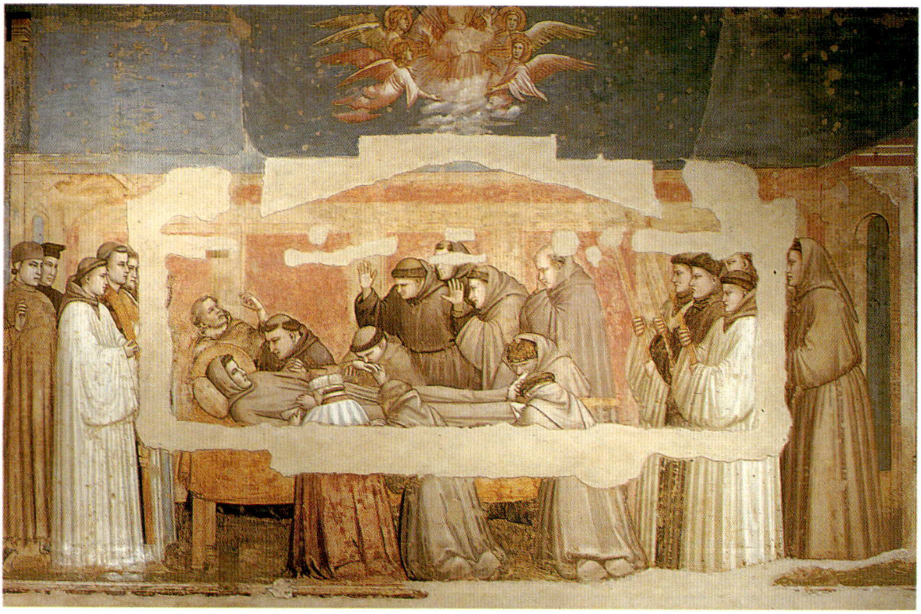

Aparición al Capítulo de Arlés; Funerales de San Francisco y verificación de los estigmas.

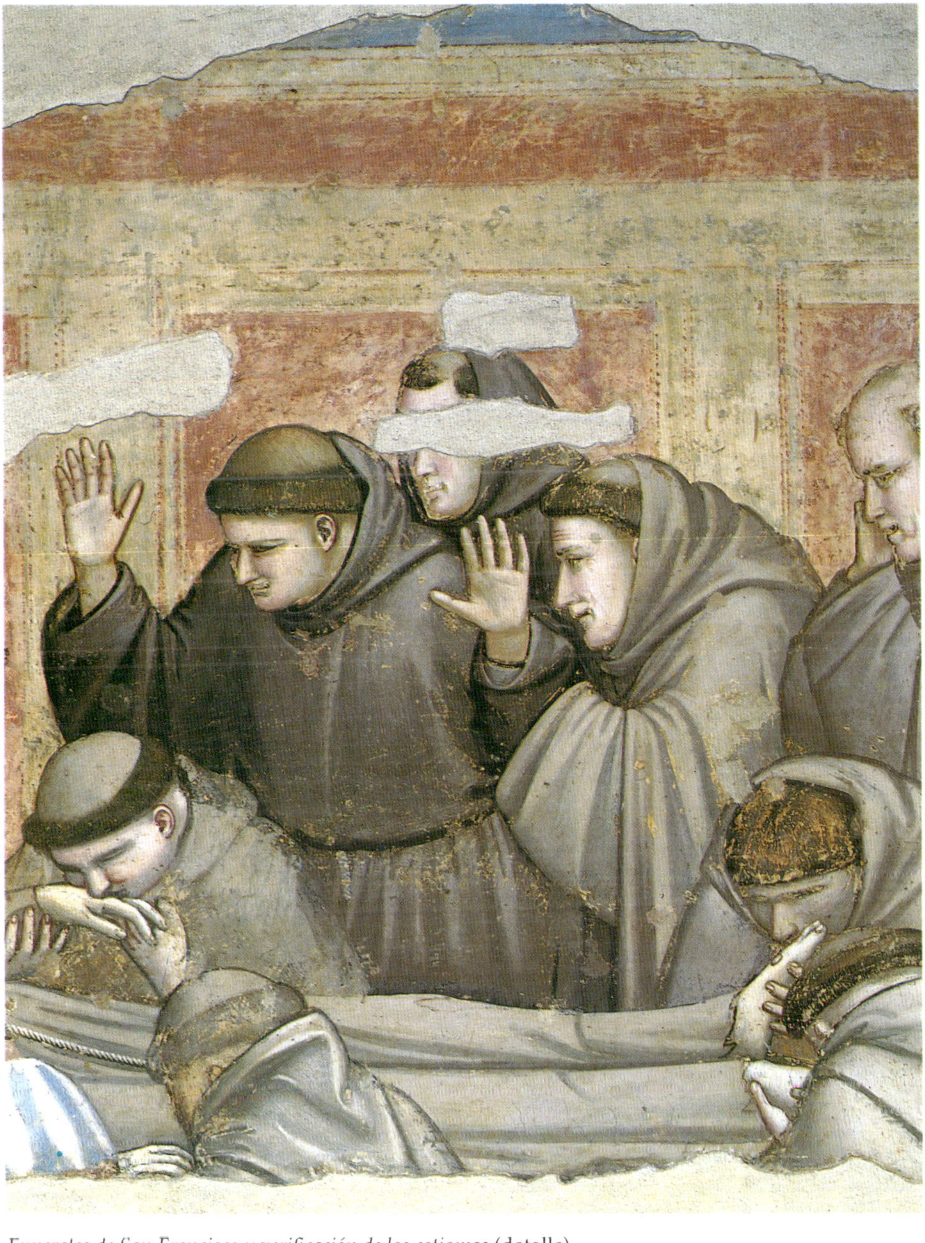

Funerales de San Francisco y verificación de los estigmas (detalle)

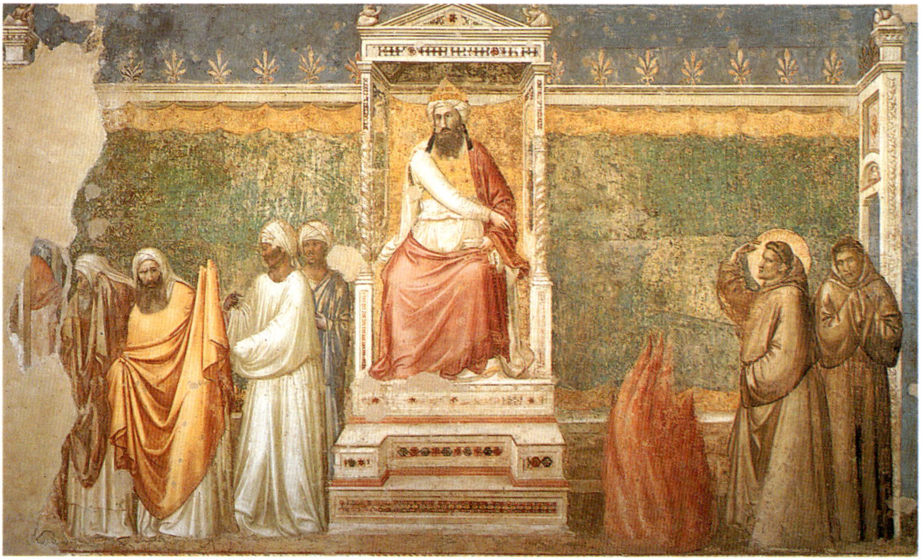

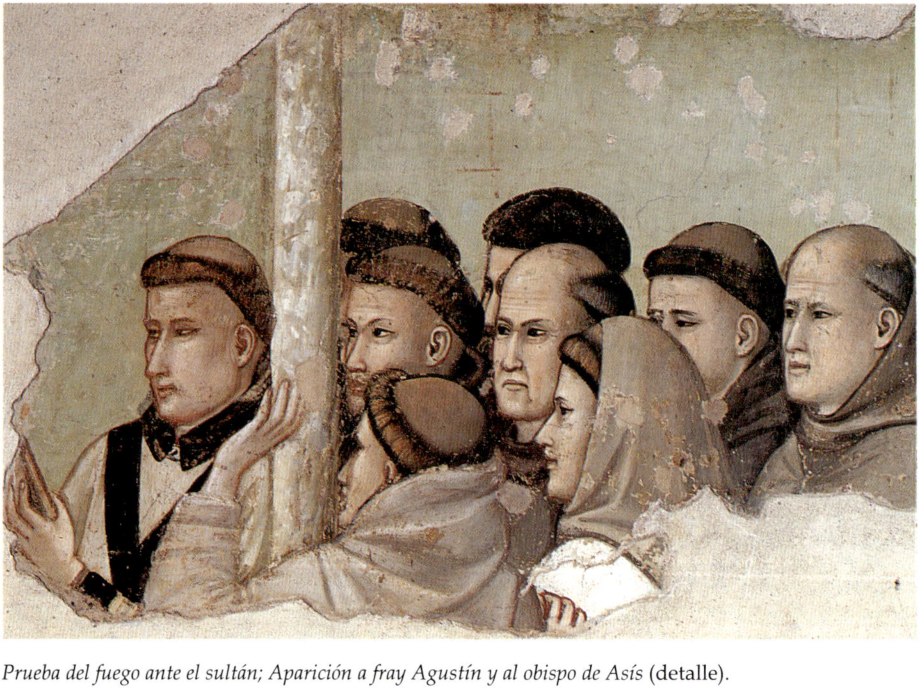

Prueba del fuego ante el sultán; Aparición a fray Agustín y al obispo de Asís (detalle).

San Ludovico de Toulouse. ➤

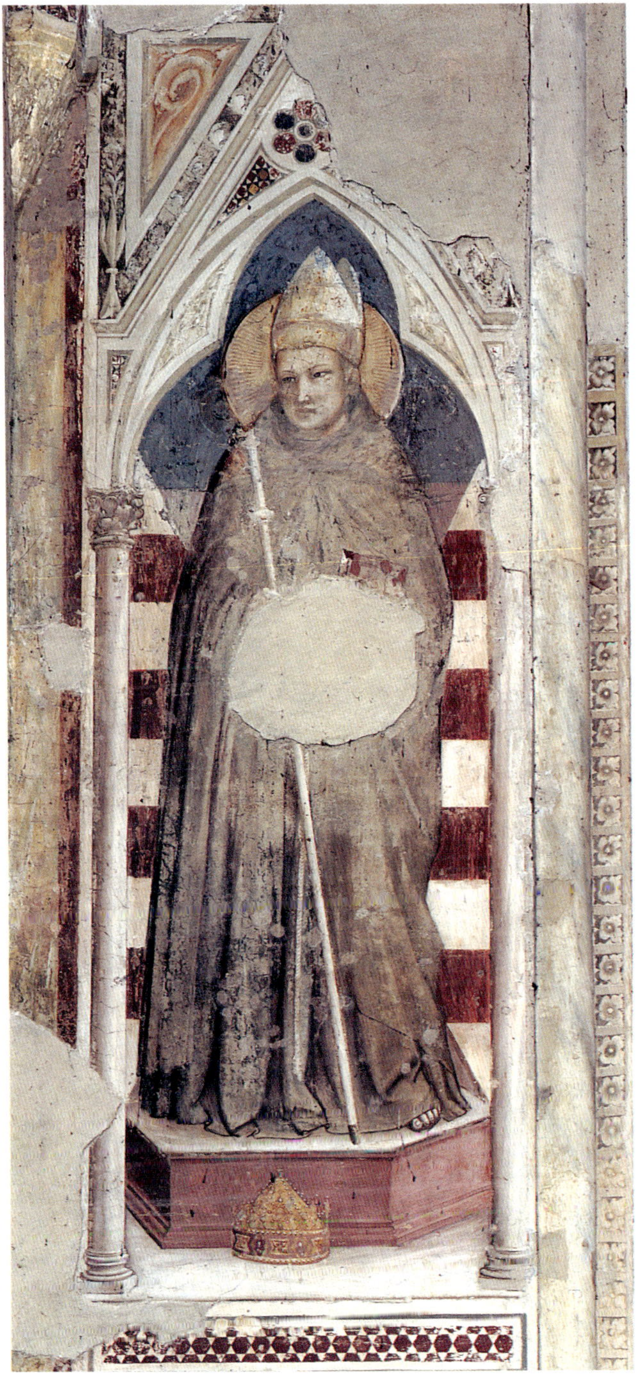

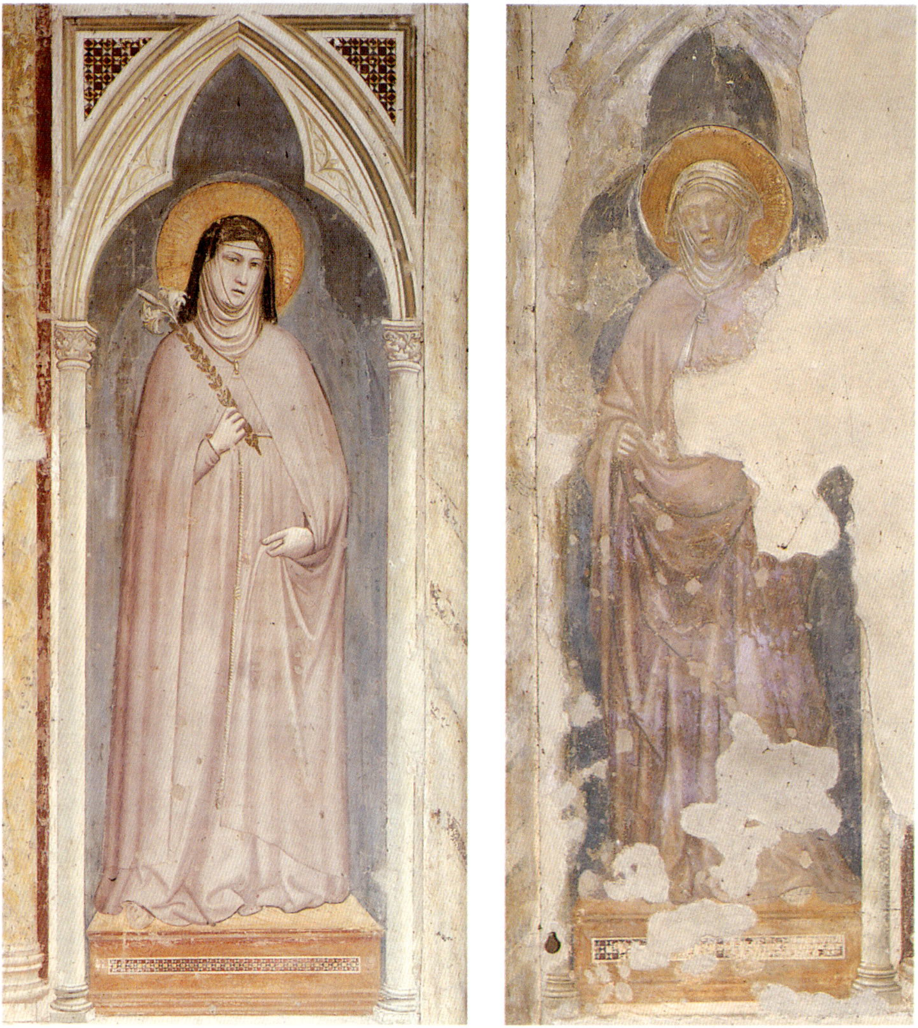

Santa Clara; Santa Isabel de Hungría.
Elementos decorativos con figuras grotescas. ➤

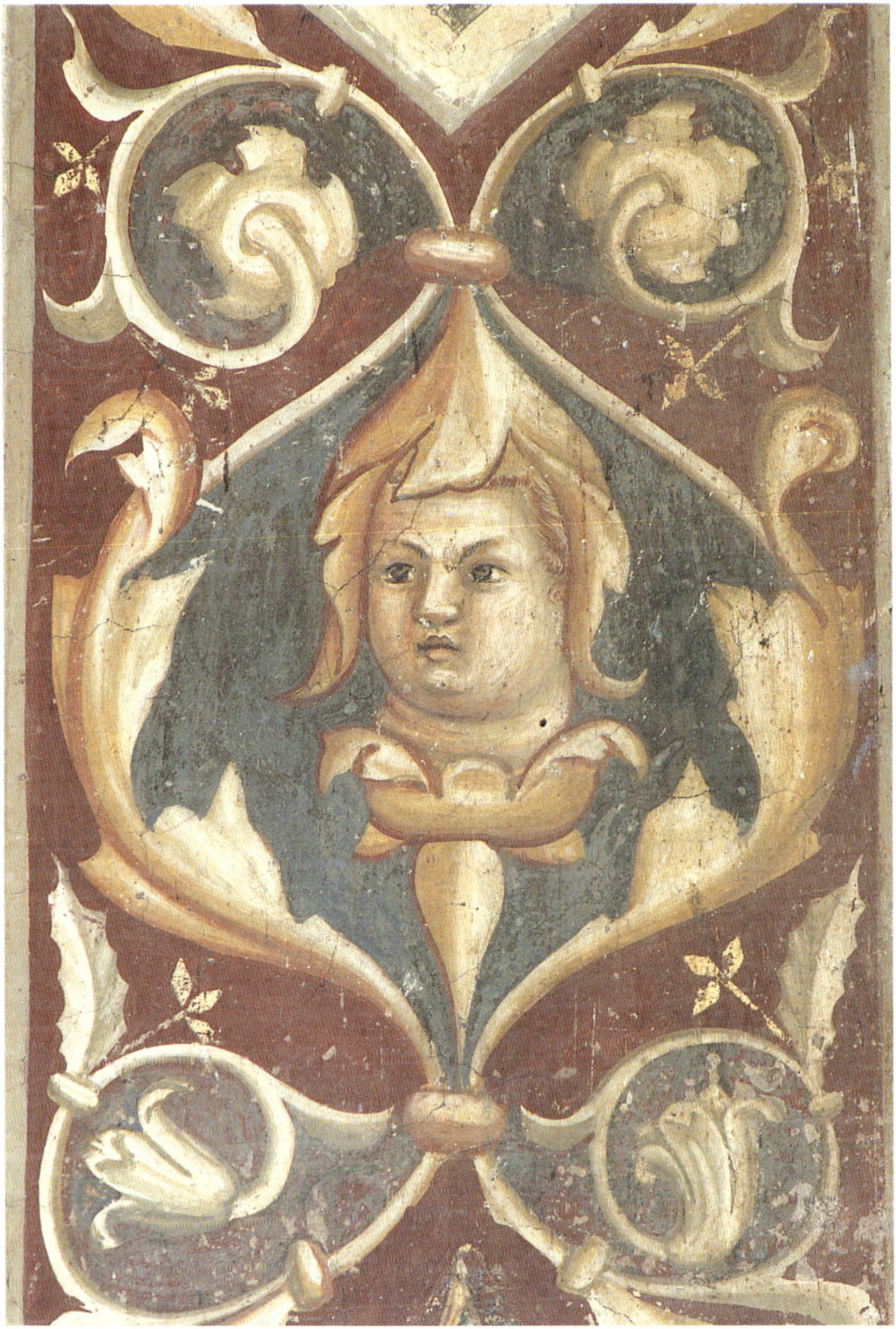

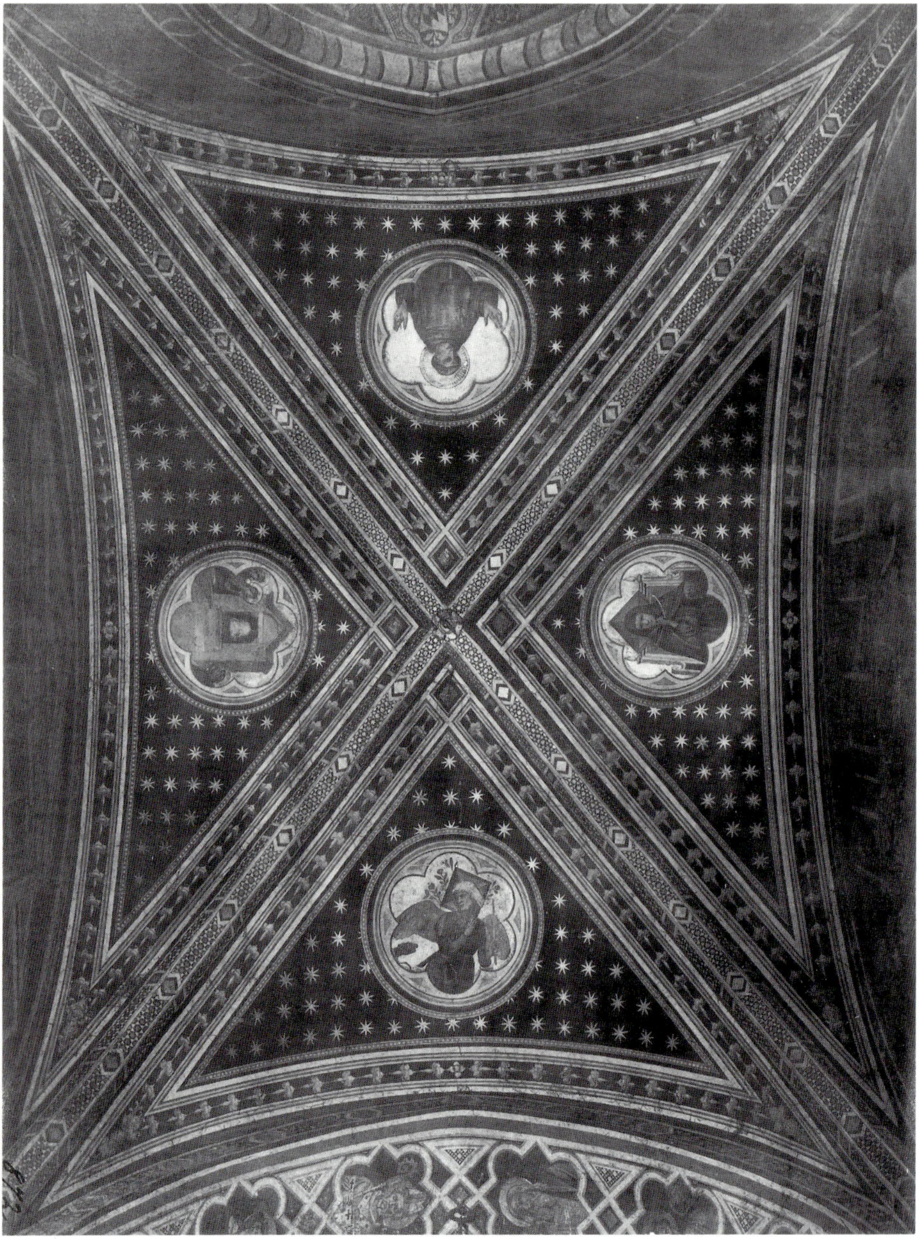

Bóveda con tres figuras alegóricas y figura de San Francisco.

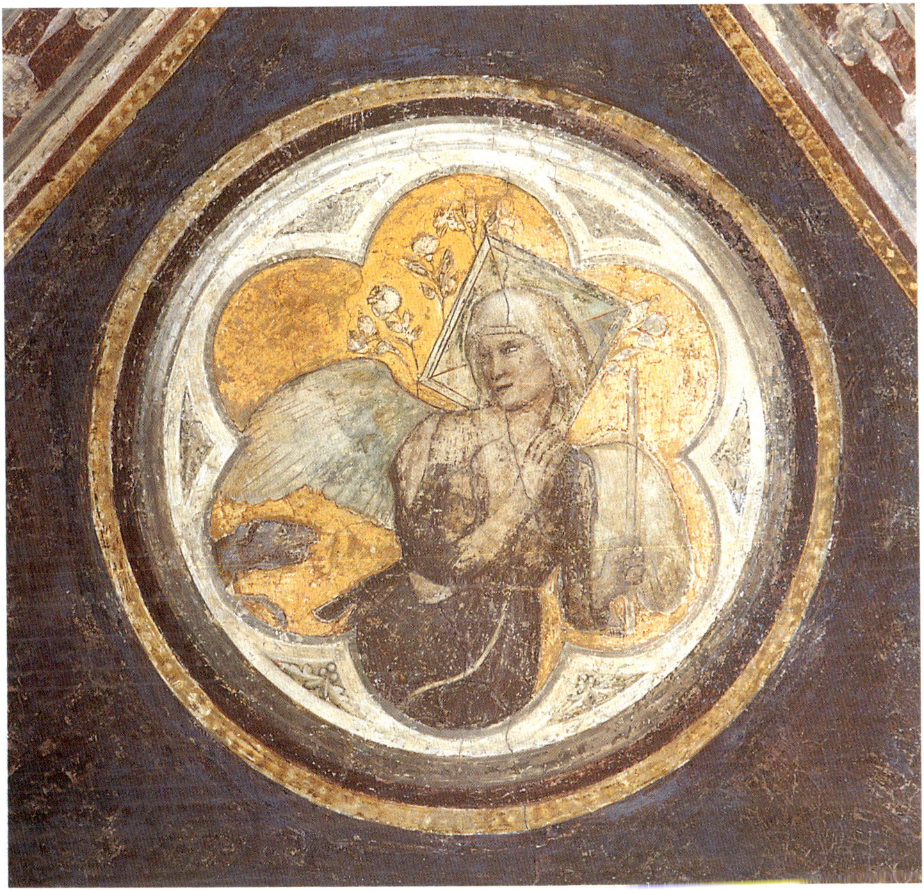

Alegoría de la Castidad.

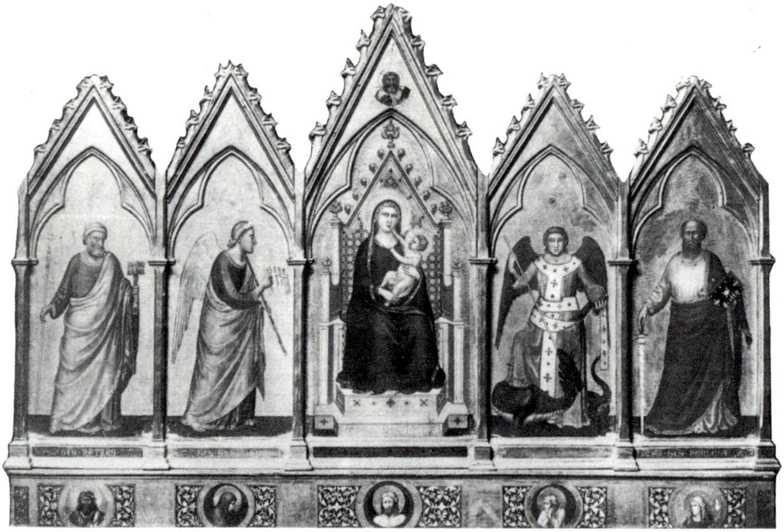

40.
Políptico de Bologna

En el centro: la *Virgen con el Niño*; a la izquierda: *San Pedro y el Arcángel Gabriel*; a la derecha: *el Arcángel Miguel y San Pablo*; en la predela: *Cristo y los Santos*
Firmado: "OPUS MAGISTRI JOCTI DE FLORENTIA"

Témpera sobre tabla, 91 × 340 cm
Bologna, Pinacoteca Nacional

El políptico procede de la iglesia boloñesa de Santa Maria degli Angeli, que sabemos fue construida después de 1328 (Gnudi, 1959; Baccheschi, 1967). Además, Malvasia dice que el autor del encargo de la iglesia la dotó en 1330. En esa época, Giotto se encontraba en Nápoles; sin embargo, es probable que fuera personalmente a Bologna, puesto que hay noticias en la *Crónica de Giacomo Ronco,* escrita a comienzos del XV, de un ciclo de frescos realizados por Giotto en 1329 en la capilla del castillo del cardenal-legado de Bologna destruido en 1420 (Boskovits, 1982).
Dentro de la evolución artística de Giotto, este políptico indica con precisión la notable capacidad de llenar el espacio con estructuras humanas cuyo volumen y anchura alcanzan efectos de intensa síntesis e increíble fuerza magnética.
Resulta importante señalar la posición de la Virgen que constituirá un modelo para la Madonna de Santa María de Ricorboli, del círculo de Giotto, y para la de los frescos del Bargello (véase ficha siguiente).

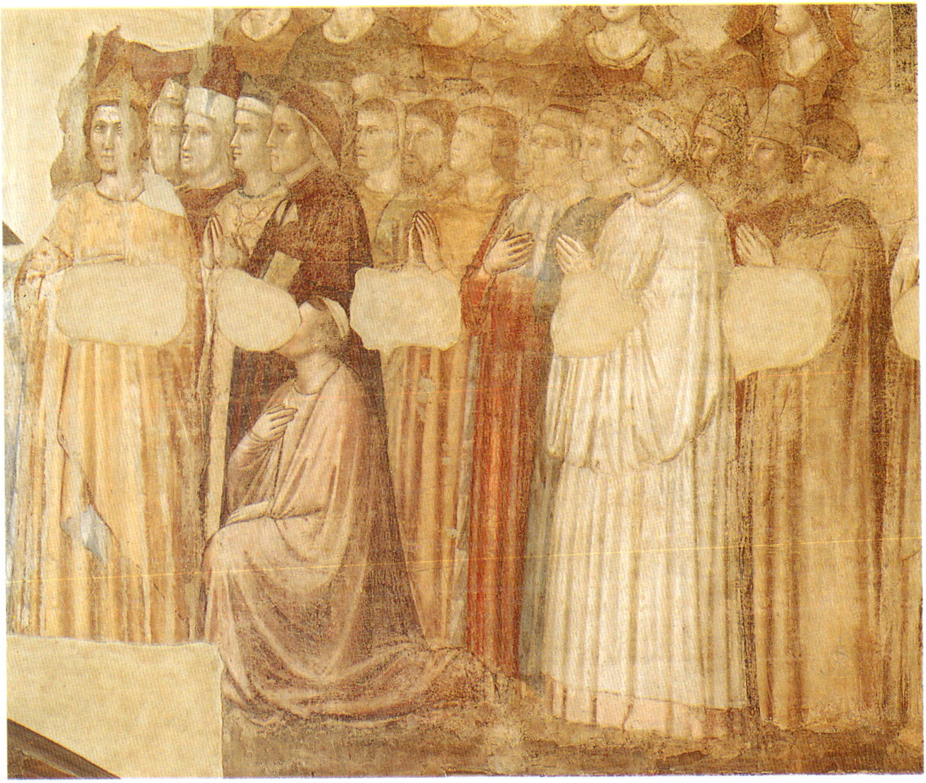

41.
El Juicio Universal; Historias de la Magdalena y de San Juan Bautista

Frescos
Florencia, Palacio del Bargello, capilla del Podestá

En la pared del altar: *Cristo juez con los elegidos*; en la pared de entrada: *El Infierno*; en las paredes laterales: *Historias de la Magdalena y de San Juan Bautista*
Algunos temas aquí representados y desgraciadamente poco legibles por las malas condiciones de conservación son comprensibles a través de otras versiones anteriores realizadas por Giotto, permitiendo verificar la paternidad del ciclo, al menos en algunas escenas (Boskovits, 1982). Parece que el artista pintó aquí su propio retrato junto al de Dante.
Una inscripción *in situ* recuerda que los frescos fueron realizados en tiempos del podestá que ocupaba el cargo entre julio y diciembre de 1337. Es sabido que Giotto murió en enero de 1337 y, por tanto, es posible que el maestro

pusiera en marcha el trabajo, presumiblemente iniciado unos meses antes. Un detallado análisis de la textura de los enlucidos ha demostrado que los lados cortos de la capilla, que llevan el Infierno y el Paraíso, fueron pintados primero. Es por tanto posible que en estas partes interviniera el maestro en mayor medida. En efecto, en ellas se adivinan algunos elementos compositivos y estilísticos típicos de su última fase, como la acentuación de la simplicidad de las figuras en un orden de composición clásico y solemne. Si bien el estado de conservación dificulta la lectura filológica, algunas escenas de las *Historias de la Magdalena,* que retoman iconografías ya utilizadas por Giotto en Padua y en la Basílica inferior de Asís, muestran una cerrada evolución de ideas antiguas orientadas hacia una acentuada simplicidad, como si se tratara de un replanteamiento por parte del propio Giotto. Sin embargo la ejecución pictórica, sobre todo en los registros altos, resulta ajena al maestro.

BIOGRAFÍA

Giotto di Bondone nació en Colle de Vespignano, cerca de Vicchio di Mugello, hacia 1267. La fecha de nacimiento la recoge el cronista florentino Antonio Pucci (1348-1388 aproximadamente) que sitúa su muerte en 1337 (año florentino de 1336) a la edad de sesenta años; parece equivocada la narración de Vasari (1550-1568) cuando cuenta que nació en 1276, mientras que Ragghianti anticipa la fecha casi una década. En la última década del siglo Giotto está comprometido en Asís, según Vasari por invitación de Giovanni da Murro, elegido en 1296 padre general de la Orden Menor de los franciscanos, para pintar al fresco las *Historias de San Francisco*. Es opinión ampliamente aceptada desde Thode (1885) la de que Giotto interviene a partir de las *Historias de Isaac*. Recientemente Bellosi ha defendido la tesis, anteriormente avanzada por Murray, de que la decoración de la Iglesia superior de Asís fue realizada casi unitariamente bajo el papado de Nicolás IV, entre 1288 y 1292 (véase lo que se dice en la ficha). El maestro trabajó con cierta continuidad con la Orden franciscana: la *Crónica* de Riccobaldo Ferrarese, escrita en 1312, recuerda que trabajó para esa orden en Asís, Rimini y Padua, de acuerdo a una concreta sucesión cronológica (Gnudi, 1957).

Vasari recuerda que estuvo en Roma para pintar al fresco la Galería de las Bendiciones en los Palacios Lateranenses: soló queda un fragmento que representa a *Bonifacio VIII proclamando el Jubileo*, considerado obra de un anónimo cavalliniano (Boskovits, 1982; Bellosi, 1985). La fama de Giotto, que ya trabajaba para ilustres personalidades, es recogida por documentos bastante fiables. En Florencia posee algunas propiedades documentadas en 1301 y 1305. En estos años trabaja en la Abadía Florentina, como confirman Ghiberti y Vasari; de ese trabajo queda un políptico en los Uffizi y unos Frescos restaurados en los años sesenta que son atribuidos al taller.

Los frescos de la capilla de San Nicolás en la Basílica inferior de Asís fueron decorados bajo su control y con su participación. Luego, tras una probable estancia en Rimini, documentada únicamente por la *Cruz* del Templo malatestiano (San Francisco), Giotto trabaja en Padua, llamado por los franciscanos, como ya hemos dicho. Aquí, entre 1302 y 1305, pinta al fresco la capilla de la Arena para Enrico Scrovegni. Antes de 1309 vuelve a Asís, porque en enero de este año Palmerino di Guido entrega en nombre de Giotto un contrato a un banquero local. Por tanto, se puede suponer que Giotto estuvo también en Asís en los años inmediatamente anteriores. De esta época es la decoración de la capilla de la Magdalena dirigida por Giotto y sus colaboradores.

En diciembre de 1311 y febrero de 1312 vuelve a Florencia, dedicándose a actividades comerciales. Antes de 1312 realiza el *Crucifijo* de Santa María Novella (que se remite a muchos años antes) y una tabla para San Domenico a Prato (perdida) puesto que ambas obras son citadas en el testamento de Riccuccio del fu Puccio del Mugnaio, que encargó el retablo de Prato. A estos años pertenecen la *Majestad* de Ognissanti y la *Cruz* de San Felice in Piazza, y probablemente inicia su obra en la iglesia franciscana de Florencia, la Santa Croce, con las pinturas de la capilla Peruzzi. A finales de 1313 nombra un procurador en Florencia para recuperar unas haciendas en Roma. A un posterior período romano se atribuyen los frescos del ábside de San Pedro del Vaticano, de los que queda un fragmento en la Colección Fiumi de Asís, y el políptico para el altar mayor de la Basílica de San Pedro, encargado por el cardenal Stefaneschi (ahora Museos Vaticanos) que corresponde a finales del segundo decenio. Mientras tanto, en 1319, realizó, al menos como director de los trabajos, la decoración del transepto derecho y de las paredes abovedadas sobre el crucero de la Iglesia inferior de Asís. En 1314 nombra procuradores en Florencia para obtener créditos, y en octubre de 1315 litiga con ser Grimaldo por un reparto de tierras en Colle Vespignano. Queda después documentado en Florencia hasta 1318, cuando da una dote a su hija Beatriz a través de su ya emancipado hijo Francisco, también pintor. Algunos autores sitúan en esta etapa una segunda estancia en Padua, basados en la narración de Vasari, que le sitúa allí después de 1316. En enero de 1322 adquiere tierras en Colle Val d'Elsa, su pueblo de origen; en noviembre de 1325 avala un préstamo, y en enero y en mayo de 1326 dota a su hija Clara. Son años de intensa actividad que desarrolla especialmente en la Santa Croce, donde dicen las fuentes que hizo los frescos de cuatro capillas, los respectivos polípticos y algunas vitrieras (Boskovits, 1984). Consta que en 1328 Giotto está en Nápoles al servicio del rey Roberto de Anjou. Para los Angevinos pintó Giotto una capilla en Castelnuovo (quedan algunas cabezas decorativas atribuidas a su alumno Maso di Banco) y "la sala del rey Humberto, de los hombres famosos" (Ghiberti), así como otra capilla en Santa Clara (Ghiberti), donde en el coro de las monjas se conserva un fragmentario *Duelo ante Cristo* y en la Sala María Cristina una *Crucifixión* de la escuela de Giotto (Bologna, 1967; De Castris, 1985-86). Por estos trabajos Giotto recibió varios pagos en diciembre de 1328, en agosto de 1329, en enero de 1330 y en mayo de 1331. El 20 de enero de 1330 el rey Roberto lo nombra su familiar, en marzo de 1332 le regala una suma de dinero llamándole "prothopictori familiari et fedeli nostro" y finalmente en 1332 le asigna una pensión anual por sus servicios. La actividad de Giotto en Nápoles está documentada hasta julio de 1333, pero probablemente fue interrumpida por una estancia en Bologna en 1329-1330, cuando realizó el políptico que está ahora en la Pinacoteca nacional y unos frescos hoy perdidos en la capilla de un castillo, recordados por las fuentes locales. En 1334 está de nuevo en Florencia, donde es nombrado jefe de trabajos de Santa Reparata e ingeniero jefe del Comune florentino. El 18 de julio del mismo año inicia el Campanario del Duomo y entrega los dibujos para las *Historias de la Creación* esculpidas por Andrea Pisano. Sigue en Florencia en septiembre de 1335; posteriormente es enviado por el Comune con los Visconti, de Milán (Gilbert, 1977; Bandera Bistoletti, 1986). Aquí pintó, en el destruido palacio de Azzone Visconti, una *Gloria mundana*. A su vuelta a Florencia murió poco después (el 8 de enero de 1337), habiendo organizado e iniciado la decoración de la capilla del Podestá en el Palacio del Bargello.

Sabemos por las fuentes que además Giotto trabajó en Arezzo, en Aviñón, en Ferrara, en Gaeta, en Lucca, en Pisa, en Ravenna, en Venecia y en Verona (véase la relación detallada publicada por Baccheschi, 1967, pp. 124-126).

ÍNDICE DE LUGARES

BIBLIOGRAFIA

En cuanto a la bibliografía anterior a 1967-70 se remite a las detalladas relaciones publicadas por Previtali en 1967, revisadas en la segunda edición de su monografía sobre Giotto de 1974; por Baccheschi en 1967, y por De Benedictis en 1973, en el segundo volumen de la monumental investigación bibliográfica de Salvini, continuada y completada hasta el año 1970. Aquí iniciamos la bibliografía en 1967.

1967 E. Baccheschi, en G. Vigorelli, *Giotto*, Milán.

C. Bellinati, *La Cappella degli Scrovegni di Giotto all'Arena (1300-1306)*, en "Padova e la sua Provincia", n. 11-12.

P. Dal Poggetto, *Omaggio a Giotto*, catálogo de la exposición, Florencia.

Dante e Giotto, Convegno di Studi promosso dalla Casa di Dante Alighieri, Roma, 9-11 noviembre, en "Il Veltro", XI, n. 6, pp. 749-866.

C. Gasparotto, *Sant'Antonio in Giotto e nella prima riedizione iconografica padovana*, en "Il Santo", VII, n. 2, pp. 207-217.

W. Kemp, *Zum Programm von Stefaneschi-Altar und Navicella*, en "Zeitsschrift für kunstgeschichte", XXX, n. 4, pp. 309-320.

G. Previtali, *Giotto e la sua bottega*, Milán (II ed. 1974).

1968 F. D'Arcais, *Affreschi giotteschi nella Basilica del Santo a Padova*, en "Critica d'Arte", n. 97, pp. 23-33.

L. Mack Bongiorno, *The Thema of the Old and new Law in the Arena Chapel*, in "The Art Bulletin", n. 1, pp. 11-20.

G. Marchini, en AA.VV., *Il primo Rinascimento a Santa Croce*, Florencia, pp. 55-82.

P. Rotondi, *Giotto nella cappella della Maddalena*, en "L'Arte", n.e., n. 1, pp. 74-97.

1969 F. Bologna, *Novità su Giotto. Giotto al tempo della cappella Peruzzi*, Turín.

F. Bologna, *I pittori alla Corte Angioina a Napoli*, Roma.

E. Garin, *Il Francescanesimo e le origini del Rinascimento*, en *L'età nuova. Ricerche di storia della Cultura dal XII Al XVI secolo*, Napoli, pp. 115-136.

Giotto e i Giotteschi in Assisi, a cargo de G. Palumbo, Roma. Véanse sobre todo los ensayos de M. Gosebruch, pp. 129-197; G. Previtali, pp. 93-128; P. Scarpellini, pp. 241-262, y C. Volpe, pp. 15-52.

C. L. Ragghianti, *Percorso di Giotto*, en "Critica d'Arte", n. 112-112, pp. 3-78.

S. Raspi Serra, *Nuove ipotesi per le "vele" di Assisi*, en "Commentari", XX, pp. 20-36.

J. H. Stubblebine, *Giotto the Arena Chapel*, Londres.

P. Venturoli, *Giotto*, en "Storia dell'Arte", pp. 142-158.

1970 C. L. Ragghianti, *Ricognizioni padovane*, en "Critica d'Arte", n. 113, pp. 37-48.

1971 C. Bellinati (1), *Il Giudizio Universale nella cappella di Giotto all'Arena*, en "Patavium", n. 1.

C. Bellinati (2), *Ricerche storiche nella cappella degli Scrovegni*, en "Patavium", n. 2, pp. 57-62.

Giotto e il suo tempo, Atti del Congresso internazionale per il VII centenario della nascita di Giotto (1967), Roma. Véanse, sobre todo: F. Bologna, pp. 265-298; R. Meoli Toulmin, pp. 177-189; A. Prosdomici, pp. 135-147; R. Salvini, pp. 97-104; C. Volpe, pp. 253-264.

M. Boskovits (1), *Nuovi studi su Giotto ad Assisi*, en "Paragone", n. 261, pp. 34-56.

M. Boskovits (2), *Un pittore espressionista del Trecento umbro*, en *Atti del sesto convegno di Stufi umbri* (1968), Perugia, vol. I, pp. 115-130.
A. Smart, *The Assisi problem and the Art of Giotto. A study of the legend of St. Francis in the Upper Church of San Francesco, Assisi*, Oxford.

1972 C. Bellinati, *Tipologia e arte nei medaglioni della cappella di Giotto all'Arena*, en "Padova e la sua Provincia", n. 5.
A. Conti, *Pittori in Santa Croce*, en "Annali della Scuola Normale di Pisa", pp. 247-263.
I. Hueck, *Das Datum des nekrolog fuer Kardinal Jacopo Stefaneschi in martyrologium der Vatikanischen Basilika*, en "Mitteilungen des Kunsthistorisches Instituts in Florenz", XXI, pp. 219-220.

1973 C. De Benedictis, *Giotto. Bibliografía*, vol. II, Roma.
V. Martinelli, *Un documento per Giotto ad Assisi*, en "Storia dell'Arte", XIX, pp. 193-208.

1974 L. Bellosi, *Buffalmacco e il trionfo della morte*, Turín.
C. Bellinati, *La Cappella di Giotto e le miniature dell'Antifonario "giottesco" della cattedrale (1306)*, en *Da Giotto a Mantegna*, catálogo de la exposición, Padua, pp. 23-30.
J. Gardner, *The Stefaneschi Altarpiece: a Reconsideration*, en "Journal of the Courtauld and Warburg Institutes", XXXVII, pp. 57-103.
J. Le Goffe, *L'Italia fuori d'Italia*, en *Storia d'Italia*, Turín, vol. II, t. II, pp. 1935-2085.
G. Miccoli, *Storia Religiosa*, en *Storia d'Italia*, vol. II, t. I, pp. 431-1071.
A. Smart, *Some Unpublished Copies of Frescoes at Assisi*, en "Apollo", pp. 228-231.

1974-75 D. Giunta, *Appunti sull'iconografia delle storie della Vergine nella cappella degli Scrovegni*, en "Rivista dell'Istituto Nazionale d'Archeologia e Storia dell'Arte", pp. 79-103.

1975 C. Bellinati, *La cappella dgli Scrovegni*, en *Padova, Basiliche e chirse*, Vicenza.
M. Boskovits, *Pittura fiorentina alla vigilia del Rinascimento*, Florencia.
B. Maginnis, *Assisi revisited. Notes on recent Observations*, en "The Burlington Magazine", CXII, pp. 511-517.
A. Tantillo Mignosi, *Osservazioni sul transetto della Basilica Inferiore di Assisi*, en "Bollettino d'Arte", pp. 129-142.

1976 M. Ferretti, *Una croce a Lucca, Taddeo Gaddi e un nodo di tradizione giottesca*, en "Paragone", n. 317-319, pp. 34 sgs.
R. Simon, *Towards a relative Chronology of the Frescoes in the Lower Church of Assisi of San Francesco at Assisi*, en "The Burlington Magazine", pp. 361-366.

1977 L. Bellosi, *Moda e cronologia. A) Gli affreschi della basilica Inferiore di Assisi*, en "Prospettiva", n. 10, pp. 21-30.
L. Bellosi, *Moda e cronologia. B) Per la pittura del primo Trecento*, en "Prospettiva", n. 11, pp. 12-26.
H. Belting, *Die Oberchirche von San Francesco in Assisi. Ihre Dekoration als Aufgabe und die Genese einer neuen Wandmalerei*, Berlín.
C. Gilbert, *The fresco by Giotto in Milan*, en "Arte Lombarda", n. 46-48, pp. 31-37.
I. Hueck, *Giotto und die Proportion*, en *Festschrift Wolfgang Braunfels*, Tuebingen, pp. 143-155.
F. Neri Lusanna, *Percorso di G. Palmerucci*, en "Paragone", n. 235.
L. Tintori, *Il bianco di piombo nella pitture murali di San Francesco ad Assisi*, en *Studies in medieval and renaissance Painting in Honor of M. Meiss*, New York.

1978 A. Caleca, *A proposito dei rapporti Cimabue-Giotto,* en "Critica d'Arte", n. 157-159, pp. 42-46.

G. Kreystenberg, *Der Campanile von Giotto,* en "Mitteilungen des Kunsthistorisches Institutes in Florenz" XXII, pp. 147-184.

P. Scarpellini, *Assisi e i suoi monumenti nella pittura dei secoli XIII e XIV,* en *Assisi ai tempi di San Francesco,* pp. 97-100.

B. Zanardi, *Da Stefano fiorentino a Puccio a Capanna,* en "Storia dell'Arte", XXXIII, pp. 115-127.

G. Urbani, *Studi sullo stato di conservazione della capella degli Scrovegni di Padova,* en "Bollettino d'Arte", n. 63, serie especial, pp. 147 sgs.

1979 A. prosdocimi, *Classicismo di Giotto: un ricordo dei cavalli di San Marco e una citazione della Colonna traiana,* en "Bollettino del Museo Civico di Padova", n. 68, pp. 9-14.

L. Bellosi, *La barba di san Francesco,* en "Prospettiva", n. 22, pp. 11-34.

A. Conti, *Un crocifisso nella bottega di Giotto,* en "Prospettiva", n. 20, pp. 47-56.

I. Hueck, *Le copie di Johan Anton Rambou da alcuni affreschi in Toscana ed in Umbria,* in "Prospettiva", n. 20, pp. 2-10.

C. L. Joost-Gaugier, *Giotto's Cycle in Naples: A Prototype of Donne Illustri and a possible Litterary Connection,* in "Zeitschrift Kunstgeschichte", n. 43, pp. 311-318.

Lorenzo Ghiberti e il suo tempo, Atti del Convegno internazionale di Studi, Florencia (1978), pp. 288-292.

R. H. Rough, *Enrico Scrovegni, the "Cavalieri Gaudenti" and the Arena Chapel in Padua,* en "The Art Bulletin", LXII, pp. 24-35.

F. Todini-B. Zanardi, *La Pinacoteca Comunale di Assisi,* Florencia.

G. Ragionieri, *Cronologia e committenza: Pietro Cavallini e gli Stefaneschi in Trastevere,* en "Annali della Scuola Normale Superiore di Pisa", s. III, XI, 2, pp. 447-476.

1981 J. White, *Cimabue and Assisi: Working Methods and Art Historical Consequences,* en "Art History", pp. 355-383.

1982 AA.VV. *Francesco d'Assisi, Codici, Biblioteche, Miniature,* Milán.

L. Bellosi, *Giotto,* Florencia.

M. Boskovits, *Giotto,* dispense del Corso universitario anno accademico 1981-82, Università Cattolica del Sacro Cuore, Milán.

Giotto a Padova, serie especial del "Bollettino d'Arte": Artículo de A. M. Spiazi.

J. Gardner, *The Louvre Stigmatizazion and the Problem of the Narrative Altarpiece,* en "Zeitschirift fuer Kunstgeschichte", n. 45, pp. 217-247.

S. Nessi, *La Basilica di San Franceso in Assisi e la sua documentazione storica,* Asís.

S. Osano, *Il naturalismo di Giotto e un metodo di lavore nella sua bottega all'Arena,* en "Bollettino del Museo Civico de Padova", n. 71, pp. 25-70.

G. Rocchi, *La Basilica di San Francesco ad Assisi. Interpretazione e rilievo,* Florencia.

P. Scarpellini, *Fra Ludovico da Pietralunga. Descrizione della Basilica di San Francesco e di Altri santuari di Assisi,* edición crítica, Treviso.

A. H. Thomas, *Dokument franziskanicher Identitaet: zu Datierung und Quelle der Allegorien Giottos in der Vierung der Unterkirche von San Francesco in Assisi,* en *Ze Congres International de Philosophie medievale,* Louvaine-La Neuve.

1983 G. Bonsanti, *Giotto e la cappella di San Nicola,* en *Roma, anno 1300,* Atti della IV settimana di Studi di Storia dell'Arte medievale dell'Università La Sapienza, Roma, pp. 199-200.

M. Boskovits, *Celebrazioni dell'VIII Centenario della nascita di San Francesco,* en "L'Arte", n. 697, pp. 203-214.

C. Brandi, *Giotto,* Milán.

E. Castelnuovo, *Arte della città, arte della corti tra il XIII e il XIV secolo,* en *Storia dell'Arte Italiana,* vol. I, p. II, Turín, pp. 167-251.

I. Hueck, *Il Cardinal Napoleone Orsini e la cappella di San Nicolla nella Basilica francescana di Assisi,* en *Roma, anno 1300,* Atti della IV sttimana di Studi Storia dell'Arte medievale dell'Università La Sapienza, Roma, pp. 187-198 (1980).

C. Semenzato, *La Cappella degli Scrovegni,* Padua.

C. Volpe, *Il lungo percorso del "dipingere dolcissimo e tanto unito",* en *Storia dell'Arte Italiana,* vol. I, p. II, Turín, pp. 232-308.

J. White-B. Zanardi, *Cimabue and the Decorative Sequence in The Upper Church of S. Francesco,* en *Roma, anno 1300,* Atti del Confegno della IV sttimana di Studi di Storia dell'Arte medievale dell'Università La Sapienza, Roma (1980), pp. 141 sgs.

1984 M. Boskovits, *Una vetrata e un frammento d'affresco di Giotto nel Museo di Santa Croce,* en *Scritti di Storia dell'arte in onore di Federico Zeri,* Milán, pp. 39-43.

M. Chiarini, *Affeschi toscani da Cimabue ad Andrea del Sarto: un riesame,* en "Arte Cristiana", n. 701, pp. 95-100.

G. Ercoli, *Una precisazione per Giotto, Boccaccio e Giovanni Morelli,* en *Scritti di Storia dell'Arte in onore di Roberto Salvini,* Florencia, pp. 197-202.

I. Hueck, *Ein Dokument zur Magdalenekapelle der Franziskus Kirche von Assisi,* in *Scritti di Storia dell'Arte in onore di Roberto Salvini,* Florencia, pp. 191-196.

M. Gosebruch, *Giotto und die Buchmalerei der Dantezeit,* in *Scritti di Storia dell'Arte in onore di Roberto Salvini,* Florencia, pp. 183-190.

E. R. Knauer, *Einige trachtgeschichtliche Beobachtungen am Werke Giottos,* en *Scritti di Storia dell'Arte in onore di Roberto Salvini,* Florencia, pp. 173-182.

J. Riess, *Justice and Common Good in Giotto's Arena Chapel Frescoes,* en "Arte Cristiana", n. 701, pp. 69-80.

R. Schamacher-Wolgarten, *"Infidelitas" in der Arenakapelle,* in *Martin Gosebruch Ehren,* Munich, pp. 113-120.

1985 L. Bellosi, *La pecora di Giotto,* Turín. (Ed. española, *La oveja de Giotto,* Akal, Madrid, 1992.)

G. Bonsanti, *Giotto,* Padua.

O. Casazza-P. Franchi, *Conservazione, restauro, analisi,* en "Crítica d'Arte", enero-marzo, pp. 76-77.

J. Poeschke, *Die Kirche San Francesco in Assisi und ihre Wandmalerei,* Munich.

1985-86 F. Todini, *Pittura del Duecento e del Trecento in Umbria e il cantiere di Assisi,* en *La pittura in Italia,* Milán, 1985-1986.

P. L. De Castris, *La Pittura a Napoli nel Trecento,* en *La pittura in Italia,* Milán.

1986 S. Bandera Bistoletti, *Giotto e i Visconti. San Gottardo al Palazzo,* Milán.

M. Boskovits, en R. Offner, *The Fourteenth Century,* sec. III, vol. I, Florencia.

Capolavori e restauri, catálogo de la exposición, Florencia.

C. Kneel, *Letter to the Editor: Giotto's Navicella byzantinized,* en "Art Bulletin", pp. 484-485.

A. Ladis, *The Legend of Giotto's wit and the Arena Chapel,* en "Art Bulletin", pp. 581-596.

Francesco, il Francescanesimo e la cultura della nuova Italia, a cargo de Baldelli y A. M. Romanini.